# 待到山花烂漫时
## ——丁儆传

北京理工大学党委宣传部
北京理工大学图书馆 / 组织编写

姚文莉 杨书卷 马丽 陈广仁 / 著

北京理工大学出版社
BEIJING INSTITUTE OF TECHNOLOGY PRESS

版权专有　侵权必究

### 图书在版编目（CIP）数据

待到山花烂漫时：丁儆传/北京理工大学党委宣传部，北京理工大学图书馆组织编写；姚文莉等著．—北京：北京理工大学出版社，2020.8（2023.3重印）

ISBN 978-7-5682-8741-8

Ⅰ．①待…　Ⅱ．①北…②北…③姚…　Ⅲ．①丁儆-传记　Ⅳ．①K826.1

中国版本图书馆 CIP 数据核字（2020）第 127958 号

出版发行 / 北京理工大学出版社有限责任公司
社　　址 / 北京市海淀区中关村南大街 5 号
邮　　编 / 100081
电　　话 / (010) 68914775（总编室）
　　　　　 (010) 82562903（教材售后服务热线）
　　　　　 (010) 68944723（其他图书服务热线）
网　　址 / http://www.bitpress.com.cn
经　　销 / 全国各地新华书店
印　　刷 / 北京虎彩文化传播有限公司
开　　本 / 710 毫米 × 1000 毫米　1/16
印　　张 / 17
字　　数 / 232 千字
版　　次 / 2020 年 8 月第 1 版　2023 年 3 月第 2 次印刷
定　　价 / 68.00 元

出版人 / 丛　磊
责任编辑 / 李炳泉
文案编辑 / 杜　枝
责任校对 / 刘亚男
责任印制 / 王美丽

图书出现印装质量问题，请拨打售后服务热线，本社负责调换

# 前 言
PREFACE

丁敬（1924—2013），原名丁憼①，祖籍江苏省无锡市，凝聚态科学、爆炸力学和爆轰学家，我国爆炸理论及应用学科的倡导者和开创者之一。

1924年7月22日，丁敬出生于江苏省无锡市。丁敬的父亲丁祖庚得到家族资助，考入南京江南水师学堂，在校加入同盟会，18岁毕业，进入护法军政府海军。母亲冯淑不但读过私塾，更被送到上海新式学堂读书，是当时不多见的知书达理新女性。1926年，丁祖庚因病去世，冯淑独自抚养子女四人，供他们读书求学。丁敬成长的年代，正是中国最为动荡、艰难的年代。1937年，抗日战争爆发，14岁的丁敬被迫随全家离开家乡逃难，辗转武汉、天津、江西玉山等地，小小年纪就经历了人生的困难和战争的残酷，感受到亡国的屈辱。这段惨痛的经历对丁敬的思想影响很大，也是他一生追寻国家富强、民族复兴的思想根源。"路漫漫其修远兮，吾将上下而求索"，青年时代的丁敬在努力求学的同时，也始终在探寻拯救国家、民族危亡的道路，关注发生在校园之外的时局政事。1941年，丁敬考取了浙江大学工学院，就读于龙泉分校，1943年，他到湄潭浙江大学理学院就读。1944年当选为湄潭浙江大学学生自治会主席的丁敬组织开展了劳军活动，

---

① 因为"憼"字生僻，一般常用字典和输入法中没有，2004年11月20日，丁敬到户口所在地——万寿寺派出所正式将名字变更为"丁敬"，并到公证处进行了公证。

组建学生战地服务团到前线去鼓舞士气、为士兵服务,开展抗日宣传活动。他参加华社、民创社,寻找实现国家和平与民主的道路。1948年,丁敬初到美国,在 Allis-Chalmers 公司植物油脂提取实验工厂实习,后来,他先后在 Texas A & M College 和 Brooklyn Polytechnic Institute 研究生院攻读化学工程专业。1949年1月,丁敬和葛庭燧、侯祥麟、华罗庚等人一同发起组织留美中国科学工作者协会(以下简称留美科协),被推选为常务理事。中华人民共和国成立后,留美科协积极响应祖国号召,推动留美学生归国参加祖国的建设。留美科协虽然成立还不到两年时间,但有近800名中国留学生参加了该协会,并有300多名会员在中华人民共和国成立初期陆续回国,为新生政权输送了一批优秀的科技人才。留美科协20世纪50年代初,对发动大批留美学生归国做出了重要的历史贡献。丁敬也毅然中断学业,于1950年9月回归祖国。回国后,他选择到华北大学工学院这所红色军工院校工作,并于1956年加入中国共产党。在随后的几十年里,不管外界形势如何变化、尽管曾经遭受冲击并蒙受屈辱,但他强烈的爱国情操始终不渝,始终坚持一个优秀共产党人应有的政治信念。恢复工作后,他不计较个人恩怨,把全部精力投入国防科研和教学事业中。

丁敬毕生从事爆炸力学的教学、科研和人才培养工作,对爆轰理论和爆炸材料的力学性质、高能炸药的应用都有深入的研究。1963年,他与周发歧教授一同带领数十名师生投入国家"142"任务中,成立了"032"科研组,并对爆轰研究工作提出了重要意见,建议加强炸药爆轰理论研究并使炸药的各种性能测试方法规范化。这一建议最终推动了爆轰物理组和高效炸药性能测试技术组的成立。"142-032"的科研成果影响深远,1987年,在此基础上发展的科研成果,获得全国科学大会奖。20世纪70年代末开始,丁敬率领他的助手们着手爆轰研究基础建设,先后建成了先进的电磁法和锰铜压阻法测试系统,设计开发了多种拉格朗日传感器及其分析技术,为研究炸药冲击波起爆、本构关系、爆炸产物的状态方程、唯象反应速率,以及组分与工艺之间的关系等提供了必要的手段和方法。20世纪80年代以来,丁敬和他的博士生浣石等，把研究的重点之一转向二维爆轰及其量测技术，研制了用于二维动高压流场测量的拉氏量计，并提出了二维拉氏分析方法和柱对称二维定常爆轰系统中的广义 C-J 条件和五个反应特征量；研究了二维爆轰理论并发展了二维拉氏量测和分析技术。1991 年，这项延续多年的研究获得国防科技进步二等奖和国家发明三等奖。20 世纪 90 年代前后，丁敬对固体推进剂及其主要组分在冲击作用下的响应、损伤和断裂、冲击波起爆过程和爆轰危险性评估进行了系统深入的研究。丁敬和他的学生白春华、黄风雷等在固体推进剂安全性方面展开了近八年的研究工作，建立了较完整的研究系统，其中包括冲击破坏性能研究系统、冲击波起爆和爆轰过程研究系统和爆轰危险性评价系统。

火药是我国古代四大发明之一，这在我国家喻户晓，但是在西方国家并非如此。丁敬了解这一情况后，对我国最早发明火药及火药的军事应用历史做了认真的研究，对中国古代火药的发明、火药的早期军事应用、火药技术的发展和古代火药理论的探讨这四方面做了许多研究工作。他负责撰写的"中国古代火药"条目（《中国大百科全书军事Ⅱ卷》第 1321~1323 页）明确指出："现代黑火药是由中国古代火药发展而来的，火药是人类掌握的第一种爆炸物，是中国古代四大发明之一，对于世界曾起重大作用"，这一举措，纠正了长期以来外国人认为火药是 Roger Bacon 发明的错误观点，并且肯定了空气中的冲击波现象是由明代科学家宋应星于 1637 年最早描述的。丁敬的考证和研究工作以大量确凿的文献资料和事实为基础，证明了火药是中国人最早发明的这一铁的事实。其后的几年里，丁敬在参加国际会议时，多次就这项研究成果做报告和发表论文，并获得国际认可。

爆炸是宇宙空间普遍存在的现象，深入研究爆炸的力学、物理和化学现象，掌握其发生、发展和对外界作用的规律，研究并发展爆炸科学的理论及应用，以及预防和控制爆炸灾害，对于我国国防现代化和国民经济建设的发展有重要的意义。1952 年，全国高等院校院系调整后，华北大学工学院改名为北京工业学院，并被确定为我国第一所国防工业院校，丁敬遂投身于国防教学和科研事业，积极倡导我国爆炸理论及应用专业的教学和研究工作。1954年，北京工业学院建立我国首批12个军工专业，丁敬与陈福梅等一起创建了弹药装药专业，然后，陆续开出化工原理、弹药装药工艺学、火工品和烟火技术等一系列课程。1958年，丁敬负责在北京工业学院校园内建成北京市第一个直径为6米的爆炸洞后，又相继开展聚能破甲、破片杀伤等课题的研究。1963年，丁敬招收了我国爆炸物理学科首批硕士研究生。1977年，"爆炸技术与装药"专业恢复招收本科生，在丁敬的倡导和推动下，经过几十年的努力，建立了从本科生、硕士研究生培养到博士研究生培养，再到博士后流动站的一整套完整的人才培养学科体系。40余年的教学生涯中，丁敬在参与培养大批本科生的同时，还先后培养了12名硕士生、16名博士生和3名博士后。他的学生中，有中国工程院院士徐更光、博士生导师恽寿榕、汤明钧、白春华、黄风雷和著名学者丁雁生、梁德寿等。

丁敬从来都不是一位满足于在书斋中做学问的人，他的目光始终关注于国家的发展和民族的繁荣，关注于科学事业的发展，始终把推动科技事业的发展放在个人利益得失的前面。1956年，丁敬参加了中国第一个科技远景规划，即《1956—1967年科技发展规划》（以下简称《十二年规划》）。1975年，《关于开展燃料空气炸药云雾爆轰武器研究的建议》和《关于建立爆炸物理研究机构的建议》起草并报送王震副总理办公室及国务院国防工业办公室；1978年，《国防工业系统力学规划纲要（讨论稿）》和《全国力学发展规划纲要》起草制定，这两项建议后来均被采纳。自改革开放以来，丁敬致力于促进我国爆炸理论及应用学科的国际交流，积极参加和推动爆炸力学、爆轰学、火工烟火技术、含能材料、凝聚相冲击波物理及化学、材料动态力学性能等学科的国际国内交流。他担任国务院学位委员会第一届、第二届、第三届工学学科评议组成员及兵器科学与技术学科组召集人，中国力学学会和中国兵工学会理事、常务理事、荣誉理事，《力学学报》《爆炸与冲击》编委，中国兵工学会爆炸与安全技术专业委员会主任委员、中国劳动保护科学技术学会副理事长等职务。丁敬邀请国际著名学者来中国讲学，如美国的Charles Mader、Lynn Seaman，苏联的A. N. Dremin、V. E. Fortov，日本的匹田强、福山郁生等，有力地促进了我国在爆轰数值模拟、拉氏量测和分析技术、材料冲击动力学等方面的研究。另外，丁敬还被聘为美国主办的International Pyrotechnics Seminar的国际顾问委员会委员，美国、德国联合主编的Propellants、Explosives和Pyrotechnics杂志的顾问委员会委员，俄罗斯科学院和波兰科学院合办的Archivum Combustionis学报的编委，美国物理学会会员。丁敬曾应邀访问了美国、日本、俄罗斯、德国、英国、法国、波兰和比利时等国的一些著名学府和实验室，并于1988年10月—1991年9月在美国新墨西哥州炸药技术研究中心（CETR）任客座教授，在凝聚相冲击波物理与化学、爆炸和安全等领域讲学并进行学术交流。

　　丁敬先生的一生或许并不跌宕起伏、轰轰烈烈，但不论是在国内还是在国外，在十里洋场还是在西北大漠，在窄屋陋室还是在高堂华厦，他矢志不渝、无怨无悔地为党、为国家、为民族贡献了全部才华和毕生精力。得益于"老科学家学术成长资料采集工程"这个惠及后世的大课题，我们有机会收集、整理和研究丁敬这样一位没有院士头衔和光环的老科学家。2012年8月，采集工作正式启动，但由于丁敬先生1997年7月离休后被确诊罹患阿尔茨海默病（老年痴呆症），因此，之后十多年的时间里，他的记忆逐渐减退、身体逐渐衰弱。2009年，因身体状况恶化，丁敬先生住进北京市海淀医院的干部病房，从此卧床不起，渐渐意识不清，连自己的妻子和儿女也不认识了。鉴于丁敬先生的身体和精神状况，项目启动后，其本人已无法配合采集工作。采集小组于2012年6月开始与丁敬的夫人梁嘉玉接触，此后与梁先生建立了彼此信任的良好关系。梁先生1951年到华北大学工学院工作，和丁先生在一个系，并曾任苏联专家的翻译。1955年，梁女士与丁先生结婚后，两人相濡以沫走过58个春秋。梁先生记忆力很好，对丁敬先生的工作、生活和社会交往很了解，为采集小组提供了大量有关丁敬先生的重要情况线索。在她的帮助下，采集小组首先进行的是年表的编制工作：以申报学部委员的材料为基础，结合档案、发表的论文和著作等资料，整理出丁敬先生的主要经历、重要贡献和学术成果，确定其重要的几个学术成长阶段；编制了涵盖各年代大事件的"年表检索表"。经过梁先生的审核，该表成为未来开展研究工作的线索表和基础表。

以年表为线索，丁敬生平经历分成不同历史时期，围绕专题列出访谈对象，梁先生与访谈对象联系征得接受访谈的首肯后，采集小组进行音视频访谈采集。采集小组先后在北京、上海、杭州、广州等地进行了16次主要访谈，访谈对象包括丁先生夫人、中学和大学的同学及好友王家宠、留美期间同学傅君诏、表兄弟冯励冰和冯刚明、原九院研究员章冠人，以及丁先生同事、助手和学生：马宝华、马志清、陈熙蓉、张汉萍、张锦云、黄正平、赵衡阳、张鹏程、浣石、白春华、黄风雷等老师，他们都是非常了解丁敬先生工作和生活情况的人，为我们回忆和讲述了他不同历史时期的经历。采集小组先后与丁先生少年时就读过的小学和三所中学联系，最后终于在浙江金华中学找到有丁敬名字的高中同学录；在浙江大学档案馆、浙江省档案馆、无锡市档案馆和玉门油田宣传部收集到与丁敬先生有关的资料；北京理工大学档案馆提供了丁敬的档案资料，宣传部为采集小组查找了视频资料，丁敬先生的助手和学生为采集小组提供了5.8万字的书面资料，接受访谈并捐赠一批实物资料；梁先生捐赠了家中大部分有关丁敬先生的实物资料，包括丁敬先生的全部日记、手稿、证书，还有大部分照片和书信。

在我们的采集工作进行过程中，丁敬先生不幸于2013年2月17日在北京市海淀医院去世。随着采集工作的不断深入，我们对丁先生从陌生到熟悉，从尊敬到敬仰，被他爱党爱国、无私奉献、甘当基石的精神感动，被他高风亮节、志存高远的品德折服，也为他勤奋一生、晚年缠绵病榻的境遇不胜唏嘘。希望通过我们的工作，真实展现丁敬先生的学术成长经历和他的精神世界。目前，有关丁敬先生的传记和报道不多，主要有《中国科学技术专家传略》《北京普通高等教育

# 前言

志》。此外，还有一些发表的文章，我们主要依据丁敬先生的自传、有关留美科协的手稿和日记，以及丁先生的同事及助手所提供的资料，再采访丁先生家属、亲友、同学、同事和学生，以年代为主线，按时间顺序进行研究报告的章节编排。内容上，围绕五个主题展开：一是求学成长；二是留美科协；三是奠基爆炸力学学科；四是开拓爆轰学；五是考证火药发明和冲击波，以此勾勒丁敬先生辉煌的一生。

因编者能力有限，故本文未能充分展现出丁敬先生精彩的人生历程，若有疏漏和不足之处，敬请广大读者批评指正。

编　者

# 目 录
CONTENTS

第一章 无锡城中的岁月 ……………………………………… ( 1 )
  第一节 父亲和母亲 …………………………………………… ( 1 )
  第二节 命运的车轮 …………………………………………… ( 10 )
  第三节 相互守望的家人 ……………………………………… ( 19 )
  第四节 颠沛求学路 …………………………………………… ( 25 )

第二章 青年的理想 …………………………………………… ( 33 )
  第一节 浙大岁月 ……………………………………………… ( 33 )
  第二节 从战地服务团到华社 ………………………………… ( 42 )
  第三节 成为石油人 …………………………………………… ( 51 )
  第四节 投身革命洪流 ………………………………………… ( 58 )

第三章 留学美国 ……………………………………………… ( 65 )
  第一节 初到美国 ……………………………………………… ( 65 )
  第二节 成立"美中科协" ……………………………………… ( 72 )
  第三节 留美科协的成立 ……………………………………… ( 79 )
  第四节 意外获罪,被迫转学 ………………………………… ( 88 )

第四章 毅然决然的归国 ……………………………………… ( 96 )
  第一节 祖国的召唤 …………………………………………… ( 96 )
  第二节 发起回国运动 ………………………………………… (101)
  第三节 艰难的归国之旅 ……………………………………… (109)
  第四节 留美科协的影响 ……………………………………… (114)

第五章 投身国防事业 ………………………………………… (117)

第一节 选择华北大学工学院 …………………………………（117）
第二节 "七专业"的诞生 …………………………………………（123）
第三节 苏联专家的帮助 …………………………………………（129）
第四节 参与《十二年科学技术发展规划》的编制 …………（132）

第六章 爆炸力学研究 …………………………………………（137）
第一节 创建爆炸实验室 …………………………………………（137）
第二节 "七专业"转型与筹建力学工程系 ……………………（141）
第三节 负责142—032项目 ……………………………………（146）
第四节 建立爆炸力学人才培养学科体系 ……………………（153）

第七章 潜心爆轰学研究 ………………………………………（160）
第一节 在黑暗中寻找光明 ………………………………………（161）
第二节 CBU—55燃料空气炸弹 ………………………………（162）
第三节 科学的春天 ………………………………………………（166）
第四节 爆轰基础研究 ……………………………………………（169）
第五节 二维爆轰理论及技术 ……………………………………（172）
第六节 国内外学术交流 …………………………………………（175）

第八章 考证火药发明 …………………………………………（180）
第一节 意外的发现 ………………………………………………（180）
第二节 艰难的考证工作 …………………………………………（187）
第三节 火药是中国人的发明 ……………………………………（193）
第四节 深入研究中国古代火药理论 ……………………………（198）

第九章 培养后学 ………………………………………………（205）
第一节 教书与育人 ………………………………………………（205）
第二节 言传与身教 ………………………………………………（209）
第三节 严师与慈父 ………………………………………………（211）
第四节 桃李芬芳 …………………………………………………（216）

附录 …………………………………………………………………（221）

丁敬主要论著目录 …………………………………………………（251）

参考文献 ……………………………………………………………（256）

# 第一章　无锡城中的岁月

丁敬，1924年7月22日出生于江苏省无锡县（现无锡市）。他的父亲丁祖庚和母亲冯淑孕育了四个孩子（两儿两女），丁敬是家中最小的儿子，上有两个姐姐和一个哥哥。

## 第一节　父亲和母亲

丁敬的父亲丁祖庚，字端甫，号朗西，出生于1890年6月22日（光绪十六年五月初六日），丁祖庚四岁时父亲不幸去世，家道由此中落，幸而得到祖母抚养才能顺利长大。虽然家贫，但依靠家族的资助，丁祖庚得以小小年纪就进入家塾中接受启蒙教育，入学不久，聪慧好学的他就在族学中迅速崭露头角，受到族中长老和其他族人的关注。丁氏家族是南宋初由常州迁居无锡县城郊青山下的，后分徙南塘、洛社等地①。丁祖庚家属于丁氏南塘支，丁氏南塘一支中在近代最为有名

---

① 摘自《无锡公安志》。

的是丁锦①和丁福保②，这两位都是丁祖庚的族兄，丁福保也是最早关注、关心他的族人之一。南塘丁氏在无锡城中虽算不上最有名望的豪门大族，但因家族中历来非常重视教育，一贯有着资助族内优秀子弟读书的传统，所以历代都不乏功名加身的子弟。据《无锡南塘丁氏真谱》记载，家族中多位族人都曾著书立说，成为受人尊敬的名师大儒。因此，即便没有出过高官显贵，但南塘丁氏家族在无锡城里是真正的书香门第。

无锡位于长江三角洲平原腹地、浩瀚太湖之滨，东接苏州、上海，西连常州、南京，京杭大运河从城中穿过，水陆交通极其便利。由于独特的地理环境，这片广袤的平原历朝历代都是物产丰富、经济发达的富庶之地。从古至今，运河沿岸米、布、丝三业交易兴旺，陆续形成了著名的米码头、布码头和丝蚕市场；到清代中叶，无锡和长沙、芜湖、九江并称为全国四大米市；近代，无锡百年工商城亦在运河沿线迅速崛起，成为中国民族工业的发源地。明太祖洪武年间，无锡州判王中立在所撰《华氏传芳集序》中说："自大江以南，西浙之郡，号富庶者必称姑苏，次则无锡，盖其田畴丰腴，民物丛聚、巨室大家、棋布星列，非他州比焉。"无锡是吴文化的发祥地之一，好读书、重教育，是无锡的教育传统。到了近代，无锡可谓近代理性之光最早照亮的地方，是衰朽的古老中国最早"睁开眼睛看世界"的地区之一，也是从经济、思想、科学、教育上接受新思想、新思潮的前沿。秦毓鎏③曾回忆："废

---

① 丁锦（1879—1958），字慕韩，号乾斋，江苏省无锡南门外南塘人，保定北洋将弁学堂毕业，陆军中将，北洋政府航空署第一任署长。1936 年就任国民政府参谋本部中将顾问。抗战初期，任对日作战军事委员会中将参谋。1952 年 3 月聘任为中华人民共和国农业部顾问。

② 丁福保（1874—1952），字仲祜，号畴隐居士。江苏省无锡人，近代著名学者、医学家。

③ 秦毓鎏（1880—1937），又名念萱，字晁甫，号效鲁，晚号天徒、坐忘，江苏无锡人，近代资产阶级革命者。1897 年入东林书院，1898 年（光绪二十四年）考入上海南洋公学，后停学返锡，在张泾桥顾氏学馆授课。1901 年（光绪二十七年）入南京江南水师学堂，次年留学日本早稻田大学政治科。

科举,兴学堂,纷然而起,无锡为早。"我国最早的一批科学家徐寿①、华蘅芳②等,都是无锡人。在他们的带动下,"科学救国""教育救国"的思想在无锡当地的读书人中蔚然成风,使得无锡一地从20世纪初开始,涌现了一大批各类人才。他们中既有文学家、艺术家,又有政治家、实业家,还有不同领域的科学家和知名学者。梁启超在《近代学风之地理分布》中曾说:"浙江与江南——江苏、安徽同为近代文化中心点。""实近代人文渊薮,无论何派之学术艺术,殆皆以兹域为光焰发射之中枢焉。"按照这种说法,无锡可谓引领近现代中国的"文化江南"的核心地之一。

作为中国最早接受西方教育思想的地区之一,无锡本地的教育家和学者也积极地在初级教育中推广现代教育模式。1898年,教育家杨模集民资在无锡城里创办了竢实学堂(现无锡市连元街小学),该校是我国最早采用中西模式结合的新式教育小学堂之一。"竢实"二字出典于唐代文人韩愈《答李翊书》中的哲言"养其根而竢其实,根之茂者其实遂"。意思是说教育也如培植果树一般,只有根基(儿童)得到足够的滋养,才能结出丰硕的果实(儿童生命的成长)。竢实学堂开办之初开设了中文、算学、西文(英文)三科课程,后来又增加了体操、东文(日文)等课程为必修课。学堂开办之初,愿意来就读的学生并不多。1898年2月,丁祖庚的族兄丁福保被新创办的竢实学堂聘为算学教员,在他的推荐下,八岁的丁祖庚进入竢实学堂就读。进入新式学堂接受现代教育,对当时尚且年幼的丁祖庚来说,也许只是因为族

---

① 徐寿(1818—1884),字生元,号雪村,江苏无锡人,清末著名科学家,中国近代化学的启蒙者,中国近代造船工业的先驱。译著的化学书籍和工艺书籍有13部,其中西方近代化学著作6部63卷。一生致力于引进和传播国外的科学技术,对近代科学技术在中国的发展做出了不朽的贡献。

② 华蘅芳(1833—1902),字若汀,江苏无锡县荡口镇(今江苏省无锡市锡山区鹅湖镇)人。中国清末卓越的数学家、科学家、翻译家和教育家。著有《行素轩算稿》《学算笔谈》等数学专著,与外国人合译出版了12种171卷近代科技著作,内容泛及数学、地质学、矿物学、航海、气象、天文学等,在中国近代科学启蒙中发挥了重要作用。

兄的善心建议，但对他未来的人生产生了非常重要的意义和影响。

丁祖庚在竢实学堂学习几年后，丁福保因为身体欠佳，打算辞去算学教员的职位，离开竢实学堂去苏州东吴大学堂念书，顺便休养一段时间。族兄的离开让丁祖庚为自己今后的出路发了愁。他不想一直依附家族生活，也不想去商铺做个伙计，或是随便找个谋生的工作。他想继续读书，长大后好成就一番事业。在家里长辈的建议下，丁祖庚决定去江南水师学堂继续求学。这所学堂于1890年（光绪十六年）由时任两江总督曾国荃奏请朝廷设立，校址在南京下关仪凤门内（位于今南京市挹江门北）。江南水师学堂是清政府在洋务运动中开办的重要军事学校之一，建校目的是巩固两江水域防务和提升南洋水师作战能力，培养掌握专业技术的中高级海军军官。作为一所新式的军事学校，学堂在办学宗旨、课程设置、教学目的上都效仿西方军事学校。建校之初共设立了两门学科：驾驶科和管轮科。每科设外籍教习1名，学员额定为60名，主要学习课程有英文、天文、舆地、标学、海图、汽机、汽锅等。到1892年（光绪十八年）又增设了鱼雷科。水师学堂分头班、二班、三班，以六年为卒业（即毕业）。学生来源不论省籍均公开招考，但"必先试英文、翻译、地理、算学四门，皆有可观者方能中选"。学堂对学生实行严格的封闭式管理，"未满五年，不得自行告退请假完娶，亦不准应童子试"。另外，学生食宿费用由学堂提供，并且负责为学员提供毕业后的工作。就是说江南水师学堂不但免收学费，而且还向学员发放津贴费。学员所需膳宿、衣靴、书籍、文具等生活、学习用品，均由学堂提供，基本上就是"拎包入学"。这些条件对于家境困难、急于谋求未来的丁祖庚来说无疑有着巨大的吸引力。凭着在竢实学堂接受新式教育打下的良好基础，1902年，丁祖庚顺利考入南京江南水师学堂驾驶科，从此投笔从戎，走上保家卫国的道路。

19世纪末至20世纪初，晚清政府在内忧外患的围攻下苟延残喘，西方列强虎视眈眈企图瓜分中国，整个社会极其动荡。与此同时，政治民主化运动风起云涌。江南水师学堂作为培养科技人才的基地，招

南京江南水师学堂遗址

收的学员既是经过严格选拔的学业佼佼者，又是怀揣救国报国思想的有志青年，学堂内更汇集了一批接受过西方教育、接触了民主革命思想的教师，因此，水师学堂的校园成为新式思想萌芽、聚集和传播的最佳场所。① 在这样的校园氛围中，丁祖庚作为一名拥抱追求新思想、热心国家时事的热血青年，在校期间就加入了同盟会；② 同时，他还是学校中第一个剪去辫子的学员。1908 年，18 岁的丁祖庚顺利完成实习，正式加入南洋海军（1909 年改编为长江舰队）。因成绩优异，他被任命为"楚泰"舰③二副，随舰队驻守南京。

1911 年 10 月 10 日，伴随着武昌起义的爆发，辛亥革命正式拉开帷幕，清政府二百多年的封建统治走向末路。10 月 17 日，长江舰队奉

---

① 摘自谢茂发.试论江南水师学堂［J］.云梦学刊，2007，28（6）.

② 中国同盟会（简称同盟会），亦称为中国革命同盟会，1905 年成立于日本东京，是清朝末年由兴中会、华兴会、光复会等多个团体集合而成的革命组织，其发动的辛亥革命成功推翻了清政府，建立了共和政体。同盟会主要由孙中山、宋教仁、黄兴、章太炎等人领导，辛亥革命后，改组为国民党，成为中华革命党与中国国民党的前身。

③ "楚泰"号浅水炮舰是由湖广总督张之洞向日本神户川崎造船厂订造的浅水炮舰。

命在海军统制萨镇冰①率领下到达汉口，协同陆地清军向革命军发起了猛烈进攻，企图镇压起义、收复武汉三镇；然而，随着革命形势的迅猛发展，不到一个月的时间，在舰队中主张革命的官兵和革命军政府的共同策反下，舰队所属各舰船纷纷起义，最终整个舰队宣告反正易帜。丁祖庚作为长江舰队中极少数的几个同盟会会员之一，积极与部分具有革命倾向的海军官兵一起进行了起义前的暗中联络、宣传动员和组织策划，在不流血的情况下，顺利实现全舰队起义。海军作为一种纪律非常严明的军队，具有左右长江流域局势的强大力量。起义后的海军成为推翻清政府统治的一支重要战斗力量，加速了清王朝的覆亡。

　　1913年（中华民国二年），由清政府委托德国建造的"豫章"舰②造好后，交付给新成立不久的中华民国海军部。丁祖庚成为这艘德国造新式鱼雷快船的大副，领上尉军衔，后来还担任了副舰长。此时的丁祖庚作为一名年轻的海军军官，事业有成，年轻有为，前途更是一片大好。更为重要的是，他即将迎来人生崭新的阶段——成家。

　　即将与丁祖庚结婚的，是无锡城外惠山冯家的大女儿冯淑。

　　无锡城外惠山，现在被称为无锡市惠山区，在以前曾被无锡城里的人笑称为"乡下"，只是因为当时惠山区位于无锡城外西郊的缘故。其实，惠山区内河网密布，京杭大运河支流惠山浜可直达惠山镇，借助水陆交通的便利，惠山的商贸非常繁荣，又因有大片良田，所以惠

---

　　① 萨镇冰（1859—1952），字鼎铭。祖籍山西代县，出生于福建福州著名的色目人萨氏家族。中国近代著名的海军将领。毕业于马尾船政学堂驾驶科。1877年（光绪三年）被派往英国学习海军。回国后任天津水师学堂教习、北洋水师帮统兼"海圻"舰管带、广东水师提督、清政府海军统制等职。1917—1919年任海军总长，1922—1927年，任福建省省长。中华人民共和国成立后，历任中国人民政治协商会议全国委员会委员、中央人民革命军事委员会委员、华侨事务委员会委员和福建省人民政府委员等职。

　　② "豫章"级（"豫章""建康""同安"）驱逐舰（也称鱼雷快船），为德国希肖赛贝厂订造，1912年完工，1913年交船。

山成为无锡地区重要的稻米产地。冯家在惠山当地也是名门望族，按照无锡当地习俗，冯氏家族居住的地方被称为"冯巷"。冯淑家里原来是地主，世代靠务农维持生计。到冯淑父亲冯荣堂那一辈，冯家就开始经商了。冯淑的母亲是荣氏家族的女儿，与商业巨子荣毅仁家族有姻亲关系。借着这样的关系，冯淑家的生意做得也很顺利，几年下来积累了颇丰的财富。冯淑是家中长女，从小聪慧过人，深受父母疼爱，她的父亲也很开明，所以冯家的女孩子都能和男孩子们一样在家里的私塾读书。读私塾三年多后，冯淑又被家里送到上海一所有名的由美国基督教教会开办的女子学校读书。

当时的上海自1843年开埠以后，吸引了大批欧美各国传教士，教会学校随之出现，并成为展示西方文明的窗口和传播西学的策源地。由教会开办的女子学校，其最初的目的是培养教徒，但在传教士、维新派和洋务派人士的推动下，社会对女子上学读书的接受程度逐渐增加，使得女子学校无论从规模还是水平上很快都有了长足的发展。由于学费昂贵，能去上学的女子家中非富即贵，因此，教会开办的女子学校逐渐演变为贵族化的女子学校。当时比较著名的女子学校（如中西女中①和圣玛利亚女校②），其教学和管理都非常严格。学校中教授的课程内容丰富、中西并重，一般英语、宗教是主修课程，兼顾中学，注重纺织、缝纫、园艺、烹调等家事，同时传授算术、地理、格致（物理、化学、动物、植物等）、音乐、美术、体育等。③ 西方传教士不但带来了欧美资产阶级革命时期经过改良的宗教教义，即资产阶级的自由、平等、博爱以及天赋人权等思想，而且还带来了西方近代开

---

① 中西女中由美国基督教监理会创办于1892年，创办人是美国卫理会驻沪传教士林乐知，其前身是中西女塾，是近代上海最著名的女子学校。宋氏三姐妹都曾就读此校。

② 圣玛利亚女校由 St. Mary's Hall 创办于1881年，前身是文纪女塾（美国基督教圣公会琼斯女士于1851年创办）与俾文女塾（由美国基督教传教士裨治文与夫人格兰德于1850年4月创办），张爱玲、俞庆棠毕业于此校。

③ 刘雪芹. 上海开埠与近代上海女学［N］. 联合时报. 2013 – 12 – 03（7）。

明的男女平等的妇女观。① 当时的中国还处于封建社会,冯淑非常幸运地得到家族的支持,成为中国最早一批接受现代教育的女子。离开家乡到上海读书,使她有机会脱离家庭的局限进入更广阔的世界,打开了眼界,也使她获得独立思考的能力,给予她平等自由的思想。进入女校上学不但使她成为一个在当地极其稀罕的女学生,而且身处上海这个当时中国最为开放的城市,耳濡目染中冯淑成长为那个时代的新女性,良好的教育和开放的思想对她后来的人生产生了重要的影响。

对于家中这样一位特立独行的女性,冯淑的侄子冯励冰曾回忆到:

"(姑妈)文笔什么都很好的,在那个时候已经是很不容易的啦。属于当时的那种新式的女性。我的祖母(冯淑的母亲)没有什么大文化的,那个时候女性读书的很少,那么我们乡下有这样一个姑妈出来,大家都认为很了不起。"

谁曾想到,1903年,当时年仅三十六岁的冯荣堂却突然去世了。此时冯淑也不过才十三岁,正值青春年少、对未来充满幻想的年纪。作为家中长女,冯淑从小得到父母双亲悉心的培养,并被家人赋予厚望,而这一切都因为父亲的骤然离世而不得不戛然而止。在家中,她最大的弟弟当时只有八岁,下面还有更小的一个弟弟和三个妹妹,她的母亲只是个弱女子,平时也不过操心家中琐事,父亲的突然离世对全家人来说不亚于天塌地陷。冯淑面对家庭的突然变故,表现得异常坚强,她很快结束了学业,从上海回到无锡家中。尚且年少的她毅然决然地放下曾经的一切想法,勇敢地承担起照顾家庭的责任,成为家里的顶梁柱,勉力支撑骤然陷入困境的家境。她接手家中大小事务,帮助母亲料理家务,最大的心愿就是好好抚养弟弟妹妹长大。

借助冯淑的聪明能干,冯家并没有因为她父亲的去世而垮掉。靠着田地、房产的收入和母亲娘家的帮扶,冯淑家里的日子一直过得比较殷实。她的弟弟妹妹也没有因为父亲的去世受到太多的影响,在冯

---

① 杨瑞. 近代中国基督教教会学校与清末女子教育 [J]. 吉林广播电视大学学报, 2007 (2): 116 – 120.

淑的要求下他们都上学读书，平平安安地长大成人。

冯淑操心着家中的大小事务，到了"大龄"还没有结婚，家人虽不会逼她嫁人，但为她日后的生活着想也很着急。知书达理、美丽能干的冯淑在当地小有名气，想要在附近找到合适的人结婚并不容易。接受了男女平等思想的冯淑也不会为了结婚而结婚，她希望能遇到志同道合的对象。直到 23 岁——这个在当时已经算是老姑娘的年纪，无锡城里的丁家来为丁祖庚提亲时，冯淑才答应下来。

丁祖庚和冯淑都接受过传统和近代西方两种教育，也都经历了家庭的不幸，相似的教育背景和家庭背景使他们两人有很多的共同语言和兴趣爱好，婚后的生活非常和谐。婚后两年，他们的大女儿降生了，夫妻俩为女儿起名为丁愉，作为他们快乐生活的纪念。后来陆续出生的孩子，就按"愉"字的含义依次起名为丁愒（女），丁忱（男），丁憼（男）。这是一种传统文化中以统一的特点给儿女起名字的方式，表达了长辈希望儿女像飞翔的大雁一样长幼有序、相互照顾的美好愿望。夫妻两人为儿女取名的"雁行"特点，是名字中都有"忄"，饱含着他们对儿女们的殷殷期盼。丁祖庚和冯淑对国家前途、民族命运的关注以及他们的奋斗精神，在未来也一一传递给了子女，影响着他

**丁憼的父亲丁祖庚、母亲冯淑与丁忱、丁愒的合影**

们的人生选择，指引着他们人生道路的方向。

## 第二节　命运的车轮

　　1917年，中国开始进入中华民国初年的剧烈动荡时期。1911年的辛亥革命虽然推翻了清政府的统治，但先有袁世凯称帝，后有张勋复辟帝制，到1917年7月，皖系军阀段祺瑞控制北京政府，却拒绝恢复中华民国国会和《中华民国临时约法》，中华民国这个新生的资产阶级民主国家已经摇摇欲坠。在这种情况下，孙中山即偕廖仲恺、朱执信、何香凝、章太炎等人乘"海琛号"军舰从上海南下，准备在南方组织武力讨伐。7月17日，孙中山抵达广州，当晚发表演说，希望各界"即日联电，请海军全体舰队来粤，然后即在粤召集国会，请黎大总统来粤执行职务"，明确提出护法的宗旨是打倒假共和，建设新共和，并呼吁各界奋起为护法而斗争。时任北洋政府海军总长的程璧光[①]将军最早响应孙中山的呼吁，毅然辞去海军总长职务，于7月21日与第一舰队司令林葆怿[②]联合通电全国，宣布参加护法。随后，他们共同率领"海圻""海琛"两艘巡洋舰，还有"飞鹰""同安""豫章"三艘驱逐舰，以及"永丰""舞凤""永翔""楚豫"四艘炮舰和"福安"号运输舰等十艘军舰组成"护法舰队"，由上海吴淞口出发南下广州，支持护法运动。在出发当日，"护法舰队"发表海军护法宣言，宣告海军自主、拥护孙中山。丁祖庚一家没过多久的平静日子一下子被打乱了。身为"豫章"舰的大副，丁祖庚不得不离开刚刚生下二女儿的妻子和两个年幼的女儿，随护法舰队南下广州。

----

　　① 程璧光（1861—1918），字恒启，号玉堂，汉族，广东香山县人。清末民初海军将领。

　　② 林葆怿（1863—1930），字悦卿，福建福州侯官县（今福州市区）人。1880年（光绪六年）考入福州船政学堂第九届驾驶班。1886年（光绪十二年）被派赴英国学习，回国后在北洋水师任职。1912年（民国元年）9月任海军部参事，不久授海军少将衔。1913年（民国二年）8月任第一舰队司令。

1917年8月，护法军政府宣告成立，9月10日孙中山被选为大元帅，程璧光被任命为海军总长。同年10月护法战争爆发。不久，战争就波及全国，其范围遍及粤、桂、湘、闽、滇、黔、川、鄂、陕九省，并迅速扩散到赣、浙、苏、皖、豫、鲁、甘等省，连东北地区也出现了规模不等的护法武装及活动。然而，桂、滇等西南军阀虽然标帜"护法"以抵拒北洋军队南侵，其意却在割据自雄。护法军政府的革命活动遭到他们极力限制、排挤和打击。1918年5月，因西南军阀最终选择对北洋政府妥协，导致护法运动宣告失败，孙中山在绝望之余不得不离开广州前往上海。1922年4月，宣誓成为中华民国大总统不久的孙中山发动了第二次护法运动，任命温树德①为海军司令，丁祖庚为海军上校参谋长兼"肇和"舰教练；但1922年6月，粤系军阀陈炯明②突然在广州发动叛变，率军围攻总统府，温树德率领舰队参与保卫孙中山的安全行动。在抵抗叛变的战斗中，丁祖庚驾驶"肇和"舰掩护孙中山登上"永丰"舰，随后护送孙中山脱离险境，抵达上海，就此，第二次护法运动宣告失败。1923年2月，陈炯明被逐出广州，孙中山复回广州重新设立大元帅府，自任大元帅。丁祖庚凭着在保卫孙中山的战斗中立下的赫赫战功，获得三等文虎勋章，并被任命为海军中校、驻粤海军舰队司令部参谋长。时局的变化永远令人意想不到，1923年12月，温树德却背叛了孙中山，率领"永翔""楚豫""同安""豫章""海圻""海琛""肇和"七艘军舰开向北方，投靠了直系军阀首领吴佩孚。当时，丁祖庚正探亲回家，并没有在广州。反复动荡的时局加上海军内部各派系军阀对权利的争斗，令丁祖庚逐渐对

---

① 温树德（1877—1959），字子培。山东青州市凤凰店村人。16岁时，由耶稣教会资助入英国皇家海军学校，归国后任清北洋舰队军官。后成为民国政府海军将领。

② 陈炯明（1878—1933），字竞存，广东汕尾市海丰县人，粤系军事将领，中华民国时期军政代表人物之一，主张"联省自治"，与孙中山"大一统"的政治纲领不合，被国共讨伐后避居香港，协助海外最大的华侨社团组织"洪门致公堂"转型为"中国致公党"，并首任该党总理。

政局感到失望,感觉一直以来的救国梦想也似乎越来越遥远。

1924年7月22日,丁祖庚最小的儿子丁敬在无锡出生了。欣喜之余,他开始重新考虑未来。常年征战在外,丁祖庚的身体并不是很好,一直以来都在忍受伤病的折磨。而且,因为他常年离家,家中大小事务都靠妻子一人承担,几个孩子也都是妻子独自抚养长大。这一切都令丁祖庚感觉自己亏欠家庭太多,内心萌生了离开军队回到家乡的想法。到了10月间,奉系军阀张作霖和直系将领冯玉祥联合推翻曹锟为总统的直系军阀政权,冯玉祥、段祺瑞、张作霖先后电邀孙中山北上共商国是。孙中山接受了邀请,并提出废除不平等条约、召开国民会议作为解决时局的办法。一个月后,孙中山离开广州北上。对政局彻底失望的丁祖庚也在这时正式辞去军职,回到妻子儿女身边。

丁家四子:长女丁愉(右二),次女丁懒(右一),
长子丁忱(左二),次子丁敬(左一)

结束军旅生涯,解甲归田回到家乡的丁祖庚,对今后要做什么维持生计还有些犹豫不决。正苦恼间,族兄丁福保来看望他了。丁福保是来邀他参与族谱——《无锡南塘丁氏真谱》修订之事的,因为是家族中的大事，又是他最尊敬的仲祜（丁福保的字）族兄前来拜托，他很痛快地就答应下来，负责协助族谱修订事宜。在交谈中，丁祖庚获知政府有鼓励兴办实业的政策，这个消息让他很感兴趣。于是，在和妻子冯淑商议以后，他们决定先集资在上海开办一个废花厂。然而，做了十多年军人的丁祖庚并不适应生意场上的尔虞我诈，大上海十里洋场光怪陆离的环境，也与他当初离开军队回乡的设想不同，在上海开工厂的想法最后被迫放弃。夫妻二人讨论来讨论去，最终决定办一个农场。之所以有了这个想法，是源于当时民国政府在全国推动的对中国传统农业改造的计划。中华民国成立之后，聘请张謇①担任了北京政府农商总长，为发展经济巩固民国政权，他提出"今社会凋敝已极，第一须恢复元气，恢复之道，舍振兴实业其道无由"，"今欲巩固民国，非振兴农工商各项实业不可"②的主张。在力促工业发展的同时，他也十分重视改造传统农业，提出改造传统农业的现代化理念。为此民国政府曾颁布了多个鼓励、奖励政策，积极推动棉花、蔗糖、林业和畜牧业实验农场、新式农垦公司的发展建设。民国政府提出的改造传统农业的主张、政策和法规条例，为此后的社会各界和政府所继承发展，逐渐付诸实践，从而开启了民国时期农业现代化的新气象。

丁祖庚对建实验农场非常感兴趣，从军几十年，他特别向往宁静的乡间生活。于是，在家人、朋友的帮助下，丁祖庚和妻子用自己的积蓄加上从亲戚朋友处凑集的一笔经费，在无锡和常州之间的阳山上购买了一片丘陵山地，在这些山地上办起了一个农场，取名"志成农场"。这里据说是亿年前形成的古火山，火山周边土壤肥沃，阳光充足，特别适合果树栽培。要办现代化农场就要有专门技术人员，于是

---

① 张謇（1853—1926），字季直，号啬庵，生于江苏通州海门长乐镇。清光绪二十年（1894年）考中状元，中国近代实业家、政治家、教育家，主张"实业救国"。中国棉纺织领域早期的开拓者，南通大学、上海海洋大学、河海大学、上海海事大学、复旦大学、东华大学、南京大学等学校的创始人。

② 张謇. 在共和党招待会上致词［N］. 申报，1912-09-23. 在安徽实业协会会馆演说［N］. 民立报，1912-09-27.

他们聘请了专业农技师全权负责果树栽培技术。经过考察研究，结合阳山的地质和气候情况，最终决定农场专门种植水蜜桃。很快，农场的各项事务就逐步走上了正轨。依着山坡地形，棵棵桃树渐渐成片成林，农场周围遍植松树，蔚为壮观。丁祖庚和冯淑还决定利用农场得天独厚的自然条件开展多种经营，计划向国外购买孵蛋机器，搞蛋鸡养殖。志成农场是无锡地区开办的第一家私人农场，也是当地最早开展多种经营的现代化农场。不幸的是，在农场刚刚起步，果树已然成林但还没有结果的时候，由于积劳成疾，丁祖庚罹患了肺结核。在当时的医疗条件下，这个病就是不治之症。1926年7月14日，丁祖庚满怀着对妻子和儿女们的不舍，离开了人世，年仅三十七岁，留下妻子和四个年幼的孩子以及一串债务。丁祖庚的四个子女中，最大的女儿不过十一岁，二女儿九岁，大儿子七岁，此时丁敬不过是一个两岁的幼儿，整个家庭的担子都落在丁敬的母亲冯淑身上。丁祖庚的海军同事看到他家里的情况，纷纷解囊相助，捐钱作为几个孩子今后的教育费用。

对于父亲，丁敬在自传中这样写到：

"据说他（丁祖庚）相当能干，对于时事很热心，但是十几年中一直病贫交迫，在海军中受到福建派的排挤，才离开本行，郁闷气愤中得病。……他死时我还不足两周岁，因此对父亲根本没有记忆，只从母亲那听到一些不完整的材料，一个粗糙的轮廓。"①

丁祖庚的去世，令冯淑万分难过，更为她和孩子们今后的日子发愁。为了筹集办农场的经费，他们已经将无锡城中原来的房子卖掉，全家人搬到农场附近的村子里，租了一处房子住。现在农场已经初具规模，如果就此放弃，今后他们一家连个住的地方都成问题，更遑论四个孩子的教育。忍受着丧夫之痛，冯淑以她的坚强和聪慧，为四个年幼的孩子撑起了一片天。

为完成丈夫的遗愿，冯淑决定继续经营农场。但经营农场的工作

---

① 摘自《丁敬自传》。

非常繁重，冯淑还要操持家务，抚养教育子女，实在分身乏术，不堪重负。于是，她做了一个在当时看来非常大胆的决定。她请来家中三妹冯幼芬帮忙主持农场的日常事务，自己只负责对一些重要的事情做决策。功夫不负有心人，辛勤的付出使冯淑姐妹经营的农场终于有了收获。由于在农技师的指导下，桃树栽培采用了杀虫、接枝、挂袋等现代科学种植方法，不过短短三年，桃树就开始产果。志成农场所出产的水蜜桃果形大、色泽美、香气浓郁、汁多味甜，一经推出上市就受到乡邻的追捧，无锡城中的水果商也争相采购。就这样，志成农场出产的阳山水蜜桃在当地小有了名气，卖桃子使农场收入逐渐有所盈余，成为家里的主要经济来源。

1928年冬，北伐战事结束后，中国军阀割据的局面却并没有结束。蒋介石为了加强政治独裁，企图从桂系军阀手中夺取武汉和两湖地方政权。这使得以李宗仁为首的桂系军阀大为不满，蒋桂矛盾日益趋于尖锐化，战争一触即发。刚刚经历了北伐战争正逐渐安宁下来的中国社会再次动荡起来。居住在无锡城郊乡间的富户纷纷举家搬进城里以躲避战祸，原本租给丁敬家房子的房东也要收回房子，以便搬进城里去，这让丁敬一家一下子没有了居所。此时，冯淑的舅舅荣月泉①刚好从荣氏家族企业的申新纺织公司第四纺织厂和福新面粉公司第五面粉厂两厂经理的位置上退休，回到老家无锡定居。在获知了丁敬一家的难处之后，荣月泉劝说冯淑趁这个机会搬回城里定居。然而，丁家在无锡城中并没有房产，如果租房子住，一来因为搬进城的人多，无锡城里的房价飞涨；二来，他们钱不算多，一直租房子住对一大家人来说实在不是长久之计。为这事冯淑反复思量，夜不成眠。考虑到四个孩子已经长大，需要上学读书，而城里的教育环境到底更为优越。冯淑最终决定在城里建一所自己的房子，这样不但孩子们有个比较好的

---

① 荣月泉（1868—1941），名永清，清同治七年（1868年）生于无锡县（今无锡市郊）荣巷。他早年毕业于上海电报学堂，历任清台澎电报总局总管，上海电报总局英文翻译、电话提调，北洋政府交通部电政司司长兼全国电报督办等职，民国7年（1918年）起脱离官场至荣氏企业集团，成为管理骨干。

学习和成长环境，全家也能彻底从农场搬回城里居住，不必为住所东搬西迁。冯淑拜托舅舅帮忙找一处能盖房子的地方，容月泉心疼外甥女和孩子们，经过反复比较，最终在靠近自家住宅的地方找到一块地，这样两家人比邻而居，也方便相互照顾。老人又拿出钱资助冯淑盖房子，还对冯淑说：这钱无期限、无利息，哪天有钱了哪天还。这笔钱对正为盖房钱而苦恼的冯淑来说，是真正的雪中送炭。有了足够的资金，冯淑亲自为自己家的新房子做了设计。这是一所中国传统样式的宅院，布局合理，功能齐全，共有九个房间，加上院子建筑面积总共大概有三百平方米。新房子虽然不是西式楼房，也没有那么精致漂亮，但能住上自己家的房子，丁敬一家还是开心极了。丁家所在的地方，现在叫塔坊桥汤巷47号，冯淑舅舅荣月泉家就在距离不远的汤巷45号。汤巷地处现在无锡市的梁溪区，这里紧邻无锡城中心地段的学前街，交通便利，商业繁华。学前街是一条东西向的短街，以前在街前有一条小河，向西直通运河。之所以叫学前街，是因为在街的一侧有一座孔庙，孔庙的西边是原来的无锡县学宫，曾为无锡官办学校所在地。另一侧则是知名学者顾毓琇故居，丁敬后来就读的无锡师范附属

**汤巷45号荣月泉故居，后为张闻天故居**

**静谧幽深的汤巷**

小学、无锡县初级中学都距离他家很近。虽紧邻闹市，但汤巷是一处闹中取静的幽深巷子，又因为附近有多所世家大族的大宅院，所以这里环境非常安全、安谧，且很有教育氛围。容月泉家是一所花树掩映下的独门院落，房子是一幢两层带阁楼的仿西班牙式楼房，采用红色清水砖墙，风格独特，院内有一个小花园，植有龙柏、石榴、芭蕉等花木。中国共产党老一辈重要领导人、杰出的无产阶级革命家和理论家张闻天从1975年起直到逝世，一直在此居住，因此这所房子得以保留下来，并被无锡市改建成为张闻天故居。遗憾的是，丁敬家的房子在无锡市进行旧城改造时被拆掉了，现在那里是一片民居楼房。

冯淑和四个孩子从此在无锡城里有了一个安身之所，此后，全家人一直住在这里，直到几个儿女都长大离开无锡到外地工作。冯淑把家中大部分房屋出租，以补贴家用，想尽办法维持全家生计。家里的日子虽不富裕，但也衣食无忧。为了孩子们的未来，她苦口婆心地教育孩子努力学习，并且不受当时重男轻女风气影响，坚持让两个女儿接受现代教育，尽己所能把四个孩子都送入最好的学校读书。

丁敬的母亲冯淑与四名子女，左一为少年丁敬

　　丁敬在母亲、姐姐和兄长的关注下健康成长起来，在家人潜移默化的影响下，从小聪明懂事的丁敬很早就喜欢读书。性格开朗活泼的他，一旦读书就很能坐得下来，专心致志。他一直把学业出色的哥哥丁忱作为自己学习的榜样和追赶的目标，在求学过程中，也始终追随着哥哥的脚步。虽然，丁敬与他的父亲一样都遭遇了幼年失怙的不幸命运：丁祖庚四岁时父亲离世，全靠自己祖母抚养才能长大，丁敬两岁时父亲也去世了，靠母亲抚养长大成人，这种父子两代人身上的重复命运实在令人感伤。然而丁敬在长大以后，终生走在为理想奋斗的道路上，从这一点来说，他与父亲走的并不是一条道路。

## 第三节　相互守望的家人

在父亲丁祖庚去世后，把丁家支撑起来的，除了身为母亲的冯淑，还有她的两个女儿——丁憼的两位姐姐。三个女性支撑起一个家庭，在当时的社会里也是不多见的。作为一名海军军官，丁祖庚平时都在战舰驻守，只有休假才能回到家中。在护法战争期间，丁祖庚更是在广州驻守了好几年，回家一趟并不容易。因此，丁家的孩子们从小都由母亲冯淑负责管教长大；又由于丁祖庚的不幸早亡，母亲冯淑成了丁家名副其实的当家人。冯淑的言行举止、思想主张对四个孩子的性格养成和待人处世方式产生了潜移默化的影响，这种影响伴随孩子们的一生，并成为他们未来人生道路的指路明灯。在她的严格教育下，四个孩子都非常优秀，学业有成而且品德高尚。随着年龄的增长，丁家的孩子们陆续从无锡汤巷走出去读书、留学、工作。

丁家的两个女儿在母亲的坚持下都没有放弃读书，虽然因为家庭经济情况就读的都是不需要缴纳学费的师范学校，但接受的仍然是现代教育，因而在长大后都成为思想独立的女性。长女丁愉非常早慧，和母亲一样小小年纪就失去父亲，因此，她对母亲的理解最为深刻。丁愉初中毕业后，为了减轻母亲的负担，主动选择了就读幼儿师范学校，年纪轻轻就开始教书挣钱，与母亲一同分担家庭经济重担，直到抗日战争胜利后才结婚，那时丁愉已经快三十岁了。次女丁憼从小学习就很好，她小学毕业后考入当时著名的江苏省立苏州女子中学（1932年改名为江苏省立苏州女子师范学校）。1935年，丁憼毕业后就参加了工作，与姐姐丁愉一起帮助母亲承担起家庭经济重担，资助两个弟弟安心读书。由于工作出色，中华人民共和国成立后丁憼到全国妇联宣传部工作，负责行政事务以及《新中国妇女》月刊的出版发行工作。和姐姐丁愉一样，她也很晚才组建了自己的家庭。

在几个孩子中，身为长子的丁忱无疑是最为出色的一个。他从小天资聪颖，启蒙很早，10岁就已经小学毕业。小学毕业后进入无锡县立初级中学①就读，之后考入当地名校无锡私立辅仁中学。这所中学由无锡人唐纪云于1918年创办，其外语教学非常有特色，曾培养出许多杰出的人才。因为在中学时连续跳级，丁忱16岁就高中毕业，随后考入国内著名的理工科大学——国立交通大学（上海本部）②。要知道，交通大学在当时享有"东方MIT（麻省理工）"的美誉，据说也是国内最难考的大学之一。③ 有个如此出色的孩子，身为母亲的冯淑自然是万分欣慰的。但冯淑并没有放松对他的教育，反而因为丁忱是长子，对他的要求更加严格，为他各方面的成长花费了大量心血。丁敬表弟冯励冰先生回忆说：

"她（冯淑）亲自督促表哥（指丁忱）的学习。我大表哥当日写的语文作文，我看见大姑妈在下面有改的。另外，从道德方面教育，我记得有一件事就是我丁忱哥哥从上海回来，租了一个人力车，租到了家以后，因为这个车费有争议，他说了一句脏话，骂了那个车夫一句脏话。后来这件事我姑母就很生气，要我大表哥反省，就是顶着香在地下跪着，就在那个我大姑父的照片前面下跪了一枝香的时间。"④

之所以要这样罚丁忱，是冯淑要让孩子懂得，即便对像车夫这样的普通人，他也要平等相待。冯淑认为，一个人的言行是品性的反应，因而特别注重对孩子言行举止、道德品质的教育。她对丁家四个子女的严格教育得到族中长辈的赏识和支持。丁忱考入上海交通大学后，一年需要缴纳几十银圆的学费，这对当时的丁家来说无疑是一笔巨款。因为怕学费昂贵家里负担不起，丁忱甚至打算放弃上大学。曾经给过

---

① 即现在的无锡市第一中学。这所学校创建于1911年（宣统三年），前身为无锡县立初等工业学堂，1925年，学校从初等工业学堂发展为商业学校，添办中学部；1927年，学校又从商业学校发展为普通中学，更名为无锡县立初级中学。物理学家钱伟长、"两弹一星"元勋姚桐斌，以及中科院院士钱临照等十多位院士都曾在该校就读。

② 现上海交通大学，创建于1896年，原名南洋公学，是中国高等教育学校的多个源头之一，是中国历史最悠久、享誉海内外的高等学府之一。

③ 罗昕.民国时想进上海交大有多难？[N].东方早报，2015-1-5.

④ 摘自冯励冰、冯刚明访谈稿。

丁祖庚多次帮助的族兄丁福保知道后，立即给他们送来学费，并慷慨表示自己将负担丁忱大学四年的全部学费。后来，丁忱赴美国留学时，丁福保还赠送了路费。

**丁敬的哥哥丁忱**

大学毕业后的丁忱进入浙赣铁路局车务段工作。有了收入后，丁忱也帮助母亲偿还之前欠下的债务，直到全部还清。1941年，丁忱受中华民国铁道部公派，到美国伯灵顿北方圣太菲铁路公司[①]学习。来到美国以后，丁忱在努力学习专业技术的同时，对经济学发生浓厚兴趣。于是，他申请就读宾夕法尼亚大学经济学专业。仅用一年时间，丁忱不但实现了从理工学科到经济管理学科的专业转变，还在顺利获得经济学硕士学位之后，进入世界著名学府——哈佛大学经济学系，继续从事工业化资金积累的研究。在哈佛大学学习的日子里，丁忱刻苦攻

---

① 北美洲最大的铁路运营公司之一，拥有51 500千米的运营网络，遍及美国的28个州和加拿大的2个省，被公认为世界最大的铁路多式联运承运公司。

读，常常在图书馆看书直到深夜。同时，作为思想比较进步的留学生，丁忱始终心系国内的建设发展，他与同学们共同倡议成立了"明志社"，常常一起座谈、交流有关中国和国际的重大问题。1945 年，26 岁的丁忱完成了他的博士论文《工业化、资本结构和内部积累：战后中国工业化考察》，获得博士学位。5 月，丁忱学成归国。民国时期，能获得哈佛大学经济学博士的中国人屈指可数。丁忱的研究方向是战后中国工业化问题，正是抗日战争结束后国家重建最为需要的专业人才。回国后，他就被国民政府资源委员会①经济研究所聘为研究员。资源委员会及其前身曾一度由蒋介石兼任委员长，翁文灏②、钱昌照③分任正、副主任秘书长，负责实际运作。1938 年 3 月改隶经济部，由部长翁文灏兼任主任委员，钱昌照任副主任委员。1946 年 3 月直属行政院，后由孙越崎④任主任委员。主要任务为负责资源的调查研究和动员开发，后来逐渐发展成为重工业的主管部门。其产业活动主要集中在与军事工业相关的钢铁、动力、机电、化学等基本工业领域。丁忱在资源委员会研究所做了 2 年的研究，主要是翻译一些资料，配合完成

---

① 资源委员会是中华民国政府于 1932—1952 年负责重工业发展与管理相关工矿企业的政府机构。它实际上是抗战时期国民政府的最高经济领导部门，不但支撑了中国的抗战，而且为战后的中国工业现代化打下了基础。前身是于 1932 年 11 月成立于南京的参谋本部"国防设计委员会"，1935 年 4 月易名资源委员会，隶属军事委员会。

② 翁文灏（1889—1971），字咏霓，浙江鄞县（今属宁波）人。清末留学比利时获理学博士学位。他是民国时期著名学者，中国早期最著名的地质学家。1937 年出任国民政府经济部长，国民政府行政院秘书长兼资源委员会主任委员，在抗战期间主管中国的战时工业生产及经济建设。

③ 钱昌照（1899—1988），江苏张家港鹿苑（原属常熟）人，中国人民政治协商会议第七届全国委员会副主席、中国国民党革命委员会中央副主席、著名爱国民主人士。钱昌照 1918 年在上海浦东中学毕业，1919 年赴英国留学就读于伦敦政治经济学院，1922 年进牛津大学深造。中华人民共和国成立后，任政务院财政经济委员会委员兼计划局副局长。

④ 孙越崎（1893—1995），原名毓麒，浙江绍兴平水铜坑（今平水镇同康村）人。著名的爱国主义者、实业家和社会活动家，是中国现代能源工业的创办人和奠基人之一，被尊称为"工矿泰斗"。领导开发了中国第一个油矿——延长油矿，领导创建了中国第一座较具规模的石油城——玉门油矿。

一些研究项目。1946年,美国著名经济学家、后来获得了诺贝尔经济学奖的西蒙·库兹涅茨(Simon Kuznets)①受中华民国政府资源委员会邀请来到中国,考察研究中国的国民收入问题,丁忱在他的指导下从事国民经济总产值和工业化资金积累等方面的研究工作。但是,随着国内形势的变化,丁忱再不可能安心去做研究。特别是在抗战胜利后,在政府一系列经济政策失败导致国内经济逐渐面临非常严峻的形势下,丁忱作为一名年轻的经济学家,他的想法是不可能被采纳和实现的。1947年8月,他正式受聘于申新纺织公司,担任申新二厂和申新五厂经理荣尔仁的秘书和总计核,后来他更被介绍给荣毅仁②,进而成为当时我国最大的民族工业集团——荣氏企业集团的智囊之一。

作为家中长子和弟弟丁敬的长兄,虽然年龄上丁忱只比丁敬大5岁,但丁忱依然承担起了父亲的重任,一直非常关注、关心丁敬的成长。在丁敬求学、工作的过程中,哥哥对他的影响都很大,丁敬后来之所以能够去美国留学,更是因为哥哥丁忱一手推动才得以实现。丁敬好友王家宠曾回忆说:

"他(丁敬)跟他的哥哥和他的二姐关系比较密切。特别是他哥哥对他影响比较大。他哥哥叫丁忱,据我了解,他跟荣家的关系比较好,所以新中国成立以后他在上海工商联工作,也是跟荣毅仁有关系的。他哥哥对丁敬的学习、生活非常照顾,非常关心,很多事他都是帮助安排的。"

---

① 西蒙·库兹涅茨(1901.4.30—1985.7.8),俄裔美国著名经济学家,1901年4月30日出生在俄国,1922年移居美国,1926年获哥伦比亚大学经济学博士学位。1927年进入米契尔(W. C. Mitchell)教授主持的国民经济研究局(NBER)工作,1946年曾担任中国国家资源委员会顾问。因其在经济周期、国民收入核算和经济增长方面的杰出贡献,获1971年诺贝尔经济学奖。

② 荣毅仁(1916.5.1—2005.10.26),男,江苏无锡人。1937年毕业于上海圣约翰大学历史系,民建成员。中国现代民族工商业者的杰出代表。中华人民共和国原副主席,第六届、第七届全国人民代表大会常务委员会副委员长,中国人民政治协商会议第五届全国委员会副主席,中华全国工商业联合会原主席,中国国际信托投资公司原董事长。

作为家中最小的儿子，丁敬一直是家人关心、照顾的焦点。两个姐姐都比他大很多，大姐更是大他九岁，从出生起，丁敬就被两个姐姐宠爱着长大。大丁敬五岁的哥哥丁忱，则一直是他学习的榜样，哥哥的学习和成长经历对丁敬来说更是一种直接激励。家庭的境遇和母亲的品德对丁敬产生了巨大的潜移默化的影响，丁敬后来在个人自述中讲到："家庭背景使我读书很用功，工作亦很勤奋，向上之心很切。"丁敬也像母亲一直教育他们的一样，为人正直，生活节俭，乐于助人、回馈社会。

丁敬的母亲冯淑在孩子们的心中具有极高的位置。她一生辛劳，年少时即遭逢父亲早亡，不得不挑起扶持母亲、抚养弟妹的重担；到结婚后又遭逢丈夫过早离世，不得不独自抚养四个孩子长大，但是，历经的战乱年代和遭受的生活窘迫都没有能够压垮她。她性格坚韧又乐善好施，待人真诚又智慧端方；虽身为女子，却心胸宽广，立意高远。冯淑不但关心本家和本族的发展，更关注国家和民族的兴亡。丁敬大学毕业后，到甘肃玉门油矿老君庙炼油厂工作时，母亲冯淑曾在给他的信中写道：

"儿现今的行为无非给我安慰享受，吾更进一步希望你能为大众造福，兴利除弊，老人无饥寒之苦，小儿无失学之悲，普天下老有养，幼有学则天下贻矣。"①

冯淑在丁氏族人中拥有很高的声望。在她艰难度日时，她没有给家族添过麻烦，到她日子好过的时候，却能主动扶贫帮困。在丁氏家族第七次修订族谱时，冯淑以女子之身成为族谱主修，这在国内是非常少见的事情。而与她同为族谱主修的族人，一位是丁锦，另一位就是丁福保，都是当时的名人，足以说明冯淑在族中所受到的赏识和她作为一名女性在家族事务中的地位。

正是母亲冯淑在暴风雨般的战争动荡年代中的苦苦支撑，使得丁家不但没有因为丈夫丁祖庚的早逝而败落，而是将四个孩子都抚养

---

① 摘自《丁敬日记》。

长大成人，且都学有所长。艰辛的生活，让冯淑养成了节俭节约的习惯，日常生活中她总是省吃俭用着过日子。当她的四个孩子长大工作后，如果孩子们给寄的零花钱花不了，她就帮助接济很多人，对象不仅限于自己的亲戚，还包括周围的孤寡老人，甚至是一些偶尔碰到的陌生困难者。对于曾经为了孩子上学接受的亲戚赠款，冯淑后来都通过捐赠款的方式将钱用于家族内发起的扫祖墓活动。在无锡南塘丁氏家族进行第七次修订族谱时，冯淑不仅做了主修之一，还为印制族谱捐赠了经费，金额是全部经费的十分之二。① 1988年12月，98岁高龄的冯淑无疾而终，几个子女遵照母亲遗嘱将无锡城中的老房子卖掉，把其中一大部分钱捐给一所中学，并成立"冯淑奖学金"，完成了母亲回馈社会的心愿。冯淑的优秀品德深深影响着四个子女的成长。在她的追悼会上，几个子女给母亲写道："识世纪风云，通文达理，树木树人；度一生辛劳，济贫问苦，有始有终。"这两段话刻画了冯淑的一生：这位母亲经历了中国跨越两个世纪的百年风云，一辈子知书达理，曾经在丈夫留下的果园中栽种树木，树木树人，将孩子都培养成才。

## 第四节　颠沛求学路

1930年9月，6岁的丁敬进入江苏省无锡师范附属小学②就读。这所小学是无锡市历史最为悠久的小学，由无锡师范创建者、首任校长

---

① 《无锡南塘丁氏第七修谱序》。
② 江苏省无锡师范附属小学，由江苏第三师范学堂（今无锡师范学校）创建者、首任校长顾倬先生于1913年创建。该校以日本东京高等师范附属小学为蓝本筹建，是无锡市历史最为悠久的小学。

顾倬①先生于 1913 年创建。该校以日本东京高等师范附属小学的管理模式和教学模式为蓝本,是一所名副其实的新式学堂。学校距离丁敬的家很近,走路也不过 10 分钟的样子。丁敬念书很用功,非常上进,虽然他是家里最小的一个孩子,得到母亲和哥哥、姐姐们的全心爱护,但父亲的早故使丁家儿女们小小年纪就知道只有读好书长大后才能有出息,也才能减轻母亲的负担,所以在家庭的影响和母亲的希望下,丁敬从来没有放松过对自己的要求。有天资聪慧的哥哥做对比,他学习非常勤奋,学习成绩也很好。为不浪掷岁月,少年丁敬十分珍惜在母亲和两位姐姐辛苦操劳之下得来的生活,清介自持,刻苦向上。经常是在一盏豆油灯的微弱光亮下,他伏案而坐,学到深夜。丁敬的表弟冯刚明对童年时代的丁敬这样回忆道:

"我记得他(丁敬)比我大五岁。我小时候上小学的时候,我姑妈鼓励我的时候就用丁敬的学习态度以及成绩来鼓励我。就是我这个表哥,在初中的时候,年年是名列前茅,就是第一名第二名,是品学兼优的学生。丁敬本身对学业比较自觉,虽然有母亲督促但是他的自觉性还是比较高的。他爱看书,就是功课,那个时候也有功课的。就是把所有的时间基本上都放在学习上了。很少出去活动,他很自觉从来不出去,就在家里学习。我姑母有的时候看不过,就觉得你老是坐在那学习这太长了,你也得出去活动活动,就是老是经过我姑母的动员以后,他才出去做个活动。"②

五年后,丁敬小学毕业,追随兄长丁忱的脚步考入无锡县立初级中学就读。1937 年春天,13 岁的丁敬刚刚上初中二年级,到第二个学期开始的时候,不知道什么原因他突然开始经常觉得头疼,母亲怕他

---

① 顾倬(1872—1838),号述之,别号云窝,近代著名教育家。21 岁考中秀才,后肄业于东林书院、南菁书院。1902 年(光绪二十八年)留学日本,1911 年在江苏省无锡市创建官立江苏第三师范学堂,并任监督(校长)达 10 年。以日本教育为典范,曾多次赴日参观学习,倡导办好教育、教好国民、移风易俗、挽救危亡的办学宗旨。

② 摘自《冯励冰、冯刚明访谈稿》。

是因为读书太用功、用脑过度了，就让他休学在家休养一段时间。不曾想，到了 7 月，"卢沟桥事变"突然爆发了，此后日本发动了全面侵华战争，战争的阴影迅速笼罩了中国大地。

当年 8 月 13 日，淞沪会战在上海爆发。这场战役历时三个月之久，中国军队以巨大的牺牲，彻底粉碎了日军妄图三个月占领中国的阴谋。这场战役也是中日两国之间不宣而战、全面战争的真正开始。上海沦陷之后，日军一面不断派飞机对无锡、江阴、宜兴三地进行轰

少年丁敬

炸，扫清通往南京的道路，一面出动陆军疯狂扑向南京，并在沿路攻占各个城市。随着战火迅速向无锡逼近，坏消息不断传来。冯淑知道地处平原上的无锡没有多少军队驻扎，根本无法抵抗日军的猛烈进攻，这令她焦虑不已。丁家上下都是一些妇孺，家里还有两个正值青春年华的女儿，日军每到一地烧杀掠夺的残暴行径，更让身为母亲的冯淑万分担忧孩子们的安全。她找到自己的舅舅荣月泉商议后，决定全家离开无锡到武汉去暂避一时。武汉当时是平汉、粤汉两条铁路的衔接点，又是东西南北水陆交通的枢纽，交通非常便利；而且，丁敬的二舅父冯剑青在荣氏家族企业的汉口福新面粉五厂①工作，能及时收到各地消息，如果形势有变化，他们也好尽早有所准备。全家人很快收拾好行李，离开无锡城去往武汉，与他们一起离开的还有丁敬大舅父家

---

① 荣氏家族企业，福新面粉公司成立于 1912 年 12 月 19 日，由荣宗敬、荣德生兄弟创立于上海，它与茂新面粉公司共同构成当时中国最大的私营面粉企业集团。1918 年，福新面粉五厂在汉口建成。

的两个儿子——冯励冰和冯刚明。这两兄弟自小就常到丁敬家，和丁敬兄弟一起接受自己姑母（丁敬母亲冯淑）的管教。令当时年少的丁敬万万没想到的是，这场残酷的侵略战争不仅摧毁了他平静的生活，更对他未来的人生道路产生了重大影响。从此，他走上了一条颠沛流离的求学之路。而在国难岁月中的这一走就是八年，直到抗战胜利后，他们才得以回到家乡，而那时丁敬已经大学毕业了。

形势危急中，在母亲率领下，一家人先到南京，然后乘船到达武汉，暂时寄住到了二舅父冯剑青家里。他们刚离开无锡没几天，就接到了无锡沦陷的消息。之后，在不到半年的时间里，先是南京失守，继而日军又攻陷徐州。到1938年5月，日军为达到控制中原，进而支配整个中国的目的，集结了25万人的兵力准备攻打武汉。自南京失守后，武汉成了全国政治、军事和经济、文化的中心。武汉三镇本就聚集了大量工厂，是当时国内重要的抗战物资来源，国民政府也在这里集结了大量兵力，用来保卫武汉。随着日军的不断逼近，一场大战即将打响。此时，为保存战略物资生产能力，福新面粉五厂接到命令要往重庆搬迁。丁敬一家不得不面临几个选择：一是继续留在武汉；二是与二舅父一起，随着福新面粉五厂向大后方转移；三是想办法到上海，去丁敬大舅家暂住。正在两难的当口，他们接到了丁敬姨妈冯幼芬的来信。这位姨妈与丁敬母亲冯淑的感情最为深厚，曾经在丁敬父亲丁祖庚去世后，帮助冯淑经营"志成农场"，和丁敬一家在一起生活了好几年。她知道了上海沦陷、丁敬一家逃难在外的情况后万分着急，在信中力邀他们去天津避难。经过商议，考虑到日军虽然占领了天津，但因姨妈家居住在英国租界区，而日军是无权进入租界区的，所以相比较而言，天津在当时还是比较安全的；最为重要的是，姨夫杨哲人在天津航政局做报关行经理，家里经济条件较好，丁敬全家人过去暂住，在经济上不会有太大的问题，至少能让全家人过上比较稳定的日子，丁敬也可以再次上学读书。商议一定，全家即刻乘船离开汉口南下至广州，经广州到香港，从香港再坐船到达天津。经过近一个月的辗转奔波，一家人总算暂时安顿下来。此后，丁敬全家人在姨妈家中寄住了将近两年，生活费用都由姨妈补助。

在躲避战火的日子里，丁敬的学业中断了一年，然而，他并没有中断自己的学习。他靠着自学，在家补习了初二和初三的课程，于1938年9月考入天津市工商学院附属中学，跳级进入高中一年级就读。这所学校由法国天主教耶稣教会创建于1923年，是天津市一所知名老牌中学，该校1981年改名为天津市实验中学，世界著名核物理学家袁家骝博士、著名红学专家周汝昌等科学家都曾毕业于该校，这所学校曾被誉为"津门名校、沽上之光"。丁敬很快适应了新的学习和生活环境，投入勤奋的读书之中。然而不过一年的时光，1939年的秋天，丁敬的姨妈不幸因病去世了。姨妈的骤然离世，使得丁敬全家再次面临去留的难题。

此时，因纳粹德国对波兰不宣而战，从而引发法国、英国向德国宣战，第二次世界大战正式爆发。意大利宣布加入德国和日本于1936年签订的《反共产国际协定》，德、意、日的法西斯三国轴心正式形成。此后，随着匈牙利、西班牙、丹麦、罗马尼亚、保加利亚等国相继加入，法西斯势力在全球蔓延。日本侵略军也趁机持续发动了扫荡重庆外围的大规模会战，妄图以此能让中华国民政府尽快投降，由此，中国的抗日战争也进入最为艰难的时期。在那一年的夏天，丁敬的哥哥丁忱从上海交通大学毕业，被聘到当时在江西玉山的浙赣铁路局工作，这让全家人有了团聚在一起的希望。虽然南方大片地区正是战火纷飞，到那里去有可能会不安全，但因为丁忱有了固定的工作，全家人在生活上就有了一定的保障，比一直借住在亲戚家里要好得多。而丁敬更是一天也不想等了。国内的抗战正进行得如火如荼，抗日救国活动也在全国的城镇、乡村中轰轰烈烈地开展，即使是在日军控制很严的天津，他们也能经常收到抗日救亡运动的消息。在汉口避难时，丁敬就经常与表弟一起到街上参加抗日宣传活动，共产党的抗日宣传活动更给少年丁敬留下了深刻印象。在天津英租界两年的生活，每日所见、所闻无不让他的内心发生变化，令他的思想逐渐从懵懂变得清晰。他不想再躲在外国人的租界区内求一时安稳，少年丁敬的内心渴望着能有机会为国家和民族尽自己的一份努力。1940年元旦刚过,丁敬便与两位姐姐率先坐船南下,经香港到上海,随后转乘江轮到宁波,弃船登岸后,再由陆路到达江西省的玉山,与大哥丁忱会合。不久之后,母亲冯淑也从天津来到玉山。虽历经辗转波折,但分开两年的全家人终于重新团聚在一起。

国家生灵涂炭,个人颠沛流离。丁敬从1937年开始,目睹和经历了中国被异族侵略欺凌的最艰难屈辱的岁月,亲身经历了抗日战争之初国民党的不抵抗给中国人民带来的灾难。这段辗转逃难的生活经历不仅锻炼了他的意志品质,而且还增强了他对各种艰苦条件的适应能力,对他后来积极参加抗日救国活动,努力探求国家强大、民族富强之路,强化"科学救国"的理想信念产生了非常重要的影响。

当年2月,在哥哥丁忱的安排下,丁敬插班考入位于浙江省金华县蒲塘镇的浙江省立金华中学①,就读高中二年级理科班。金华中学创建于1902年,是一所有着严谨学风和较高教学质量的名校,旧称"金华中学堂",其前身更可追溯到南宋的丽泽书院、明代的崇正书院及清代合两书院之名的丽正书院,是当时浙江中部规模最大的著名中学,也是浙江省最好的学校之一。即便是在战争动荡的环境下,经过校方的不懈努力,学校的办学条件都能得到保障,这在当时是非常难得的。随着时局的变化,金华也日渐受到日军威胁,因金华城区屡遭日机轰炸,时任金华中学校长的方豪②决定将学校整体迁至金华乡下,同时把学校珍贵的藏书和实验用仪器随学校搬走,学校的老师和学生大部分都自愿随学校进行了搬迁。按照学校的安排,高中年级被分散到澧浦

---

① 即今浙江金华第一中学(Jinhua No.1 High School, Zhejiang),创建于1902年(光绪二十八年),校名先后易为金华府中学堂、浙江省立第七中学、浙江省立金华中心、金华市第一中学等。2014年,被授予"浙江省一级普通高中特色示范学校"称号。

② 方豪(1894—1955),字椒新,又名兆鼎,浙江金华人,毕业于北京大学法学院。"五四运动"时期的学生领袖之一,曾为北京学生联合会及其后的全国学生联合会的首任主席,毕业后主要从事教育工作,为我国,特别是浙江省的教育事业做出了杰出贡献。

镇附近的蒲塘、长庚和山南等村镇里，高中二年级被安置在蒲塘，高中三年级被安置在长庚。学校从城里搬迁到了乡下，物质条件与之前相比要差一些。在用借来的祠堂和庙宇改造成的教室里，老师们用自编的教材和自印的讲义向学生们授课，教学依然很认真。即便是在物资简陋的条件下，学校也始终保持着一贯严谨的学风，对学生的要求并没有放松，还是一如既往地严格要求。16岁的丁敬第一次离开了家人，真正独自面对生活中的一切。在学校里，他感受到与之前在天津的学校里完全不同的氛围。虽然他们的物质条件匮乏，但学校活动依然非常活跃。金华中学校长方豪，曾是闻名中外的"五四运动"的学生领袖之一，本人极具民族气节，在他的带领下，全校师生以救亡图存为己任，一边宣传抗日，一边坚持办学。而丁敬的很多同学，在课余时间里也经常谈论时局的变化，对战争的进展非常关注。丁敬在这样的氛围里感到非常开心，甚至让他忽视了周遭物质条件的不足。他很快就适应了这里的环境，融入同学们之中，结识很多朋友。最让他开心的，是结识了后来成为他一生好友的王家宠①。共同的兴趣、爱好和理想使两人从一相识便成为好朋友，不但一起在金华中学读完了高中，更一同考入浙江大学，并在后来成为共同开展爱国救亡运动的亲密战友。虽然是中途转学插班入校，但丁敬的勤奋和聪明让他的学业很突出，他不仅理科成绩好，文科成绩也名列前茅，很让同学们刮目相看。

随着毕业的时间日益临近，丁敬开始思考自己未来的去向。此时他刚刚17岁，正是风华正茂、朝气蓬勃的年龄。他想去参加抗日，凭着一腔热血为国家民族奉献自己。但作为家里最小的孩子，他的这个

---

① 王家宠，1923年生，浙江萧山人。1945年毕业于浙江大学机械工程系。曾任上海中国农业机械公司吴淞机器厂技术员、车间副主任。1949年加入中国共产党。后历任上海五金工会副主席，中国第一机械工会生产部部长，世界工联产业部调研员，全国总工会国际部部长，全国总工会第九届书记处书记、第十届副主席，中国国际交流协会理事，国际劳工局理事会工人副理事，中国职工对外交流中心会长。是第六届全国政协委员。

想法注定只是一时冲动。大哥丁忱建议他继续求学，学成后用科学知识实现救国理想。这是丁忱自己一直以来所走的道路，也是中国大多数知识分子在当时选择的道路。在母亲和哥哥的劝说下，丁敬决定继续接受大学教育。1941年，国内大学因为战争影响不再组织统一的大学入学考试，国立中央大学、浙江大学、武汉大学和西南联合大学等四所大学组织了联合招生考试。丁敬报名参加考试，并在报名志愿中填写了浙江大学和中央大学两所学校。

# 第二章 青年的理想

## 第一节 浙大岁月

国家危急,时局混乱,然而,当时中国的高等教育并没有就此崩溃,各大学按照教育部指示陆续撤出敌占区,并坚持教学和招生,中华民族的教育薪火得以承继。1941年夏天,因为战时特殊环境的需要,中华国民政府教育部要求暂停全国统一高考,允许实力相当的大学可实行联合招生。因此代表当时中国高校学术最高水平的"中国四强"大学(包括国立中央大学、浙江大学、武汉大学和西南联合大学)举行了第一次联合招生,这次联合招生考试被称为"四校联考"。[1] 即将高中毕业的丁敬参加了这一年的"四校联考",并被国立中央大学和浙江大学两所大学同时录取了。丁敬最终选择了浙江大学。之所以这样选择,不仅因为浙江大学在龙泉设有分校,可以让他在江南多留一段时间,以更好地适应学校生活;而且因为丁敬认为浙江大学的学术气氛更为浓厚,浙江大学当时的校长正是德高望重的知名学者竺可桢。

---

[1] 刘秋梅,马俊林. 西南联大招考方式考察 [J]. 商丘师范学院学报,2010,26 (11):117-119.

浙江大学的前身是成立于1897年的求是书院，为中国人自己最早创办的高等学府之一。1936年4月，知名学者竺可桢①奉命担任浙江大学校长。上任伊始，竺可桢就在学校实行教授执行、民主办学和思想自由的办学方针，明确提出中国的大学必须培养"合乎今日的需要"的"有用的专门人才"的进步主张。1937年"七七事变"发生后，抗日战争全面爆发，偌大的中国已经安放不下一张平静的书桌了。面对日本侵略者的大规模军事进攻和对中国文化教育事业的肆意破坏，不少高校或关或并。为了救亡图存，保存民族文化实力，浙江大学校长竺可桢以其惊人的胆略和魄力，毅然决定率领全校师生西迁，开始了长达八年的艰苦办学历程。1938年，在西迁开始之时，竺可桢倡议把"求是"立为浙江大学的校训，并认为"求是"精神就是排万难冒百险以求真理，不计利害只问是非，不盲从、不附和、不武断、不蛮横的奋斗精神、牺牲精神、科学精神，"求是"更重要的还应该是人生奋斗的目标，实践的准则。②他以此鼓励浙大师生坚持办学。浙江大学西迁历经三年多的时间，途经浙、赣、湘、粤、桂、黔六省，行程2 600多千米，最终于1940年初抵达贵州遵义——遵义地处黔北山区，"远离炮火和敌机的干扰"。由于浙江大学西迁的路线与中央红军的长征线路大体相同，而落脚点又都是对中国革命具有转折意义的遵义，1986年，时任中共中央政治局常委、全国人大常委会委员长彭真将浙大西迁历程赞誉为"文军长征"。③

1941年9月，丁敬进入浙江大学龙泉分校工学院化工系开始了他一、二年级的学业。而此时，浙江大学已经西迁至贵州。之所以设立龙泉分校，主要是浙江大学西迁后，浙江省本地的高中毕业生，以及

---

① 竺可桢（1890.3.7—1974.2.7），字藕舫，浙江省绍兴县东关镇人，中央研究院院士、中国科学院院士，中国共产党党员，中国近代气象学家、地理学家、教育家，中国近代地理学和气象学的奠基者。1936年4月—1949年5月任浙江大学校长。

② 竺可桢. 竺可桢日记［M］. 北京：人民出版社，1984.

③ 资料来源：浙江大学校史馆.

**国立浙江大学龙泉分校新建校舍全景（1941年10月）**
来源：浙江大学校史馆

浙江大学一部分家在福建、安徽、江西和上海等地的学生，因战乱所造成的交通不便或经济困难，不能随校同行的越来越多，导致失学的学生不断增加。为解决这个问题，1939年1月，浙江大学在浙东筹备设立先修班。一个月后，校长竺可桢派教务长郑晓沧教授等教师赴浙筹办分校。7月，浙江大学浙东分校宣告正式成立，不久后改名为"国立浙江大学龙泉分校"，校址设在龙泉坊下村。分校在创建之初，规定学生入学后只在分校学习一年，第二年就转到总校继续学习。后来因为受到时局的影响，为了不增加学生和学校的负担，规定除师范学院外，其他各系学生读完两年后再转入贵州校本部学习。①

进入大学以后，丁敬各方面能力都有了施展的空间。在同学的印象里，他是一个很有吸引力的同学。他的同学王家宠描述对丁敬在求学期间的印象时，说道：

"他是一个品学兼优、思维踊跃、兴趣广泛的学生。为什么说他兴趣广泛呢？因为他不但学习很努力、很认真，成绩也很好，而且积极

---

① 浙江大学校史馆。

地参加各种课外活动,比如说歌咏队啊、荣誉演出啊,这样的同学在那个时候还是比较少的。后来,我们一直交往,(我)就觉得他是一个正直、豪放、富有活力的人,而且,他既勤奋钻研学问,同时关心时事政治,有丰富的爱国情怀,是这么一个人。"

丁敬在大学一年级第一学期就当选为学生代表,后来被选为学生会常务干事。作为龙泉分校的学生,丁敬生活简朴,学习也非常努力。无论是听课还是自修,都极其认真。虽然是在战时,龙泉分校在物资保障方面还是比较好的,生活各方面的供给都还比较平稳。晚上看书,同学们每人一盏桐油灯,灯盏内放一两根灯芯草。灯光如豆,用一根小棒把灯芯草往上挑就能使灯光亮一些。在桐油灯微弱的灯光下,浙江大学龙泉分校的学生们如饥似渴地吸取着知识,万分珍惜来之不易的学习时光。当时,龙泉分校的师资力量相当雄厚,有文、理、工、农四个学院。包括中国文学、外国语文、史地、数学、物理、化学、生物、电机、化工、机械、土木、农艺、农化、园艺、蚕桑、病虫害、农经17个系。学校对学生的要求也很严格。为提高学生的学习质量,学校几乎每周或每两周都会有考试或者考察,在这样的教学要求下,学生的淘汰率也比较高。

浙大龙泉分校歌咏队。后排右一为丁敬

(摄于1942年5月)

为了学好英语，丁敬与一位同班同学每天早上带着英语课本，到教室外的棉田里早自习。天寒地冻，北风刺骨，他们把英语课本支在干枯的棉秆顶上，把双手插进裤袋，然后，两人就你听我背、我背你听，相互检查、相互帮助、相互磋商地攻克英语难关。虽然读的是化工专业，但丁敬的爱好非常广泛。1942年年初，还在读大学一年级的丁敬参加了土木工程系二年级学生朱兆祥①组织的天文学习会，由此与朱兆祥成为朋友。丁敬两年的学习成绩优良，一年级各科平均成绩80.6分，

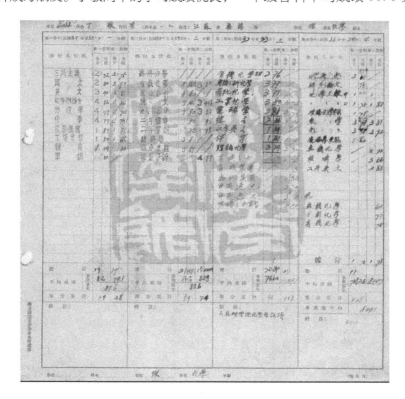

**丁敬的大学成绩单**

---

① 朱兆祥（1921—2011），浙江省镇海县（今宁波市镇海区）人。1940年年初加入了中国共产党，1940年10月考取浙江大学土木工程系。力学家、教育家和科技事业活动家。中国科学工作者协会和中华全国科学技术普及协会的早期组织者，协助钱学森创建了中国科学院力学研究所。宁波大学首任校长。从事爆炸力学和冲击动力学的研究，在应力波的传播及其引起的损伤和屈曲以及高分子材料的非线性本构关系等方面做出了贡献。

二年级各科的平均成绩 83.6 分。特别是他选修的两门外语课——英语和德语的成绩突出，德语更是在二年级的两个学期里都拿到 90 以上的高分。他数学的成绩也很不错，一、二年级两个学年的微积分平均分达到 85 分。优良的成绩给了他很大的自信心，他也在两年的学习中不断发展对其他专业的兴趣，旁听了物理、化学、外国语文等系的课程，想要学习掌握更多的知识。

1943 年 7 月，丁敬结束了大学二年级的学习课程，准备去往贵州湄潭继续后两年的学业。浙江大学西迁至贵州遵义后，学校本部办公机构、文学院、工学院和师范学院文科系留在遵义；理学院、农学院和师范学院理科部在遵义东面 75 公里①的小县城湄潭县。湄潭县位于遵义东面的一个小盆地中，四周峰峦迭起，碧波清澈的湄江从城西蜿蜒而过，城内随处可见堰坝、水车和依山而筑的吊脚木楼。这里环境优美，物产丰富，素有"小江南"之称。虽是偏远的小山城，但在抗战时期这里却是一处难得的清幽之所。竺可桢广纳国内外名士贤才，使偏远的山城一时汇聚了中国知识分子的一代精英，他们各有专长，学术上既形成不同学派，又能相互尊重，友好共处，共同发展，达到极其难能可贵的百花齐放、百家争鸣的学术氛围。国难当头、物资匮乏之际，在中国偏远的贵州腹地，悄然出现由遵义和湄潭两座小山城构成的一座"大学城"，整个浙江大学此时开始进入相对稳定的战时教学时期。竺可桢校长注意培养学生坚实的基础理论和广博的知识，注重学生的实践训练和智能培养。他明确地提出大学教育的目标："绝不仅仅是造就多少专家，如工程师、医生之类，而尤在乎养成公忠坚毅，能担当大任，主持风尚，转移国运的领导人才。"浙江大学在竺可桢校长的带领下，在抗日战争异常艰苦的时期，依然坚持人才培养和科学研究的精神深深影响了当时的青年学子。

艰难困苦的环境不断磨炼着丁敬的意志，传承自父母双亲的家国情怀也让他快速成长为一名有理想、有品德的爱国青年。为继续求学，

---

① 1 公里 = 1 000 米。

丁敬离开了家人和故土,胸怀报国之志,力克千难万险,与同学们一道经过长途跋涉,辗转千里,终于抵达位于贵州湄潭的浙江大学本部。因为在前两年学习化工专业中,丁敬逐渐对数学、物理、化学等基础理论发生兴趣,因而到达贵州湄潭后,他申请转入浙江大学理学院化学系就读。

在贵州的大山里,即使学校想尽一切办法争取经费,师生们的物质生活条件也极其贫苦。教师待遇菲薄,仅能勉强糊口。为了能够填饱肚子,有的教师用瓜菜代替主食,也有的教师依靠变卖衣物度日。当地物价涨得很厉害,像丁敬这样家在沦陷区的大学生,因经济来源断绝,日常生活费完全依靠中华国民政府教育部发放的助学金。那点钱只够他吃主食,要想买些好一点的饭菜也捉襟见肘,常常吃不上菜,更谈不上买些副食。在晚上自习的时候,也没电灯,连蜡烛都是稀罕物、奢侈品,只能点油灯学习。油灯的油也是杂质很多的劣质煤油,一晚上下来,学生们的鼻子里都被烟熏黑了。然而,广大师生处境虽然艰难,但并不因此而丧失斗志。教师为莘莘学子传道、授业、解惑,循循善诱,不辞辛劳;学生受师长熏陶,刻苦学习,孜孜不倦。这段

浙江大学在贵州省湄潭校区的学生宿舍全景
来源:浙江大学校史馆

艰难岁月，也成为丁敬这些浙江大学的学生一生最难忘的时光。

尽管物质条件异常艰苦，但全校学习氛围非常浓厚，校园的学术讨论活动十分活跃。如数学系独创的"数学研究"课，为四年级学生所必修；物理系有教师报告会，文学院有由著名教授指导的各种讨论小组，农学院有读书会，每逢著名科学家的诞辰或忌日，或是有意义的纪念日，学校都组织中、大型学术报告纪念会。竺可桢校长常常亲自主持或首席发言。这些活动都深受学生们的欢迎，同学们认为这些自由参加的学术活动是求知的最好方式之一。① 浙江大学理学院的院长是国内著名学者胡刚复，他毕业于美国著名学府哈佛大学，是中国物理学科的开创者。在他的领导下，理学院的师生在十分简陋的条件下坚持教学、科研，涌现出一批突出的科研成果。如苏步青的微分几何、陈建功的三角函数、王淦昌的中微子研究、束星北的相对论、周厚复的原子理论研究、贝时璋的遗传研究、陈立的智力测验与人格测验的研究等。此时，化学系师资力量亦相当雄厚，拥有周厚复、王琎教授等多位知名学者，因而浙江大学理学院成为国内最优秀的学院之一。丁敬转到理学院以后，除了化学专业，对物理也有很大兴趣，常常去听王淦昌、束星北轮流主持的讲座、论坛，这些讲座上讲的报告都是当时物理学最前沿的课题和动向。当时学校对学生严格要求，学生们的学习特别刻苦、自律，就是到了除夕晚上，街上锣鼓喧天、鞭炮齐鸣，浙江大学没有一个学生上街凑热闹的，仍是埋头读书。虽然地处偏僻，这一时期的浙江大学学术风气良好，学术讨论之风特盛。

校长竺可桢延揽和团结了一大批在各个学科领域处于前沿地位的著名教授执教，大力提倡科学研究和严谨的学风，重视基础教育，从而使浙江大学的面貌焕然一新。当时浙大可以说是群星灿烂、精英荟

---

① 辰羲，百年浙大沧桑如斯，2002年3月3日，青塔网独家发布。

萃，诸如数学系的苏步青①、陈建功②，物理系的王淦昌③、胡刚复④、束星北⑤（爱因斯坦助手）、卢嘉锡⑥，化工系的周厚复⑦、王葆仁⑧，生物系的贝时璋⑨、谈家桢⑩，等等。这一大批著名专家、教授，不仅为浙江大学培育了李政道⑪、谷超豪⑫等世界一流的学者，还有不少教授后来成了科学院和国内一些重点大学的筹建者和中坚力量。在竺可桢的带领下，浙江大学从抗日战争前只有工学院、农学院和文理学院三个学院的一所地方性大学，成长为拥有文学院、理学院、工学院、医学院、农学院、法学院和师范学院七个学院的中国最顶尖的几所大学之一。即便是在抗日战争期间，学校的教学和科研工作也在有条不紊地进行，产出了多项科研成果。

---

① 苏步青（1902—2003），中国科学院院士，中国杰出的数学家，被誉为数学之王，与棋王谢侠逊、新闻王马星野并称"平阳三王"。主要从事微分几何学和计算几何学等方面的研究。

② 陈建功（1893—1971），数学家，数学教育家。

③ 王淦昌（1907—1998），核物理学家，中国惯性约束核聚变研究的奠基者，参与中国核武器研制的主要科学技术领导人之一，被中国政府授予两弹一星功勋奖章。

④ 胡刚复（1892—1966），物理学家、教育家，中国近代物理学事业奠基人之一。

⑤ 束星北（1905—1983），著名理论物理学家，李政道的物理启蒙老师、王淦昌的好友。

⑥ 卢嘉锡（1915—2001），物理化学家、化学教育家和科技组织领导者。

⑦ 周厚复（1902—1970），中国有机化学家、化学教育家。

⑧ 王葆仁（1907—1986），中国高分子化学家，中国科学院院士，中国最早从事高分子科学研究的化学家之一。

⑨ 贝时璋（1903—2009），中国科学院院士，生物学家，我国生物物理学奠基人和开拓者，中国科学院生物物理研究所的创建者和名誉所长。

⑩ 谈家桢（1909—2008），遗传学家，浙江宁波人，是中国现代遗传学的主要奠基人之一，科学家和教育家。

⑪ 李政道（Tsung-Dao Lee，1926—），华人物理学家，美国哥伦比亚大学全校级教授，诺贝尔物理学奖获得者。

⑫ 谷超豪（1926—2012），数学家。复旦大学教授，中国科学院院士。

1944 年，正在中国考察访问的英国剑桥大学生物学家李约瑟①博士应竺可桢校长之邀来到湄潭，对浙江大学进行考察访问，他惊叹浙大在教学和科研方面所取得的成就，回国后他在世界权威学术刊物《自然》上撰文介绍在湄潭的浙江大学时说道：

"在重庆与贵阳之间叫遵义的小城里可以找到浙江大学，是中国最好的四所大学之一……遵义之东 75 公里的湄潭，是浙江大学科学活动的中心。在湄潭可以看到科学研究活动的一派繁忙景象。在那里，不仅有世界第一流的气象学家和地理学家竺可桢教授，有世界上第一流的数学家陈建功、苏步青教授，还有世界第一流的原子物理学家卢鹤绂、王淦昌教授。他们是中国科学事业发展的希望。……这里是东方剑桥。"②

## 第二节　从战地服务团到华社

受家庭影响，丁敬自幼懂得了爱国、救国道理。失去家园，生计艰难，学业颠沛，这种国难家恨让丁敬形成强烈的爱国主义情怀，因此，他一直关心时事政治，追求政治进步。

在浙江大学良好的学习氛围中，丁敬努力学习着、吸收着学术营养。在同学们眼中，他学习努力认真，成绩优秀，是一个正直、豪放、富有活力的人。丁敬的成绩虽然不是最为出类拔萃的，但大学四年的各科成绩基本都在 80 分左右，一直保持中上等的水准。他的国文成绩一直优秀，选修的两门外语——英语和德语也始终保持在 85 分以上。而在不影响学习的同时，丁敬还积极组织、参加学校的社团活动和各

---

① 李约瑟（Joseph Terence Montgomery Needham，1900—1995），英国近代生物化学家和科学技术史专家。英国皇家学会会员（FRS），英国学术院（FBA）。1943 年受英国文化委员会派遣来到中国。所著《中国的科学与文明》（即《中国科学技术史》）对现代中西文化交流影响深远。

② 李更生. 竺可桢与浙江大学——从竺可桢的人格魅力看浙江大学的崛起[J]. 浙江教育学院学报，2007，3（2）：7-13.

种课外活动。从大学一年级开始，丁敬就是学生中的活跃分子。他在一年级的第一学期就被选为学生代表，第二学期就被选为学生会常务干事。大学四年内，他曾经做过两次学生会主席。丁敬品学兼优、思维踊跃、兴趣广泛，得到同学们的认可，因此，他更加有劲地开展社团工作，为广大同学服务。

回忆大学时代的这段生活，丁敬在自传中写道：

"除学生会活动外，最热心的是歌咏队，又搞过天文学习会、化学学习会等。当时做这些活动时是什么动机？有什么目的没有？那时候有一种空洞的为大家做事的想法：既然同学推我做，我就做，并且尽可能把它做好。功课成绩并没有因为活动而弄坏，一般同学对我印象都很好，这使我很满足，因而更加起劲地工作。其中最有成绩的一次是在湄潭办了一学期的膳食委员会，在许多进步同学的合作中建立制度开荒生产，的确对同学伙食有很大改进。在下一学期就被选为湄潭学生会主席。"

1944年6月，侵华日军为打通陆路运输线，对国民党统治区（以下简称国统区）发动了大规模进攻，后来这场战役被称为豫湘桂会战。日军从河南一路打到广西，最后打到贵州独山，直逼贵阳。一时之间形势变得十分严峻，战况让撤退到重庆的民国政府感到震惊，更对整个大后方都造成很大震动。战争形势的变化也使刚搬到贵州遵义的浙江大学再一次受到威胁。此时，恰逢国民党第十三军经遵义去黔南抗日，得知这一消息后，蕴藏在浙江大学学生中的抗日救国热情又开始迅速高涨起来。经过浙江大学地下党组织研究决定，支持学生自治会开展包括夹道欢迎、募捐慰问和组织战地服务团等系列劳军活动，这次劳军活动对激发国民党军队的抗战热情起到了一定的作用。当时在浙江大学任教的钱宝琮①教授在《遵义劳军》中盛赞学生们的劳军之举：

---

① 钱宝琮（1892—1974），字琢如，浙江嘉兴人，数学史家、天文史家，曾任教浙江大学。

  "三十三年孟冬,日寇自粤西侵黔,征调大军防堵,过遵义而南者,为第九、第十三军等五六万人。浙大学生自治会发起劳军运动,费兼旬之力,集百万巨款以振奋军心,诚盛举也。"

  这次劳军活动取得的成功,令浙江大学的学生们备受鼓舞,纷纷表示要继续开展类似的活动。为响应学生的想法,12月2日,竺可桢校长召开紧急校务会议,参加会议的教师有40余人。会上,竺可桢听取了遵义校区学生自治会主席支德瑜和湄潭校区学生自治会主席丁敬的汇报,他们代表学生自治会提出把劳军运动推到前线去,把战时服务队扩大为全校学生的战地服务团。丁敬作为湄潭浙大学生自治会主席,不仅强烈要求学校组织战地服务团,还建议学校把学生组织起来,发给武器以保护学校,必要时就地上山打游击战。

  对于当时的情景,丁敬在他的自传中这样写道:

  "桂林大撤退,贵州人心大动的时候,我完全自发地提出了很幼稚的主张,认为应该请那时的政府发给枪支,加强自卫,做游击战的准备。因为当时人心惶惶,不知适从,而我正是学生会主席,这一个建议提出后,立即受到广泛热烈的响应,不仅同学而且有很多教授在我建议书上签名,亦因此立即受到反动当局的注意,马上就有训导处的人传过话来,说湄潭国民党部认为我有共产党嫌疑。这使我大为气愤,开始感觉到政治不民主的威胁。"①

  会议最后同意由遵义、湄潭两地学生自治会组织浙江大学第二次大规模的战地服务团,到前线去鼓舞士气,为士兵服务。组建战地服务团的消息一经发布,立即在浙大遵义和湄潭两个校区引起了极大的反响,报名参加的学生人数众多。最终,为方便管理,两个校区学生会一同组成战地服务团,团员人数共六十人。

  随后,两校区学生自治会开始了紧张的组织、准备工作。确定战斗服务团由竺可桢校长任名誉团长,选举支德瑜为团长,丁敬为副团长。下设秘书、联络、总务和宣传慰劳等股。并派出支德瑜等3人拿

---

① 摘自《丁敬自传》。

**浙江大学战地服务团团员合影**

着学校和遵义师管区司令的介绍信,到当时设在贵阳的"黔桂湘战区司令部"交涉关于浙江大学战地服务团去前线的事宜。军方最后同意战地服务团可在驻惠水县青岩镇的十三军中工作。出发前,战地服务团还开展了包括战地救护、战地服务、歌咏练习、剧目排练等战地服务训练工作和战地服务讲座;同时,还向全校同学募捐图书、征集宣传图片,采购信纸信封,商借演剧的幕布道具。战地服务团还请黄尊生①和沈思岩②两位教授分别作了《浙江大学战地服务团团歌》词曲。歌词如下:

> 战地服务随军去,随军去,
> 把大家的敬礼带给前线兵士,
> 把我们的热血献给前线兵士,
> 把祖国的灵魂递给前线兵士。
> 战地服务随军去,随军去,
> 向前线的弟兄数杀敌的功勋,

---

① 黄尊生(1894—1990),广东番禺人。又名渭生、渭声;世界语学者,毕生致力于世界语运动,为中国世界语运动的先驱。1926年留学法国里昂大学,获文学博士。1938年广州沦陷后赴贵州,任教于内迁遵义的浙江大学。

② 沈思岩(1913—1988.4.18),江苏省武进县人。1936年以后,专门从事音乐和音乐教育工作。1942年他进入浙江大学,担任声乐副教授。

向前线的弟兄鼓必胜的精神，

向前线的弟兄传中国的国魂！

  1945年1月13日，由支德瑜为团长、丁敬为副团长的国立浙江大学战地服务团正式成立。竺可桢校长在欢送仪式上，亲自致辞授旗。他打开团旗时激动得流下眼泪，用颤抖的声音说："这是代表浙江大学的，你们要记牢！"许多学生在战地服务团的布幅上签下了自己的名字。战地服务团原定1月15日正式出发，但因国民党军队迟迟不派车来接而延至1月20日下午才离开遵义，22日傍晚到达青岩。

  带着全校师生的鼓励和期望，怀着满腔抗日热情，战地服务团的学生们到青岩以后，就开展了四方面的工作：第一是慰问将士，给将士发慰问品。第二是成立军人服务部，主要的工作是为士兵写家书。因为普通士兵文化水平比较低，写不了信，学生们就代替士兵写家书；军人服务部还为将士们提供一些照片、展览、象棋等文化用品服务。第三是促进军民关系的改善，准备举办军民联欢会。第四是出版战争情况发展快报，主要内容是有关抗日战争和世界反法西斯战争每天形势的变化。但是，战地服务团的学生们很快就感觉部队并不欢迎他们的到来，逐渐遭到了种种冷遇。因为十三军的上级军官害怕士兵们会受到进步思想的影响，怀疑战地服务团中存在着共产党的活动，因而对战地服务团的活动设置了很多障碍。在这种情况下，学生们只得把主要精力用于宣传发动民众方面，为当地农民做一些服务工作。他们办起了儿童与妇女识字班和军民合作站，召开了士绅座谈会，还在春节时搞起了"军民合作周"活动，为民众写春联，印春帖，并访问了抗日将士的家属。在他们的极力努力下，军民合作共同召开了一次军民联欢会，演出了五幕话剧《狂欢之夜》。与战地服务团学生们的积极热情不同，十三军方面越来越害怕他们这种军民团结活动，到后来十三军就干脆禁止战地服务团的学生跟士兵接触，使得战地服务团无法开展正常工作。①

---

① 王家宠访谈。

在全团陷于失望、苦闷的时候，1945年1月底，七十三军一九三师肖重光①师长派人邀请战地服务团前去他们的部队开展活动。丁敬带领部分同学来到一九三师在惠水县摆金镇的驻地。在军民联欢大会上，学生们表演了不少节目，给当地军民留下了很深的印象。因为得到肖重光的默许，战地服务团在摆金镇的劳军活动开展得如火如荼。学生们深入接触部队各级军官和士兵们，不但轮流到连队进行小型演出，与部队的下级军官座谈联欢，还在一九三师部办了一个军官学习班，为军官讲解机械原理和有关武器的知识。

但是，因为十三军与七十三军有尖锐的矛盾，战地服务团到一九三师开展活动触怒了十三军的上级指挥官——时任国民革命军陆军第三方面军司令官的汤恩伯②，战地服务团因被汤恩伯指责为"擅自活动"而受到责难，劳军活动被迫停止。最后，经请示学校同意后，全团定于3月1日返校。除有八名学生仍选择留在一九三师继续进行抗日服务工作外，其他团员都不得不于2月28日回到青岩，最后于3月7日返回遵义、湄潭和永兴。

浙江大学战地服务团虽然存在的时间不长，但对全体参与本次活动的学生都产生了影响。将近四十天的战地服务使他们第一次深入军队和普通人民中间，以自己的能力和热情为国家做贡献。在工作中他们接触到了真实的生活，直面了当时社会中存在的种种不公和问题，从而提高了觉悟。参加战地服务团的学生回到学校以后向大家讲述军队的实际情况，使得更多的同学看清楚国民党军队无可救药的腐败现象。战地服务团的同学回校后都逐步变成爱国进步学生运动的骨干，很多人一生都为参加过战地服务团活动而自豪。

1946年3月，战地服务团结束活动回到学校。这几十天的战地生活，对丁敬同样产生了很大的影响。面对国际上各同盟国在反法西斯

---

① 肖重光（1908—1985），国民党陆军少将，毕业于黄埔军校第6期，历经北伐战争、抗日战争。

② 汤恩伯（1898—1954），国民党陆军二级上将，浙江金华人，日本陆军士官学校毕业，黄埔系骨干将领，抗日名将。

战场的胜利反攻，国民党军队却在国内战场上一败涂地，巨大的反差引起大家的反思。丁敬在后来回忆说：

"原来计划的慰问、宣传工作不能展开，不过一个多月，就被戴上红帽子，'请'我们回校。

"这次战地服务对我影响很大，我亲眼看到了许多对士兵虐待打杀、军官贪污赌博的事，使我对反动统治愈来愈怀疑了，非常苦闷。当时产生了一个强烈的要求，觉得非有一个紧密的团体，集合力量来改革政治不可。"①

1944年秋天，浙江大学理工学院的一些学生因为对国民党政府统治感到失望，深感国家前途暗淡，个人未来前途也很暗淡，于是，在遵义校区组织成立了一个学习社团——"华社"，"华社"意为"立志为中华民族前途而奋斗"。同学们希望通过学习寻找一条能够拯救国家、拯救民族危亡，进一步走向国家富强、社会进步的道路。"华社"初期骨干成员为支德瑜、钟一鹤、机械系助教陈晓光等14人，丁敬的同学和好友王家宠是最早入社的成员之一。"华社"还有一位重要成员就是中共地下党党员李晨，但当时大家并不知道他的地下党身份。当时，贵州省的中国共产党组织遭到国民党严重破坏，中共南方局派李晨以学生身份到贵州来重建党组织。李晨后来回忆，根据当时"勤学、勤业、勤交友"的政策，党组织认为有"华社"这样一个由学生骨干组成的政治性团体的存在，探讨国家的前途，要求民主、进步，寻求真理，是有益党组织发展的，于是决定让他参加。李晨后来又介绍另一位中共地下党党员张天虹入社，他们两人也是当时浙江大学仅有的两名中共地下党党员。丁敬在战地服务团活动结束后不久，即1945年春天就经王家宠介绍加入了"华社"，此后积极推动"华社"在湄潭校区开展活动。

"华社"每周组织政治学习一次，既开展读书会讨论英美的民主政治和苏联的社会主义，也讨论国际大事。中外记者团访问延安后，"华

① 摘自《丁敬自传》。

社"也立即组织社员学习新闻报道中的延安情况和共产党的主张。对于要求入社的同学，均要求品德好、为人正派，或学业好，或较有才能，肯为群众办事。除了学习，"华社"成员还积极参加浙江大学学生自治会和战地服务团等爱国的活动，希望能将理论学习和社会实践结合起来。

"华社"开始时的情形，可从社章中的《理想与精神》中看个大概：

"一、本社坚信今日乃人民之世纪，人民力量决定一切，非人民自发自动自决，联合奋斗，无从实现愿望，故民智启迪，民竟伸张，民力发扬，动一切理想能获实现之基础的保障。

"二、本社主张凡中华民国之国民应人人皆亲有参预政治之平等权利、社会生活之平等地位，以及多尽所能之工作机会，多取所值之公平报酬。本社如此主张，乃因相信凡山数田端皆属人民工亲所在，必得全体人民之支持，并力求其实现。

"三、本社绝不企图结党营私，阴谋权势，惟站在人民立场，本热爱祖国同胞之至诚，自助互助之精神，联合全体人民，共同奋斗。

"四、凡与本社抱有相同目标之社团，采用之方法与途径，未必与本社尽同，本社皆愿以友爱之态度与之相辅并进，共同为吾人理想之实现而奋斗，但有意戕害人民，阻遏民主之辈，本社当单独或联合友社，予以制裁。

"五、本社否定个人英雄主义之价值而诚信有组织之团体收集思广益、宏大力量之效，凡是本社之员皆须群策群力推诚合作，摒除小我私利之鄙见，务求为贯彻本社之宗旨作毕生之努力。

"六、本社社员皆应求真向善，力学力行，养成勤朴笃实之生活态度，自发自治之独立精神，并且认识时代，重视责任，广扬忠诚廉义之社会公德，服务牺牲之博爱精神。"

"华社"并提出"人民世纪"的理想，"主张凡中华民国之国民应人人皆亲有参预政治之平等权利"，"站在人民立场，本热爱祖国同胞之至诚，自助互助之精神，联合全体人民，共同奋斗。"

"华社"因为是学生自发的社团组织,它的建立和发展在开始时并没到受到中国共产党的直接领导,所以当时的政治理念不系统、不成熟、不明确。丁敬后来也说:

"从以上这几条看来(指"华社"社章),最大的缺点就是没有接受马列主义的唯物主义的观点。虽然其中一再强调人民,但它的意义是空洞含混的,虽亦说到奋斗、制裁,但并没有指出方法和途径。"①

1945年6月,由于"华社"中的7名骨干社员即将大学毕业分散到全国各地,所以在大家离开前,"华社"连续召开了3天的社员大会。大会制定了"华社"社章,建立了由三人组成的理事会和监事会,选举陈晓光为社长,钟一鹤和丁敬为理事。丁敬主要负责各项活动的组织工作,并领导创立了"华社"内部刊物《华社社报》。正是由于建立了比较完整的社团组织,所以即使因为毕业工作的原因,有很多骨干社员分散到全国各地,但"华社"的活动却一直没有停止。

1945年7月,丁敬大学毕业,获得了学士学位。

丁敬大学毕业照(三排左三为丁敬)

---

① 摘自《丁敬自传》。

大学毕业后，丁敬去了地处西北戈壁的甘肃玉门油矿工作，但一直与社内朋友保持着频繁的通信联系。

## 第三节　成为石油人

"号外！号外！日本投降了！日本投降了！"1945 年 8 月 10 日晚上 10 点刚过，一群衣衫褴褛的报童，激动地挥舞着手中的《新华日报》号外，向备受战争摧残的山城市民报告了这个天大的好消息。当天，距日本正式宣布无条件投降还有 5 天。1945 年 8 月 15 日，日本天皇裕仁通过广播发表《停战诏书》，正式宣布日本无条件投降。重庆人在第一时间获知了日本无条件投降的消息，全城沸腾了！数十万山城市民走上街头，马路上挤满了自发游行的市民，载歌载舞，阻断了交通。城里到处张灯结彩，锣鼓声不绝于耳，爆竹声震耳欲聋。人们的衣服都因汗湿透了，人们的嗓子都喊哑了，重庆已经变成了欢浪迭起的大海。无数人激动地叫着："我们要回家了！"

此时，刚刚从浙江大学毕业的丁敬正在重庆，他是来重庆找工作的。重庆作为战时陪都，政府各机关单位都云集于此，因而工作机会比较多。丁敬借住在大姐丁愉家，一边沉浸在抗日战争取得胜利的喜悦之中，一边奔走于各政府机关申请工作职位。中国人民终于赢得了抗日战争的胜利，这场来之不易胜利的对于丁敬来说，是他从十三岁以来 8 年颠沛流离生活的结束。自 1937 年 11 月为躲避战火而离开家乡无锡，8 年里丁敬从懵懂一个少年成长为知识青年，而他这一段的成长之路所伴随的是不断逃难中的艰难跋涉，是一直笼罩在战争阴影之下的困苦生活。面对如今满目疮痍的国家，他与全中国所有爱国青年一样，迫切希望能够尽快投入工作中，用自己所学到的知识和自身的能力为国家建设尽自己的努力。然而理想与现实之间往往有着巨大的差异。伴随着战争的结束，各级政府机构紧锣密鼓地投入抗战胜利之后的重建工作中。不但国民政府控制地区需要恢复重建，曾经被日本侵略军和汪精卫伪政府控制的沦陷区更需要尽快派出接收人员，以恢复当地正常社会秩序。可以说到处都缺人，特别需要有文化、懂技术的人才，但这些工作不是丁敬所希望的。虽然对未来职业方面还不是很清晰，他心里还是更倾向于做一份与所学专业对口的、单纯性的技术性工作。他清楚要想在这个时候找到一份合适的工作实际上并不容易，所以虽然拜托家人、同学和朋友帮忙，也跑了多家机关单位申请工作职位，但丁敬也知道着急并没有什么用。在等待各处求职回复的同时，丁敬并没有闲着。他经常与同在重庆的同学、朋友们相约见面，或是畅谈，或是看戏，或去参加活动。他还想法子找来各种英文学术杂志和书籍，制订了阅读计划，利用闲暇时间认真阅读和学习。在他的老师、浙江大学理学院院长胡刚复到重庆开会期间，丁敬和同学一起去拜访了他，一起讨论国家未来的发展，抒发个人抱负，聆听老师的教诲，并拜托老师帮助大家找到合适的工作。终于有一天，浙江大学同学、他在战地服务团时的战友支德瑜为他带来了好消息，支德瑜父亲支秉渊①先生获知甘肃省玉门油田在招技术员，问他有没有兴趣去那里工作。丁敬了解了玉门油矿的情况后，就决定受聘甘肃玉门油矿局②，到位于戈壁腹地、祁连山下的甘肃玉门油田工作。

一直以来，中国没有中国人自己开采的油田，石油完全依赖国外进口，因而被国外称为贫油国。抗日战争爆发前，中国国民经济的现代化和工业化程度非常低，每年所需的机器，包括飞机、车辆、船舶等大部分依靠进口，机器运转所需要的燃料也基本依赖进口。由于数量不多，通过进口基本可以满足需求。另外，中国沿海港口的海运贸易频繁，国外汽油大量进入中国后价格并不高。中华民国政府在"洋

---

① 支秉渊，机械工程专家。近代中国机械工业奠基人之一，中国内燃机研制的先驱。太原科技大学（原太原重型机械学院）的首任校长。为中国机械工程技术的发展做出了贡献。

② 1941年3月在重庆成立，是隶属于资源委员会的全国石油生产管理机构，孙越崎为总经理。其主要工作是从国内外采购玉门油矿所需各种设备和配件，同时选派技术人员到国外油田考察学习，聘请美国工程师来油矿传授技术。它的工作极大地促进了玉门油矿的快速发展。

油"获得便捷且价格不高的情况下,多年来并未重视石油开发。抗日战争爆发后,随着我国沿海港口相继被日军占领,石油进口通道几乎断绝,仅仅依靠国内原有的几个小油田根本不能支撑战时的需要。而抗战大后方的交通运输又极度依赖汽车,汽油消耗巨大,一时之间"国际交通梗塞,而汽油需要浩繁,供应问题,顿形严重",① 竟出现了严重的"油荒","一滴汽油一滴血"更成为当时的真实写照。在这样紧迫的情况下,1938年隆冬,在时任国民政府经济部长翁文灏的支持下,农矿部地质调查所的地质学家孙健初②受命带领一支探油队,骑着骆驼沿古丝绸之路西进,怀着开发石油、支援抗战的坚定信念进入茫茫戈壁,来到甘肃省玉门县境内的赤金河(现名石油河)老君庙旁,搭起帐篷进行石油勘查。在中共代表周恩来的直接关心下,陕甘宁边区政府从延长油矿抽调20多名技术工人和两部顿钻钻机支援老君庙油田的勘探开发。经过几个月的艰苦努力,1939年8月11日,探油队在老君庙旁钻探的1号井获工业油流,从此揭开了开发建设老君庙油田的序幕。消息传出,全国抗日军民受到极大鼓舞。短短几年时间,一个由中国人自己创建的,拥有15 000名职工和家属的石油城,在大西北荒凉的戈壁滩上拔地而起。

玉门油田位于现甘肃省玉门市境内,南依祁连山,北靠戈壁滩,东邻万里长城"边陲锁钥"嘉峪关,西通"东方艺术明珠"敦煌莫高窟。它是中国人自己探测、钻井、开采的第一个天然石油基地,也是当时中国规模最大、职工人数最多、工艺技术最领先的石油矿场。玉门油田的石油产量占当时全国石油总产量的90%以上,所开采的石油,或用作车用燃料,或用作枪炮和机械的润滑保养,在"洋油"来源断绝的情况下,其不但缓解了大后方的油荒,而且直接支持了抗日战争,

---

① 张江义. "中国石油之父"孙健初的"石油梦" [N]. 中国档案报,2016-02-19,2876-3.

② 孙健初(1897—1952),河南省濮阳县人,石油地质学家。第一个跨越祁连山的中国地质学家,探明并开发了玉门油矿,建成中国第一个石油工业基地,是中国石油地质的奠基人。

甘肃省玉门油田

为中国抗日战争的胜利做出了不可磨灭的贡献。

玉门油田对正处于战争之中的中国具有毋庸置疑的战略重要性，因此受到中华国民政府的高度重视。在物资极其匮乏的情况下，为保障油田各项生产和生活设施的建设，以及各种生活物资的供应，中华民国政府在多个地方设立机构，专门负责油田的物资供应。陆续从兰州、西安和重庆等地征调的设备和生活必需品，通过嘉峪关酒泉镇转运到油矿，厂房、宿

抗战时期的玉门油田和职工

舍、医院、学校也陆续建立了起来。玉门油田还汇集了国内众多地质、化工专业领域的专业技术人员和大学毕业生，他们是保障油田正常运转的重要力量。专业对口又是国家重点建设企业，这对于从化学专业毕业又充满报国理想的丁敬来说，有着很大的吸引力。年轻的丁敬想法简单又单纯，就是想要将所学到的专业知识用于工作，想以自身所长为国家建设出一份力。所以能有机会到玉门油矿的炼油厂工作，成为一名现代化企业的建设者，在丁敬看来是非常符合个人想法的选择，相比之下大西北严酷的自然环境条件在他心里就算不了什么。

1945年10月的一天，丁敬告别母亲，和新受聘到玉门油田的一群年轻技术人员一起，从重庆搭乘甘肃油矿局交通车，踏上了前往甘肃玉门的旅程。在他离开重庆之前，10月10日——中华民国国庆日的这一天，经过43天的谈判，国共两党签署了《政府与中共代表会谈纪要》（即《双十协定》），并公开发表。这场43天的谈判在后来被称为"重庆谈判"。由毛泽东、周恩来、王若飞组成的中国共产党代表团接受了蒋介石的邀请，在美国大使赫尔利陪同下于8月29日来到重庆，与国民党政府代表王世杰①、张治中②、邵力子③、张群④展开和谈，商讨日本宣布失败后，国共两党如何和平建国的问题。这一消息震撼

---

① 王世杰（1891—1981），字雪艇，湖北崇阳人。中华民国时期著名政治家、教育家、武汉大学首任校长。早年就读于湖北优级师范理化专科学校，1917年获英国伦敦大学政治经济学士，1920年获法国巴黎大学法学研究所法学博士。回国后曾任教于北京大学，与胡适等创办《现代评论》周刊。1945年当选中国国民党中央监察委员，并出任外交部长。

② 张治中（1890—1969），字文白，安徽巢县人，黄埔系骨干将领，中国国民革命军陆军二级上将，爱国主义人士。1932年"一·二八"淞沪抗战时任第五军军长。1945年，调任国民党军事委员会政治部部长兼三民主义青年团书记。

③ 邵力子（1882—1967），原名邵景泰，字仲辉，号凤寿。浙江绍兴人。中国近代著名民主人士，社会活动家，政治家，教育家。

④ 张群（1889.5.9—1990.12.14），字岳军，四川省华阳县人，国民党元老。早年就读保定陆军速成学堂，1908年赴日本，就读振武学堂，与蒋介石为同学，其后曾参与辛亥革命、二次革命、护法运动等。1927年起先后任国民政府兵工署长，上海市市长，湖北省主席，国民政府外交部长；之后历任国民党中央政治会议秘书长，行政院副院长，四川省政府主席等职。

重庆全城。这是抗日战争胜利之际,国共两党就中国未来的发展前途、建设大计所进行的一次历史性会谈。《双十协定》的签署,受到全国人民的肯定和欢迎,历经八年侵略战争残害的中国人民看到了从此过上和平安宁生活的希望,看到了和平建设新国家的希望。身在重庆的丁敬一边准备着前往甘肃的行李,一边密切关注着谈判的进展。因为曾经饱受战争带来的颠沛流离之苦,他内心强烈希望国家不再有战争。近距离亲历这场谈判的丁敬,通过国共两党在本次谈判中的不同表现,看到中国共产党向全国人民表明的避免内战、争取和平的诚意,内心的天平逐渐倾向了共产党。

就这样,带着国家从此远离战火、进入和平年代的憧憬,一群年轻人拎着简单的行李,怀揣着报效国家的理想,坐在简陋的敞篷车里,向千里外的戈壁滩进发。从温暖的南方到寒冷的大西北,旅途上的艰辛自不必说,但这群朝气蓬勃的知识青年并没有叫苦抱怨。经过漫长的50多天的行程,12月初,丁敬他们终于到达玉门油田老君庙炼油厂,开始为期半年的实习。玉门这个地方的生活条件很艰苦,当地人都说这里是空山不见鸟、风吹石头跑。厂区之外就是荒无人烟的戈壁滩,物质匮乏,粮食、蔬菜等生活必需品都需要从几十公里之外的酒泉拉来。一年三百六十五天吃的都是萝卜、白菜和土豆"老三样",有时一个月也吃不上一顿肉;玉门油田坐落在祁连山下,属高原严寒气候,自然环境恶劣。冬天最冷时可达零下30多摄氏度,好多人初到高海拔地区都会出现以头晕、口干、流鼻血为症状的高原反应。这样的环境对来自气候温暖的江南且身体单薄的丁敬来说,需要克服的困难是巨大的。

丁敬需要克服的不仅是工作的压力,还有对气候、饮食、居住环境等生活条件的不适应。同当时在那里工作的许多青年技术人员一样,丁敬经受住了各种考验。初到油矿,接触到已经在那里坚守了几年的前辈们,丁敬感到深深折服。油矿的开拓者们凭着一腔的爱国热情,在艰苦的大西北默默奉献着自己的知识和汗水,硬是通过众志成城让毫无工业基础的中国建成了现代化的油矿,石油人的奉献精神,对丁敬的思想产生了极大的影响。他努力适应着油矿的环境，以极大的热情很快就投入工作中。

真正进入工作以后，他发现自己在专业知识方面存在很多不懂的地方，于是为自己定下今后努力的方向：一是学习一般化学工程知识，阅读《化工原理》等理论书籍；二是炼油知识，阅读《炼油工程》及实践操作；三是加深对西北情形认识；四是学习其他技术，如无线电、打字、重温理论化学等；五是参与理论学术工作。在实习期间，丁敬完成了他的石油提炼工程笔记。1946年5月，实习结束后，丁敬的实习报告顺利通过，终于成为一名正式的"石油人"。他被分配在炼油厂"管二组"做技术员，开始"三班倒"工作。这里的管式炉装置是从嘉峪关拆运来的，一天可炼油1 800桶，是当时玉门油矿炼油厂的主力生产设备。丁敬在炼油厂的工作中学到很多实际操作方面的知识，并在化工实践方面打下了一点基础。凭借对工作积极肯干的工作态度，他很快胜任了日常工作，并融入同事们之中。

在玉门油田，虽然物质生活环境艰苦，但这里聚焦着一群朝气蓬勃、兴趣多样的青年技术人员，在艰苦环境中，他们也努力用自身的特长为自己的精神生活增添着光彩。丁敬的性格很开朗活泼，对生活充满热情，又有很强的组织能力。这样的性格使他很快融入同事中，也很快适应了厂里的生活，并成为职工文化活动的积极分子。他加入了"中国工程师学会"和"员工励进会"的"甘肃油矿励进分会"，"员工励进会"是国民政府经济部资源委员会成立的一个所属各单位群众性组织，其任务是组织员工开展业余文体活动，举办员工福利事业。工作之余，他积极发挥自身优秀的组织工作能力，参加桥牌社、话剧团和歌咏队活动。玉门油矿有一个"寒光剧团"，丁敬作为浙江大学话剧团和歌咏队的成员，理所当然成为剧团一员，参演剧团编排的话剧演出。在业余时间他经常与同事们打桥牌、排话剧、练合唱，或是去敦煌莫高窟和戈壁滩游玩，最喜欢的是与朋友们聚会。与此同时，丁敬对时局的关注并没有放松下来，他利用自己在英语和德语方面的特长，在业余时间翻译了有关民主政治的理论基础方面的书籍,与厂内志同道合的同事共同学习、讨论。丁敬的努力给同事们留下了深刻印象,他对工作、对生活的热情也赢得了同事们的喜爱,即使在他离开玉门油矿多年以后,曾经的同事提到他时都对他赞赏有加。

西北地处边陲,信息相对闭塞,玉门油矿除了物质条件较差以外,整个环境安全稳定,生活相对闲散又安逸。在厂内,每天除了按部就班地工作和学习外,就是一些轻松的业余活动。没有身处动荡时局中的紧迫感,与正在剧烈变化的国内形势也产生了很大距离。当丁敬熟悉了炼油厂的工作之后,他内心旺盛的革命热情并没有随着时间而流失。他通过信件与"华社"社员保持联系,密切关注国内形势的变化和"华社"的发展。

## 第四节 投身革命洪流

1947年1月,丁敬因为生病告假,回到老家无锡养病。他在玉门油矿工作的这一年多时间里,国内形势发生了极大的变化。抗日战争胜利后,虽然国共两党签署了《双十协定》,但国民党军队仍然不断发动对中共解放区的进攻,国共冲突不断。1946年6月底,国民党单方面撕毁国共双方在1月份刚刚签署的《关于停止国内冲突的命令和声明》,以30万人的大军围攻中原解放区,随后分别对华东解放区以及陕甘宁解放区等地发动军事进攻,全面内战从此爆发。

中华民国政府为获取打内战所需资金,对国统区的人民财产进行了疯狂掠夺,造成通货膨胀恶性发展。民国政府内部不同派系为争夺政府财政大权,不断掀起风潮,进一步加剧了国家经济的恶化。1946年春,上海如同国统区的其他城市一样,物价狂飙,民不聊生,官方货币——法币的地位岌岌可危。在行政院长宋子文的主持下,国民政府企图用放开外汇市场、抛售黄金的方法来回笼泛滥的流通货币,以抑制通货膨胀。但在抛售黄金的过程中,官僚特权势力趁机大肆贪污肥私,甚至许多国民党军队的高级军官都把领到的军饷钞票暂不下发,大批装运到上海来抢购黄金美钞，各大派系为了争夺交通工具不惜大打出手。到了 1947 年年初，市面金价一天几波，上海金融市场一片混乱，最终酿成一场波及全国的黄金风潮。2 月 16 日，国民政府行政院发布《经济紧急措施方案》，重新实施黄金管制，禁止黄金买卖。但停售黄金，却挡不住社会上的抢购风潮。由于金价狂涨带动了物价狂涨，许多家庭财产缩水三成，许多企业都在风潮中破产倒闭，工业和农业生产急剧下降，国民党政府的财政金融形势一泻千里，陷入了崩溃地步，人民生活日益恶化，并引发尖锐社会矛盾。与此同时，人民解放军集中优势兵力打运动战，不断歼灭国民党军队有生力量。到 1947 年 2 月，国民党军队对解放区的全面进攻宣告失败，不得不转为重点进攻。随着国内战争局势的变化发展，国统区人民在中国共产党领导下开展的爱国民主运动风起云涌，出现新的高涨。同时，国民党政府对国统区加紧了控制，大量抓捕共产党人和爱国人士，制造了一起又一起"白色恐怖"事件。

在这样的背景下，1947 年 2 月，"华社"在上海召开了代表大会，共有十几位来自杭州、北京等地的代表参加了会议。在会上，代表们对当时局势、"华社"未来工作方向等进行了很彻底的讨论。面对日益暴露的国民党政府的贪污腐败和对进步人士的枪杀迫害，与会代表更是表达了极大的愤恨。经过讨论，不但"华社"的每个成员对当前形势的认识得到了极大提高，而且使得社员们在思想上达成一个共识。回忆这次"华社"历史上最重要的代表大会，丁儆在他的自传中写道：

"这次会议统一了社员思想，即知识分子要汇聚到革命洪流中去，明确地投入反抗蒋政权的巨流。这次会议最主要的进步有两方面：一方面，彻底清除了当时在有些社员中存在着的'中间路线'社会改良主义的倾向，大家都一致认为：除了和反动政府作斗争推翻蒋政权这条路外，没有旁的路走，大家一致认为只有推翻国民党的反动统治，才能够实现国家的和平与民主。同时，提出'华社'的工作主要面向学校和社会上的科学技术工作者。另一方面，在组织和工作方式上，建立了秘密通信、单线联系的办法。"①

  这次会议对于丁敬个人来说，也产生了很大影响，令他的人生轨迹发生了变化。本来，丁敬是因病回家休养的，他计划开完代表会后就回甘肃玉门油田恢复工作。但在会议中，经过大家讨论，认为当前形势日趋紧张，需要开展的工作很多，但"华社"在人员方面的力量严重不足，因而希望丁敬能够离开玉门油田，留在上海或杭州，专职开展"华社"工作，重点是联络科学技术工作者，号召他们积极参加爱国救亡运动。对于丁敬来说，接受社里提出的这个建议，是需要一定勇气的。玉门油田虽然条件艰苦，但工作稳定、生活安全。因为在工作上的努力，他已经得到炼油厂上下同事对他的认可，他在玉门工作的心情是愉快的。并且，炼油厂正在搞扩建，对他这样的技术人员非常重视，他还可以利用工作之便搞学术研究，未来更可以继续出国求学，成为一名专业技术人才。可以说，这是一条对像丁敬这样的青年知识分子来说最为安全、稳妥的成长道路。另外，他并非共产党员，只是一名心向共产党的爱国青年，而在当时国民党政府对国统区白色恐怖的统治环境下，进行爱国救亡运动存在着很大的风险。经过一番思索，他接受了社里的建议留在上海。对当时自己的想法，丁敬在后来回忆说：

  "然而我当时的思想情况又是如何呢？那时我的理论水平低极了，毛主席的著作只读过一本新民主主义论。推动我向前的主要力量不是理论认识，而是从感性中来的，从日益暴露的反动政府的贪污腐败和对进步人士的枪杀迫害中来的。我愤恨，我热情地要求着参加这个斗争，而我就毫无准备地走进了这革命斗争中去。"②

  从2月到7月，丁敬在浙江大学化工系做高等分析化学助教半年。5月，丁敬的哥哥丁忱获美国哈佛大学经济学博士学位后回国工作，任中华国民政府资源委员会经济研究所研究员。当他获知丁敬的事情

---

  ① 摘自《丁敬自传》。
  ② 摘自《丁敬自传》。

后，对弟弟的行为表示理解和支持。虽然丁忱一贯的主张是"知识救国"，但他了解弟弟的性格和想法，为丁敬尽可能提供了帮助和掩护。借由哥哥的关系，丁敬在11月又到中国石油上海分公司输出入管理委员会做了一名专员，但对于他来说，职业不过是个陪衬，生活和工作的重心与精力都放在"华社"活动中了。他跑遍在江苏和浙江地区的各个大学，与各大学的学生社团和教师组织取得联系，宣传"华社"的思想和活动纲领，扩大"华社"在学校中的影响，吸引青年助教和爱国学生加入"华社"。经过丁敬和其他"华社"社员的努力，不到半年，"华社"社员从此前的不足30人增加到80余人，并开始在上海、杭州、北平三地成立分社。

1947年5月4日，上海学生举行游行示威，提出"反饥饿、反迫害、反内战"的口号，运动迅速扩大到南京、北平、杭州、沈阳、青岛等大中城市。5月20日，南京爆发了5 000多名学生参加的"挽救教育危机联合大游行"。在珠江路口，游行队伍遭到宪警的水龙头喷射和棍棒、皮鞭的殴打，重伤19人，轻伤90余人，被捕20余人。爱国学生的热血洒满南京街头，史称"五二零血案"。① 但学生的爱国运动在广大人民的支持下，并没有被镇压下去。从此，以"反饥饿、反内战、反迫害"为口号的学生罢课示威运动和工人罢工、教员罢教等各界人民反蒋反美斗争，遍及国内60多个大中城市，逐步形成了反对国民党统治斗争的第二条战线。"华社"在这场运动中发挥了极大宣传、组织作用，推动浙江大学教师和学生一起合力组织讲师助教会，配合学运工作。在他们的宣传和组织下，很多学生和教师在活动中受到教育，吸引了更多人积极参加到学运中去。随着大形势的发展，"华

---

① 1947年5月初，全国各地学生举行五四运动纪念活动。4日，南京中央大学教授会发表宣言，提出调增教育经费及薪金；13日起，南京各大专院校学生纷纷罢课表示支持，并提出增加学生伙食费标准的要求。5月20日，南京、上海、苏州、杭州等地区的16所大专院校学生在南京组成请愿团，提出挽救教育危机等五项要求，并举行示威游行。在游行途中，学生队伍遭到国民党宪警的暴力镇压，打伤学生100多人，重伤19人，20多人被捕，史称南京爆发"五二零血案"。

社"也从一个由浙江大学爱国进步学生自发成立的校园学生社团组织,发展成为面向所有爱国知识分子的社团组织。逐渐将活动范围从校园内扩展到校园外,将宣传对象从学生扩展到社会上的爱国知识分子,社员的认识从单纯痛恨腐败政府提高到只有推翻国民党的反动统治,才能够实现国家的和平跟民主;同时,也认识到"华社"必定是革命洪流中的一个短时组织,是大运动中的一支小队伍,认识到必须在共产党的领导下,斗争才能成功,革命才能胜利。在这种认识下,寻求共产党的领导,在党的领导下开展工作就成为大家的共识和发展方向。

当时,北平燕京大学"创造社"与"华社"在浙江大学中的性质相仿,都是进步学生自发组织的团体。由于"华社"的社员跟燕京大学"创造社"的骨干社员是好朋友,所以早在1945年两社就已通过私人关系建立联系,双方代表曾在重庆会面决定了两社之间的合作。1947年2月,在"华社"代表会上正式提出了两社合作意见。8月,浙江大学"华社"和燕京大学"创造社"正式合并,成立"人民世纪创造建设社"(以下简称"民创社")。"民创社"理事会作为领导机构在上海成立,理事会有5人,由马建行任常务理事,王家宠、邱渊、于用德和丁敬等任理事。"民创社"在上海、北平、杭州三个地方成立分社,总社在上海,杭州分社就设在浙江大学内。由于"华社"在浙江大学有连续性和公开性,因此就没有改名为"民创社",对外还是称为"华社"。但后期的"华社",实际上是"民创社"杭州分社。"民创社"的政治主张比"华社"更进步,明确提出要接受中国共产党的领导,以新民主主义作为行动纲领。而事实上,"民创社"的负责人马健行就是中共地下党员。1947年年底以后,"民创社"的多位社员也纷纷被吸收为中共地下党员。所以"民创社"实际上已经是党的一个外围组织。

"民创社"的活动主要有五项:第一项是学习和发展。就是组织青年知识分子学习马克思主义和共产党的方针政策,以提高社员的觉悟,能够使更多的青年自觉投入革命中。比如,在国统区开展的反蒋、反内战、反迫害活动中，"民创社"的成员都在其中发挥了很大作用。同时社员人数也发展到100多名。第二项是输送。就是协助那些自愿到解放区去从事革命工作的科技人员，离开国统区到华北、华中、苏北等解放区。经过"民创社"的联系和组织，先后输送了大概有30人到解放区。第三项是积极参与全国学生联合会的第十三次代表大会各项工作。在全国学生联合会的7人理事会中，"民创社"有两位社员担任理事，即马健行和钟一鹤，他们二人一位是华北学联的代表，一位是浙江学联的代表。"民创社"专门成立两个小组，帮助他们展开具体工作。第四项是推动国统区的广大科技工作者支持中国共产党领导的各种革命组织，比如，国内的中国科学工作者协会和中国技术协会，国外的中国科技工作者组织。第五项就是"民创社"社员在全国解放前夕，组织群众响应共产党的号召，参加护场护校活动，迎接全国解放。

1947年春天以后，丁敬负责与中国科学工作者协会、中国技术协会和科学时代社等九个团体的联系，领导"民创社"的几个小组开展工作。主要工作内容：一是在学校中组织学生参加学运；二是在社会上团结科技工作者和海外华人支持国内革命运动；三是帮助学联传达消息和资料；四是主编刊物《时建通讯》等。丁敬在如火如荼的学生运动和社团工作中展现出极为出色的组织能力和极大的革命热情，对国家、民族深切的关注引导着他走上了革命的道路。他与"民创社"的伙伴们一起倾情投入的这场爱国民主运动，由最初的以青年学生为先锋和主体的学生运动逐步发展到包括国统区各阶层人民群众参加的反蒋爱国运动；从上海一市发起的抗议暴力统治斗争，很快发展到全国规模的反蒋爱国斗争。这场覆盖全国范围的人民爱国民主运动，有力地配合了人民解放军在正面战场的作战，使国民党蒋介石政权日益孤立，加速了其灭亡。在不断参加斗争中，丁敬的政治觉悟和领导水平不断提高，积累了丰富的斗争经验，并结识了一大批拥有共同理想和进步思想的朋友，其中不乏多名中共地下党员。他们当中的很多人在后来或是按照党组织指示，或是为了求学深造，陆续出国留学。在丁敬去美国留学后，又与这些曾经一起战斗过的朋友们聚在一起，他们在爱国民主运动中结下的深厚情谊，为丁敬日后在美国留学期间参与创建留美科技工作者组织，提供了坚实的基础。

到上海解放后，"民创社"就完成了自己的历史使命，正式宣布解散。此时，丁敬已到美国留学。

# 第三章 留学美国

## 第一节 初到美国

1948年春天，淅淅沥沥的春雨时断时续，太阳偶尔露出云端，送来些许温暖的光芒。时局也正如此时的天气一样，在层层阴霾中蕴藏着光明。这段时间，丁敬正因病在家中休养，之前繁忙的工作让他病倒了。一天，与他同住的哥哥丁忱带来一个消息：申新纺织公司要选派技术人员去美国学习，他建议弟弟借这个机会出国留学。

此时，丁忱已经离开中华民国政府资源委员会经济研究所，通过表舅荣志仁①介绍，受聘于荣氏企业集团的上海申新纺织公司②。抗日战争胜利后，申新纺织公司为战后重建和扩大生产规模，在国内外广罗专业技术人才。荣氏家族本就与丁敬家有亲戚关系，留学经历、工作经历都非常出色的丁忱自然而然进入"申新"的视线。由于才华出

---

① 荣志仁是丁敬母亲冯淑的表弟，也是中国最大的资本家荣毅仁、荣尔仁的本族兄弟和其家族企业的重要经理人之一。

② 中国近代棉纺织工业中规模最大的民族资本企业。1915年由荣宗敬、荣德先兄弟创办于上海。1921年组成茂新、福新、申新总公司，构成荣氏家族资本集团。

众，丁忱受到企业高层管理者的重视，更得到了荣尔仁①、荣毅仁兄弟的赏识，成为申新纺织公司重要智囊，因而他能够最早获知公司的重要决定。荣氏家族企业在抗日战争爆发后，因为上海、无锡、武汉等地的相继陷落，其设在各地的工厂蒙受了巨大损失。所以抗战胜利后，申新公司对幸存下来的工厂进行了整顿，准备重整旗鼓，积极恢复被日军破坏的工厂。为迅速恢复各地工厂的生产，时任上海申新纺织公司经理的荣尔仁拟订了一个一揽子大规模的"大申新"计划。在这份规划中，除了准备向国外购买新型面粉加工机器以恢复面粉生产以外，还提出了扩大荣氏企业的生产经营范围的构想，有意涉足植物油提炼产业。于是，申新公司向美国著名的机器设备制造公司——爱立斯曲曼制造公司（Allis-Chalmers Manufacturing Company）② 订购了大批面粉加工生产机器，并商洽植物油生产企业的运作形式和生产设备。由于申新公司之前从未涉足过榨油行业，在这个方面也没有专业技术人才的储备，因而提出希望美方代为培训技术人员。为促成这笔大额交易，也为以后能有更多的商业往来，爱立斯曲曼制造公司同意申新公司提出的派技术人员去美国学习植物油提炼技术的要求，并担负培训人员在美学习期间的生活补贴。于是，申新公司开始招聘相关专业的技术人员，以选拔优秀人才，派往美国学习。丁忱在获知了这个消息以后，非常高兴，认为这是一个能让弟弟丁敬去美国深造的好机会。他自己当年就是因为被浙赣铁路局公派去美国学习技术，才有机会到宾夕法尼亚大学学习经济学专业，并最终拿到哈佛大学经济学博士学位的。所以，他强烈建议丁敬抓住这个机会，去美国留学。

  这个能去美国学习的机会对丁敬来说确实有相当的吸引力。他在浙江大学的本科专业就是化学化工，在玉门油田又是在炼油厂工作，算得上专业对口又有工作经验，因而完全符合申新公司的招聘条件。

---

  ① 荣氏家族企业第一代掌门人荣德生的第2个儿子，荣毅仁的哥哥，荣氏家族企业集团主要的经营者之一，优秀的民族实业家。

  ② 创建于1847年，公司位于美国中西部威斯康星州密尔沃基市（Milwaukee, Wisconsin），是美国著名的机器设备制造公司。

再加上丁忱与申新公司管理高层的关系，可以说只要丁敬愿意，他肯定是能够被选派去美国的。哥哥丁忱的求学经历和取得的成绩也让丁敬相信，留学的道路可以有多条，未必一定要通过政府的考试，最后取得的成绩才是最重要的。另外，出国留学也一直是丁敬埋在心里的愿望。那时，"科学救国"还是他的主要想法。因为对当时中国在科学技术和工业化建设方面的落后情况非常了解，他一直认为：出国留学可以学到国外先进的专业技术，而科学技术在国家建设中可以发挥重要作用；掌握了专业技术，能让他将来更好地建设国家，为人民谋求更大的利益。同时，出国留学即可以开阔眼界，增长见识，是个人求学和成长经历中不可或缺的重要阶段。所以，不论是在浙江大学就读期间，还是在地处大西北的玉门油田工作时，即便是在开展爱国救亡的学生运动中，他始终坚持外语学习，努力提高自己的外语水平，一直在为出国留学做着准备。更何况，申新公司这次派人去美国实习，也会给予不错的待遇，这样，到美国后的生活都不必由家里资助，成为家人的负担。

但是，作为"民创社"中的重要成员之一，丁敬当时还承担了很多社里的工作。从1947年春天爆发"五二零血案"以来，全国各地国统区的反内战、争民主运动逐渐高涨。丁敬负责领导"民创社"中几个工作小组开展了在大学中组织学生参加学生运动，联络并动员科技界知识分子支持爱国民主运动的工作。在他们的努力下，更多热爱民主和平的人们投入爱国民主运动的洪流中，丁敬在斗争中也很快成长为"民创社"的骨干成员。虽然工作中曾面对很多困难甚至面临过危险，但对于丁敬来说，他所做的是一件非常有意义的事情，是为了实现国家的和平跟民主，是为了建设新的国家。所以无论遇到什么困难，他依然充满热情，干劲十足，他不能也不会轻言离开这个战场。因为心里拿不定主意，丁敬找到"民创社"负责人马健行，向他报告了申新公司即将派人去美国学习的情况，坦诚地讲述了自己内心的想法。马健行既是"民创社"的负责人，又是中共地下党党员，对国内外的情况，特别是党组织对出国留学的态度更为了解。

丁敬希望去留学的想法得到马健行的赞成。一个原因是当时中国国内的形势正发生翻天覆地的变化。1946年6月底，国民党单方面撕毁国共双方签署的停战协定，发动了全面内战。但是，内战不但没有实现以蒋介石为首的国民党政府企图消灭共产党军队的目标，反而因为国民党军队在战场上的连连失败，在短短两年的时间里，战争格局就发生了根本性的转变。中国人民解放军逐渐赢得了正面战场的主动权，加速了国民党政府的灭亡。1948年正是国共两党决战的关键时期，是武力决定胜负的时期，也是中国社会各种政治势力抉择的时期。国民党政府纠集大量兵力，准备做最后的垂死挣扎。与此同时，国民党政府对国统区的统治日益严酷。不但对共产党地下党组织进行残酷镇压，面对国统区人民日益高涨的反饥饿、反内战、反迫害运动，国民党当局非但不正视、检讨，反而视其为洪水猛兽。1947年5月18日，中华民国政府在临时国务会议中颁布了《"戡乱"时期维持社会秩序临时办法》，禁止十人以上的请愿活动、罢工、罢课和示威游行等活动，并派出军队、警察和特务对参加运动的学生进行威胁、抓捕和屠杀，实行白色恐怖统治，国统区的革命斗争形势日益严峻。在这样的情况下，按照中共中央的指示，中共地下党党组织想尽办法保护像丁敬这样在革命运动中培养、成长起来的青年骨干力量。另外，随着中国人民解放军在战场上不断取得胜利，国内局势日趋明朗。中共中央南方局因为统战工作的需要，并考虑到在解放战争胜利后，新中国必然要展开大规模建设，需要大量技术工作人员，因此鼓励有能力的青年知识分子出国留学，为将来建设国家做准备。很多左翼青年知识分子，甚至中共地下党党员在南方局的指示下，都先后通过政府的官方考试，凭借学生护照或官方护照留学欧美各国，包括后来成为知名科学家的侯祥麟①、顾以健②、计苏华③、刘静宜④、罗沛霖⑤，等等；"民创社"和"华社"也有部分成员陆续去国外留学。

虽然丁敬并没有加入中国共产党，但他作为"民创社"的骨干成员，承担了大量工作。特别是他负责主编"民创社"的社刊——《时建通讯》，需要经常接收国内各地的邮件，也要将印制好的刊物和宣传品邮寄到外地去。虽然他们在接收和寄送邮件的时候会进行伪装，经常是转道香港，将其假装成与国外学术机构往来的科技资料，但大量收发邮件的行为，依然引来了国民党特务对他的注意，他的身份已经相当暴露，白色恐怖的环境随时都可能对他的生命构成威胁。所以丁敬当时实际上面临两个选择，要么离开国内出国留学，继续深造学业，准备将来回国参加祖国建设；要么离开国统区，到解放区去参加革命队伍。考虑到丁敬个人的学历背景和家庭社会关系情况，去国外留学对他来说是最为合适的选择。马健行不但赞成他去美国学习，还鼓励他去美国后可以与曾经并肩作战的伙伴们一起开展革命工作，把在国内的爱国运动发展到国外去。马健行的话让丁敬心里踏实下来，他接受了申新公司的聘任，准备前往美国学习。带着学习国外先进科学技术和科学救国的想法，经由丁忱推荐和资助路费，9月15日，丁敬作为申新公司实习人员乘坐邮船前往美国。幸亏离开得及时，就在他离

---

① 侯祥麟（1912—2008），中国化学工程学家，燃料化工专家，中国科学院化学学部委员。

② 顾以健（1922—），化学家，江苏淮安人。1940年加入中国共产党，1947年毕业于浙江大学化学系，1950年获美国圣母大学科学硕士学位。

③ 计苏华（1917—1976），老年医学专家，江苏苏州人。1938年加入中国共产党，1939年毕业于上海医学院。曾任上海医学院教学医学院住院医师、总住院医师。1947年至1949年在美国芝加哥大学外科系学习。

④ 刘静宜（1925—），无机化学和环境化学家。从事络合物化学、燃料化学、原子能化学工作多年。

⑤ 罗沛霖（1913—2011），天津人。电子学家，中国科学院院士，中国工程院院士。1935年毕业于交通大学（上海），1937年在延安任通信工程师。1947年受中国共产党指示和资助考取自费留学赴美，1948—1950年在加州理工学院学习，获博士学位。1950年6月回国。

开上海不久,国民党警察就到他原来的住处对他进行抓捕。

对于这段意外脱险的"惊险"经历,丁敬后来回忆说:

"船(去美国的邮船)过菲律宾时忽然接到电报说地址变更,不要寄信回去。到美国后才知道在我上船后十天左右,伪上海警备司令部派人到我住处(公益工商研究所楼上)去抓我。大概是因为从香港寄来的资料,被狗子们从伪装中发现了。当时民创(指"民创社",下同)的史宗法就住在我留下的铺位上,我哥哥亦住那里。幸而研究所中有一位党的地下工作同志很巧妙地回答去抓的人说:丁敬早已去美国了,旁的一概不知道,才没有连累到旁人。这使民创的人更加小心,而我很幸运地漏了网,没有受到匪特的迫害。"①

10月6日,经过20多天的海上航行,丁敬终于踏上美国的土地。他被安排进入爱立斯曲曼制造公司设在威斯康星州的植物油提取实验工厂实习。爱立斯曲曼制造公司是美国一家很大的机器制造公司,它的基本工业部中设有化工作业组和中型实验工厂,主要研究用溶剂提炼法提取并精炼植物油的方法。丁敬在实验工厂实习期间,每月有210美元的生活津贴,物质生活比较宽裕。凭借之前在玉门油田工作时在专业方面的积累,加上英语程度较好,他很快就适应了在美国的学习和生活环境,投入专业技术的学习中。但是,参加实习没有多久,他就感觉到爱立斯曲曼制造公司之所以同意接受申新公司派人来美国实习,其目的不过是希望为自己训练买办人才而已,并不会教给他们真正有用的专业知识,这与他最初的设想有很大区别,让丁敬内心非常失望和不满。他来美国,并不仅仅只是要学会简单的机器操作和一般的作业流程,他感兴趣的是油脂提取方面的理论和应用方面的专业知识。同时,他也想和哥哥丁忱一样,利用这次在美国学习的机会,在学业方面有所收获,一定要拿到一个专业学位。为获得更多的学习机会,丁敬决定向美国国内设置有化学化工学科专业的高校申请攻读硕士学位。

第二次世界大战结束后,美国政府奉行"科学至上"政策,高度

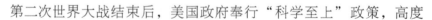

① 摘自《丁敬自传》。

**在美国留学期间的丁儆**

重视科学研究，尤其是基础科学研究和大学科研，高等院校成为科学技术的倡导者和从事基础研究的最主要基地。美国政府对基础研究的资助实际上变成了对大学科学研究的资助。更为重要的是，联邦政府对高校科研的资助，一般是采取对研究人员或研究小组进行项目资助的方式。大学教授（研究人员）一旦申请到一笔研究经费，就接受若干攻读硕士和博士学位的研究生，指导他们从事具体的实验工作。由于教授的时间和精力有限，其本人用于实验研究的时间也相对减少，只在实验指导思想上起引导作用。总的来说，大部分具体实验都交给研究生来进行。因此，大学科研项目越多，科研经费越多，需要的研究生也就越多，培养研究生的能力也就越强。因此，丁儆虽然没有参加政府公派留学考试，他依然能够凭借他在国内的本科学历，向美国的高校申请攻读相关专业的硕士研究生学位。

在等待申请回复的同时，丁儆依然时刻关注着国内形势的变化。虽然离开了国内如火如荼的斗争战场，来到和平、安逸的环境，但他的革命热情并没有消退，爱国一直是深埋于丁儆血液中的情怀，不论是在大学校园、还是在戈壁沙漠，或者异国他乡，他爱国的心从来没有变过，热血也从来没有冷过。来美国前，"民创社"负责人马健行对他的鼓励言犹在耳，而经过学生运动的洗礼，他在宣传和组织工作方面更积累了大量的经验。到美国不久，他很快就与曾在国内一起学习和工作过的朋友们取得了联系，经常通过信件互通消息，对国内外形势进行讨论，并积极参与留美同学的活动。此时，国内的形势发生了很大的变化，中国的大片土地得到了解放，人民当家做主的日子已经到来。这些来自祖国的消息，令在美国的中国留学生充满了喜悦和希望。12月底，趁着圣诞节假期，丁敬应邀前往伊利诺伊州的芝加哥参加北美基督教中国学生会（Chinese Student Christian Association，CSCA）中西部分会举办的圣诞节晚会。

## 第二节　成立"美中科协"

1948年12月23日，CSCA中西部分会按照惯例在芝加哥举办了圣诞节晚会，前往参加晚会活动的丁敬并没想到，这是一场对他后来在美国的学习和工作都产生重要影响的晚会，这次晚会也成为他最终投身发动留美科技工作者参加祖国建设工作的开端。CSCA创建于1909年9月，是中国留学生在美国成立的主要学生组织，也是北美地区最活跃、成员最多、持续时间最长的中国留学生组织。大多数到美国留学的中国留学生都加入了该组织，成员中也包括不少华裔的学生青年。抗日战争胜利后，众多中国学生赴美留学，他们中的很多人都接受过中国国内蓬勃兴起的人民民主运动的教育和影响，在他们的参与和倡导下，CSCA的活动焕发了青春的活力，更适应了时代发展的步伐。这一年的圣诞晚会组织者还邀请到刚从延安回美的美国教友会（American Friend Service）的William Rehil到会，讲述在延安的见闻。丁敬是应朋友邀请而来，到芝加哥后，他遇到了陈立、冯平贯[①]和顾以

---

① 冯平贯（1925—），浙江义乌人。1945年毕业于浙江大学物理系。曾获美国芝加哥大学博士学位，后在亚特兰大的埃默里大学任物理教授。

建等在国内就相熟的老朋友，冯平贯原来也是"民创社"的成员，曾多次与丁敬一起组织、参加爱国救亡运动。几个老朋友在一起，很快就聊到国内的形势和美国的情况，开始商量如何在美国组织中国留学生和知识分子开展爱国活动。丁敬与大伙分享他在国内开展学生运动所积累的工作经验，热情呼吁尽快成立一个组织，以便领导大家开展工作。

当时，在美国的高校和科研机构里，在部分中共党员的带领下，追求进步的中国留学生们秘密建立了一些自己的组织，如在匹兹堡的"建社"，是1946年年初由薛葆鼎①、侯祥麟、陈冠荣、李恒德②等人发起成立的。据薛葆鼎回忆，"建社"最早由国内"青科技"的进步科技人员在国内组建，"建社"这个名字还是周恩来同志亲自定的，意思是建设社会主义。另外，在芝加哥有丁瓒③、葛庭燧④组织的中国问

---

① 薛葆鼎（1916—1998），经济学家。江苏无锡人。1934年考入南京中央大学化工系，1938年加入中国共产党，1944年通过"美国租借法案"考试的渠道赴美国工厂实习，1946年在匹茨堡大学研究生院进修化学工程，于1947年夏获得硕士学位。1948年回国，历任国家计委重工业局副局长、中国基本建设经济研究所所长，中国社科院研究生院教授。

② 李恒德（1921—2019），河南洛阳人。核材料科学家，中国科学院院士（1994）。1942年毕业于国立西北工学院冶金系，当年加入中国共产党；1947年获美国卡内基理工学院硕士学位；1953年获美国宾夕法尼亚大学博士学位；1954年回国，于清华大学任教。

③ 丁瓒（1912—1968），心理学家，中国医学心理学开拓者之一。江苏南通人。1927年加入中国共产党，1935年毕业于中央大学心理系。1938年协和医学院脑系科研究生毕业。1947—1948年为美国芝加哥大学心理学研究生。中华人民共和国成立后，历任中苏友协副秘书长兼对外联络部部长、世界科协理事、中国人民保卫世界和平大会副秘书长、中国科学院党组副书记、中科院心理研究所副所长等职。是中华人民共和国成立初期中国科学院主要负责人之一，为中科院的建立与发展做出了重要贡献。著有《心理卫生论丛》《青年心理修养》等。

④ 葛庭燧（1913—2000），固体物理学家，清华大学毕业。1943年获美国加利福尼亚大学物理博士学位，我国首批科学院院士，享有终身殊荣的全国优秀科技工作者，世界金属内耗研究领域创始人之一。

题座谈会,后来改称为"芝社";在明尼苏达大学 Morris 分校有涂光炽①、葛春霖②组织的"明社"。这些组织在当时都还只是一些小型的社团组织,并不对外开展工作,主要活动就是小组成员在一起讨论国内的局势问题和一些政治问题。随着这些小组的发展,其影响力也逐渐扩大。1946 年 4—7 月,时任中国科学工作者协会(以下简称中国科协)总干事的涂长望③受邀前往美国,在纽约、华盛顿、芝加哥等地进行学术访问。他利用这段时间向在美国的留学生宣传中国科协的宗旨和目标,推动中国科协美国分会成立。④ 他的倡议得到留美进步科技工作者的响应,短短两年,留学生社团组织发展迅速,影响力也逐渐扩大,在美国建立覆盖全美的科协组织的条件逐步成熟。

科学工作者协会是世界各国左翼科学家的群众组织,成立于 1946 年的世界科学工作者协会就明确提出:"科协的宗旨就是充分利用科学促进和平与人类福利,促进科学和技术上的国际合作,反对战争。"中国科协成立于 1945 年 7 月 1 日,它的成立是中国科学工作者表达民主呼声和维护民主权益的需要。成立伊始,中国科协就被定位为"一个科学工作者的工会,而不是一个普通的科学学术团体"。中国共产党通过科协组织开展了很多工作,特别是随着科协有不少会员到欧美留学,

---

① 涂光炽(1920—2007),地质学家、矿床学家、地球化学家。中国科学院学部委员(院士)。我国地球化学研究的奠基人。1944 年毕业于西南联大地质地理气象学系;1949 年在美国明尼苏达大学获博士学位;1949—1950 年任美国宾夕法尼亚州立大学助理研究员(Research Associate);1949 年 8 月他在纽约加入中国共产党;1950 年回国,历任清华大学副教授、北京大学地质学院教授、中科院地球化学所所长等。

② 葛春霖(1907—1994),高级工程师。江苏溧阳人。1929 年毕业于清华大学化学系,1947 年加入中国共产党。1949 年获美国明尼苏达大学理论化学专业的硕士学位。曾任西北工学院副教授、教授。

③ 涂长望(1906—1962),湖北武汉人。中国科学院院士。气象学家。1929 年毕业于沪江大学。1930 年赴英留学,1932 年获气象学硕士学位,同年到利物浦大学攻读地理学博士。1934 年 4 月被派往苏联,回国后历任清华大学地理系教授、浙江大学史地研究所副所长、中央大学地理系教授。1945 年 7 月 1 日中国科协成立,涂长望任总干事,负起了实际领导工作的责任。

④ 傅琳. 留美科协成立始末 [J]. 北京党史研究,1998(2):40-45.

科协活动在团结国内外科学工作者方面发挥了积极和重要的作用，成为中国共产党开展海外统战工作的重要渠道。

丁敬他们经过充分讨论，一致认为在美国建立统一的中国科技工作者组织的条件还未成熟。最终大家达成共识：为稳妥起见，科协组织的建立可以分阶段一步一步地推进。由于"建社""芝社""明社"组织已经有一定的基础，新的组织就以这三个组织成员为核心建立。利用新年假期，三社的重要成员共二三十人在薛葆鼎和徐鸣①的住处召开了讨论会。美洲华侨日报社社长、后曾代表中华人民共和国出任首任联合国副秘书长的唐明照②也出席了会议。会上，唐明照向参会人员介绍了当前国际国内形势，经过大家的讨论，在葛庭燧的建议下，会议最终达成共识。鉴于当时留学美国的中国留学生普遍集中在美国东部和中部的大学里，以三社为基础，率先在美国中西部的重要城市芝加哥正式成立区域性组织——"美国中西部中国学生留美科学工作者协会"，然后逐步推动建立覆盖全美的科协组织。

1949年1月15日，丁敬参加了美中科协在芝加哥召开的筹备会议，参会的有葛庭燧、侯祥麟、葛春霖、涂光帜、冯平贯、陈立、孙世铮③、计苏华等人。会议讨论了美中科协的章程，确定并起草了章程草案。1月16日，筹备小组再次就章程草案进行了讨论和补充。随后，大家分头行动，将草案文件分寄到美国各地征求意见。会后，陈立等人专程去伊利诺伊州，拜访当时正在伊利诺伊大学任教的华罗庚，征求他对成立美中科协意见。在留美学生中很有号召力的华罗庚对在美

---

① 徐鸣（1920—），江苏无锡人。毕业于复旦大学、广西大学。1938年加入中国共产党，1944年奉中共中央南方局之命赴美工作。1949年回国后在外交部工作，曾任中国社科院工业经济研究所顾问、国家计委外事局局长。

② 唐明照（1910—1998），著名外交家，中国首任联合国副秘书长。广东恩平市圣堂镇塘龙村人，1930年考入清华大学政治系，1931年加入中国共产党。1933年进入美国加州大学伯克利分校研读西方近代史。1939年10月起任美共中国局书记达10年之久。其间，于1940年创办《美洲华侨日报》并任社长、总编辑。

③ 孙世铮（1919—），安徽省人。中国社会科学院经济研究所研究员，1949年毕业于美国芝加哥大学，从事经济学专业。

国成立中国科技工作者协会的想法给予了热情支持。经过汇总大家的意见和建议,筹备小组决定在1月底举行"美中科协"成立大会。

**美国得克萨斯 A. & M. 大学的主楼**

1月17日,丁敬收到美国得克萨斯 A. & M. 大学化学工程系(The A. & M. College of Texas, the Department of Chemical Engineering)教授 W. D. Harris 博士的来信,从信中他获悉该校刚成立了油籽技术研究所(Institute of Oil Seed Technology),该研究所不但接受学生攻读硕士研究生的申请,而且还为学生提供半工半读(half-time fellowship)的职位。学生可以一边参加学校选课学习以拿到学分,一边在导师的指导下在实验室帮助做研究,每月可得到115美元助研工资。丁敬的学历和专业背景符合得克萨斯 A. & M. 大学的入学条件,他可以申请来校攻读硕士研究生学位。这封信带来的信息令丁敬感到非常兴奋,他当即给 Harris 博士回信,申请攻读硕士研究生和实验室半工半读职位。不久,得克萨斯 A. & M. 大学化学工程系主任 J. D. Lindsay 先生就打来电报,同意接受丁敬的入学申请,并为他提供研究生助理职位。

拿到电报,丁敬高兴极了,这是他迈向专业学习的重要一步。他马上结束了爱立斯曲曼制造公司在威斯康星州植物油提取实验工厂中的实习,发电报给哥哥丁忱,告诉他已经申请到了读硕士研究生的学校,并请哥哥代为处理申新公司方面的事情。丁儆迅速办理了一切手续,离开威斯康星州前往伊利诺伊州芝加哥城,"美中科协"成立大会即将在那里召开。

1月29日上午9点,明媚的阳光刚从窗外射进,在International House一间不大的会议室里,排着一圈椅子和两张方桌,来自美国伊利诺伊州、威斯康星州、密歇根州、印第安纳州和明尼苏达州等地的代表20余人围坐在一起,一张张年轻的脸上都难掩住内心的激动。他们有的是老朋友,有的还是初次见面,大家各自介绍了名字,很快就相互亲近起来。从这一天起,他们就成为有着共同理想、共同使命和共同任务的伙伴,很多人也从此成为一生中的好朋友。侯祥麟专门从匹兹堡坐飞机来芝加哥参加成立大会,并于当天晚上坐飞机到纽约,去参加美国东部留学生组织召开的讨论组建科协的会议。

因为丁儆1948年秋才从国内来美国,又因为他在国内一直是爱国民主运动的积极参与者和组织者,对国内相关情况比较了解,所以他在会上做了关于世界科协中国总会和各地分会的情况报告。经过与会代表的充分讨论,决定以"留美中国科协工作者协会(美中区)"(简

在留美科协期间的丁儆

称"美中科协")为组织名称。会上通过《留美中国科学工作者协会（美中区）章则》《我们的意见》《留美中国科学工作者协会致留美科技工作者的信》，明确提出：

"科学是中国现代化建设过程中不可缺少的一部分，中国科学工作者的任务，不是只做一点时髦的研究，而是要用最有效的办法，提高大众福利。

"在这个空气都革命的时代中，历史交给中国的科学工作者这么一件伟大的任务：要把古老的落后的国家建设成为现代的进步国家。我们应当兴奋，因为有机会参加这一件历史的创举；同时，也要更深切地认识自己的使命，并加强学习，努力工作，来达成这一使命。"

会议选举葛庭燧、陈立、丁敬、冯平贯、葛春霖组成干事会，顾以健、刘静宜为候补干事，葛庭燧为总负责人；华罗庚、郭晓岚、雷树庄为监事，陈志德为候补监事。会议还决定成立农业机械、水利、油脂等学术小组，丁敬因为曾负责过"民创社"社刊——《时建通讯》的编辑出版工作，所以承担了《美中科协通讯》的编辑出版工作。会后，葛庭燧等分别赴各地，积极推动各地区成立区会，发展会员，组织成立专业科技小组。

1948年，对于海内外的中国人来说注定是令人难忘的一年。在这一年的下半年，中国人民解放军与国民党军队连续进行了辽沈战役、淮海战役和平津战役，国民党军精锐主力部队被人民解放军一个个歼灭，完全丧失了进攻的能力，节节败退，相继丧失对东北、华北和长江以北的华东大片地区的控制。消息传到美国，美联社对此评论道："自今而后，共产党要到何处，就到何处，要攻何城，就攻何城，再没有什么阻挡了。"到1948年年底，国民党政府的军事、政治和经济已到崩溃边缘，国民党的统治危在旦夕。在此形势下，美国政府为使南京政府取得喘息时间，从各方面策动重开国共"和平谈判"，并逼迫蒋介石让位，由李宗仁出任代总统，与中国共产党进行"和谈"，妄图依赖长江天险，与中国共产党划江而治。共产党则更加坚定了决心，要打过长江，夺取全面的胜利。中国国内形势翻天覆地的变化，对当时在海外留学和工作的中国人产生了很大影响,广大心向祖国的留美科技工作者和留学生看到了灾难深重的中华民族有了希望,逐渐在思想上发生了很大的变化。当时,在美国留学的中国学生大约有5 000人,基本分散在美国各地的大学里,比较集中在美国东部和中部。在紧张的学习和工作之外,大家自然眷顾家园,更关心荣辱与共的国家前途,迫切希望自己的祖国能够繁荣富强。但国民党政府的倒行逆施、贪污腐化令国家一步步走向深渊,令海外学子的殷切希望化为泡影,也越来越对其失去了信心。

随着国内解放战争的胜利发展,舆论对解放区情况的报道日益增多。留学生们对中国共产党有了更多的认识,对即将出现的新中国寄托了更大的希望。越来越多的人都在逐渐向进步团体靠拢,积极加入爱国运动。所以,在2月才树起旗帜的"美中科协",经过短短4个月的时间,就拥有了一支人数不少的成员队伍。美中科协成立的同时,美国东部的科技工作者也行动起来。由钱保功等人联络纽约州、匹兹堡和费城等地的积极分子,在纽约市哥伦比亚大学召开了有30多人参加的会议,以后即成为留美科协纽约区会。

## 第三节 留美科协的成立

美中科协成立大会结束后,丁敬动身前往得克萨斯州,去学校报到。2月14日,丁敬到达位于得克萨斯州大学城的得克萨斯A. & M.大学①。办理完注册手续,丁敬就去拜访了系主任Lindsay教授和导师Harris教授。两位教授向他详细介绍了研究所正在进行的科研工作的情

---

① 得克萨斯A. & M. 大学,又称得克萨斯农工大学,创立于1876年,是得克萨斯州第一所高等教育学府,学校规模在全美排名第六。该校拥有极高的学术成就和教学水准,是世界顶尖的公立研究型大学之一,在美国国内和国际上都享有盛名。校方积极招收外籍学生,具有较高的开放程度。校园距全美第四大城市休斯敦约150公里,具有典型的得克萨斯小镇风情,平静而且宁和,校园内公共设施完善,是一所拥有蓝天绿野的大学。

况,对学生的培养方案,讨论了他今后的研究方向,还带他参观了实验室。两位老师交流、商量后,丁敬决定这学期先选修一门高等物理化学,同时协助Harris教授做研究,研究方向是Harris教授正在进行的棉酚分析。

得克萨斯州是美国南部最大的州,棉花是该州最主要的农作物,棉花作物及其副产品在得克萨斯州的经济中发挥着重要作用。得克萨斯州州政府和相关加工制造企业投入大量资金用于棉籽产品的研究,在得克萨斯A. & M. 大学内建设了专门的棉籽产品研究实验室和试验工厂,配备有完备的棉籽加工设备,包括先进的试验设备和标准尺寸的油料加工机械,可以对油料加工的不同阶段开展科学技术研究。1949年,为了培养专业技术和科学研究人员,得克萨斯A. & M. 大学又成立了跨院系的油籽技术研究所,负责协调学校在生产、加工和利用含油种子等所有科学技术方面的研究和教学计划。正式的课程教学和研究工作在学校的多个院系中进行,为适应来自农业、工程、艺术和科学等不同领域学生的需要,申请硕士研究生学位的学生在选课方面有很大的自由度。虽然某些基础课程是必要的,但在辅助课程方面

得克萨斯A. & M. 大学的化学实验室

**得克萨斯 A. & M. 大学的化学楼**

会有相当大的差异。一般来说，研究所鼓励导师为学生制订个人计划，可选择的课程范围包括：油籽遗传学、农学、收获、分级和储存；油籽技术——工业加工、测试、实验室结果评估以及产品和副产品的最终用途；油厂操作——实验室工作，包括装置的操作特点、经济因素及其对工厂操作的总体影响，以及有机化学和生物化学中更常见的课程。得克萨斯 A. & M. 大学在棉籽产品研究领域处于国际领先地位，持续多年开展了极其广泛的研究，拥有坚实的研究基础。已经开展的研究项目包括：溶剂萃取前预压的影响；种子品种、土壤、气候等条件与棉籽产品产量、质量的关系；单个油厂机械装置的运行特性及其对产品的影响；加工对维生素含量的影响；蒸馏油和其他油的特性；植物种子新工业产品的开发；加工对棉酚含量和棉籽蛋白营养价值的影响；新的溶剂萃取以及精炼工艺和设备的开发。

丁敬的导师 Harris 教授是棉酚研究方面的专家。棉酚（gossypol）是一种黄色多酚羟基双萘醛类化合物，主要存在于棉花的根、茎、叶和种子内，棉籽仁中含量最高。因为棉酚带有一定毒性，因此在提取棉籽油时，要通过技术手段将棉酚除去。科学家很早就开始了对棉酚的研究，从 1899 年 Wachewski 第一次从棉籽中提取到棉酚开始，Adams 于 1938 年提出棉酚的化学结构。几十年过去了，对棉酚的研究却仍有众多未知领域，需要进行系统深入研究。当时 Harris 教授的研究主要聚焦在棉籽加工对棉酚含量和棉籽蛋白营养价值的影响方面，其研究成果对植物油提取技术发展具有重要意义，也与丁敬同意接受申新公司专业技术培养时的设想相吻合。

得克萨斯 A. & M. 大学先进的研究环境和大学校园里的学习生活让丁敬感觉如鱼得水。因为在国内他就经常阅读英文小说，翻译英文技术资料，所以他的英语交流、表达能力较好，这使丁敬很快适应了校园的生活和学习，在短期内跟上了研究所的学习和研究工作节奏。系主任 Lindsay 教授和导师 Harris 教授都很喜欢丁敬，在学习和生活上给予他很多帮助。因为学习成绩和研究工作出色，丁敬还多次受到老师们的表扬。经过几个月的学习和工作，Harris 教授根据丁敬的学习和研究情况为他拟定了研究题目：Distribution of Oil Between Meat and Solvent。这个课题是开展棉酚研究的前期工作，要用多种方法做棉籽油的提取，分析研究棉籽仁不同部分棉籽油含量，再分析提取出来的棉籽油里面的棉酚，通过试验的方法研究棉酚特性，以找到最好的去除方法。因为需要将棉籽油用不同方式分别萃取出来，并测量浓度和含量，所以实验的工作量非常大。为做好课题，丁敬常常整天扎在实验室中，力求实验数据翔实、准确。为补充相关理论知识，他还选修和旁听了几门其他的课程。

每天忙忙碌碌的学习之余，丁敬还抽出大量时间参加美中科协的宣传工作。作为《美中科协通讯》的主要负责人，他对通讯的编辑、出版工作投入了大量的精力。为了让通讯内容具有吸引力和可读性，除报道美国国内中国留学生科协组织各个分区会讯、学术小组动态外，他和编辑小组的伙伴们通过关系从多个渠道获得中国国内出版的报纸和杂志，从这些报纸和杂志上摘抄下有关国内形势的报道，比如，东北解放区大规模经济建设情况以及科技工作者回国的信息。他们将全部信息经过精心的排版、编辑，用蜡纸刻版油印，再分寄到全美各处。《美中科协通讯》从 1949 年 2—6 月初的半年内共出版了 3 期，成为留美中国学生获取国内信息的重要途径。

　　与此同时，科协组织的影响在美国国内越来越大，经过近一年的宣传和组织工作，陆续成立了以芝加哥、纽约、旧金山等城市为中心的科协区会，在侯祥麟、涂光炽、钱保功等中共党员的带领和推动下，区会建设发展迅速，全美各地多个城市纷纷成立了地方区会。到 1948 年年底，各地区分会已发展至 13 个，会员人数达 340 余人，先后成立了油脂小组、数理小组、科学方法小组、金属小组等多个专业学术小组。随着全美各地科协区会的不断发展，成立全美性质的科协组织的条件已经成熟。经过半年多的讨论、酝酿，各地区科协区会一致同意成立统一的组织。丁儆和刘叔仪①承担了成立大会的筹备工作，前后一直忙碌了好几个月。为找到合适的开会地点，他们多方联系相熟的同学和朋友。最终，在匹兹堡大学做助理教授的余国琮为他们解决了这个难题。刘叔仪曾在匹兹堡大学读硕士，与余国琮很熟悉。余国琮接到刘叔仪的来信，获知他们正在为留美科协成立大会找开会的地点，就以为学生补课的名义，借到了匹兹堡大学主楼 Cahedral of learning 的一间大教室。就这样，在一间普通的大学教室里，一个汇聚了众多中国留美学生和学者的科协组织成立了。

　　1949 年 6 月 18 日，晴空万里。因为前一天夜里刚落了一阵雨，雨水把烟尘下的匹兹堡冲刷得干干净净。走进坐落在奥克兰（Oakland）主校区的匹兹堡大学（University of Pittsburgh）校园内，林木葱郁，绿草如茵，夏天如火似的迎面扑来，使人们感到勃勃的生机；仰望匹兹

---

　　① 刘叔仪（1918—2003），贵州毕节人。1943 年毕业于武汉大学矿冶系。1946 年获美国匹兹堡大学化学冶金硕士学位，1949 年获凯斯理工学院物理冶金博士学位。1950 年回国，历任清华大学教授、中科院上海冶金陶瓷所研究员，中国科技大学教授。

堡大学 42 层高的教学楼（The Cahedral of Learning）①，巍峨雄壮，充满力量。这是一个特别值得记住的日子，"留美中国科学工作者协会"（以下简称留美科协）在这一天诞生了。

远眺美丽的匹兹堡大学，中间大楼即为匹兹堡大学标志性建筑——学习大教堂（The Cathedral of Learning）

丁敬从得克萨斯来到匹兹堡，怀着激动的心情，与来自匹兹堡、芝加哥、纽约、波士顿、费城等 13 个区会的 50 多名代表一起，共同出席了会议。

会议开始，选举葛庭燧为大会主席，负责组织会议召开。然后代表们每人进行了三分钟的大会发言，大家都尽情抒发内心的感受。在晚上的聚餐会上，代表们难掩激动的心情，共同唱起《义勇军进行曲》。晚饭后，大家分头活动，或者参加技术小组的会议，或者草拟会议章程，很多人一直忙到凌晨三点才去休息。丁敬接受了起草大会宣言的任务，因此彻夜未眠。在第二天的会议上，与会代表就组织的名称、章程和组

---

① 学习大教堂（The Cathedral of Learning），是美国匹兹堡大学位于奥克兰主校区的中心装饰建筑。这座高 163 米，共有 42 层的后哥特复兴式教堂是西半球最高的校园建筑，同时也是世界上第二高的校园建筑。

织管理体制的问题进行了认真讨论，并形成决议。考虑到美国法律的有关规定，会议接受侯祥麟的提议，不用"中国科学工作者协会美国分会"的名称，而是取名为"留美中国科学工作者协会"（Association of Chinese Scientific Workers in USA），简称留美科协；明确表明这是一个留美学生自己的独立组织，而不是中国科协的分会，以避免"外来组织"的嫌疑，引起美国当地政府的限制。按照组织章程规定，留美科协设理事9人，候补理事3人，监事3人，候补监事2人，分别组织理事会和监事会，并选举常务理事和常务监事各1人。理监事由全体会员通讯票选，理事会下设干事5人，候补干事3人，可执行代表大会及理事会的决议等。会上，确定本届干事会设在美国东部，选举了侯祥麟、孙绍谦①、杜庆华②、茅于宽③、陈能宽④五人为干事，黄葆同⑤、颜鸣皋⑥、吕保维⑦为候补干事。会上还决定设立通讯、资料、调查、福

---

① 孙绍谦（1912—1988），我国知名的老一辈病理学家和医学教育家。1942年毕业于四川华西大学医学院，1947—1950年，赴美国留学，曾受聘于美国纽约大学医学院病理学系任助教，并担任 Bellevune 医院病理学研究员。

② 杜庆华（1919—2006），著名固体力学家、力学教育家、中国工程院院士、清华大学教授。1947年考取当时教育部公费留学，赴美国斯坦福大学学习固体力学，1948年6月获机械工程硕士学位。1948年9月转赴美国哈佛大学，在冯·米泽斯教授指导下进一步学习流体力学，并于1949年6月获航空工程硕士学位。

③ 茅于宽（1922—），江苏镇江人，教授，1947年加入共产党，7月赴美留学与工作。1950年获硕士学位，同年5月回国。

④ 陈能宽（1923—2012），材料科学与工程专家、核武器科学家、爆轰物理专家、金属物理专家。

⑤ 黄葆同（1921—2005），著名高分子化学家。上海市人。中国科学院长春应用化学研究所研究员。1947年10月去美国得克萨斯农工学院攻读有机化学，获得有机化学硕士学位后，转到纽约布鲁克林理工学院主修有机化学、辅修高分子化学，并于1952年获化学博士学位。

⑥ 颜鸣皋（1920—），金属物理学家、航空材料专家，他长期从事金属材料的物理学研究。早年在美国从事金属塑性变形和加工织构理论的研究。

⑦ 吕保维（1916—），电波传播科学家。江苏常州人。1939年毕业于清华大学。1944年获美国麻省理工学院硕士学位，1947年获哈佛大学博士学位。中国科学院电子学研究所研究员。中国电波传播科研事业的创始人之一。

利、学术小组、会员等工作委员会，分别由各区会担任。

会议经过讨论，确定了留美科协的宗旨，各位代表一致同意，确定宗旨为：一、联络中国科学工作者致力科学建国工作；二、促进科学技术之合理运用；三、争取科学工作条件之改善及科学工作者生活之保障。同时，确定"本会中心为科学技术之集体学习，以作回国参加建设工作之准备"。在"响应解放，准备回国"的宗旨下，工作目标是下面这几项：一、团结科学及技术工作者；二、加强对新中国的了解；三、用集体方式加紧学习业务；四、开展回国运动。会上宣读了由丁敬起草的大会宣言——《我们的信念和行动》，宣言指出：

"我们认为中国人民的革命战争已经接近彻底胜利，新中国的全面建设即将开始，因此，每个科学工作者都有了更迫切的使命和真正服务于人民大众的机会，这是我们千载难逢的良机，也是我们这一代中国科学工作人员无可旁卸的责任。我们应该努力加强学习，提早回国参加建设新中国的行列！"

这份宣言得到与会代表的一致赞同。于是，留美科协鲜亮的旗帜树立了起来。两天的时间转瞬即逝，会议结束后，大家怀着兴奋的心情，互相道别。这是一个火热的夏天，每个人都从本次成立大会中得到了鼓励和信心，每个会员心中都开始燃烧起一团火——学习，进步，建设新中国的热情。

留美科协在成立伊始，就明确发出号召，呼吁在美留学和工作的中国科技知识分子及早准备回国，为即将成立的新中国贡献自己的力量。这是留美中国学生迎接解放和胜利的一片赤子之心的表现，也旗帜鲜明地表达了留美科协成立的初心。这次成立大会，是留美科技工作者空前欢乐和充满希望的盛会，对留美同学来说，更是件空前的盛举。第一期《留美科协通讯》用充满感情的笔触记述了留美科协正式成立时的盛况，以及参会代表们当时的内心感受：

"我们一生中看到过不能描述的黑暗。在夜里，我们期望着、摸索着、挣扎着；不知经历了多少辛苦。今天站了起来，回忆起从前，憧憬着未来。

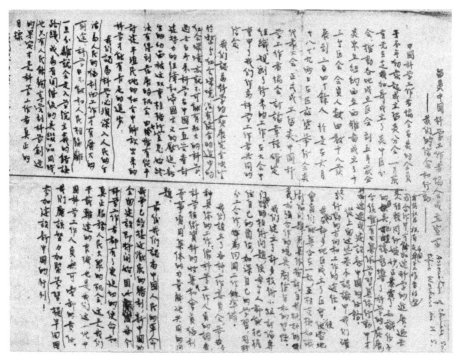

**留美科协成立宣言**

"尽管大家的故事不同,经历不同,感受却是一样的。对旧的憎恨,对新的希望,从每个人的话里跳了出来。他们说,天亮了,该回国了。多少年来中国第一次大翻身,第一次政治为科学建设铺成了一条发展的大路。这不只是我们致用的大好良机,更是我们应尽的责任。"

7月9日,留美科协召开第一次干事会,确定侯祥麟、孙绍谦为常务干事,负责协会日常管理事务和各项工作的推进。留美科协正式成立以后,首要工作就是尽快在美国各地建立分会。参会代表们将留美科协成立的消息带到了美国各地,不久,各地纷纷建立起了分会。同时,在理事会和干事会的统一领导下,组织成立了按学科分的各种学术小组,组织会员开展集体学习和学术活动,加强联络在美的科学工作人员,宣传本会宗旨,组织工作发展很快。

## 第四节　意外获罪，被迫转学

丁敬以极大的热情投入留美科协的工作中，从国内不断传来的好消息也让他非常高兴。天津、北平、上海、南京、长沙……春天以来，中国人民解放军接连不断地解放了多个重要大城市；华北、西北、华东、华南……国统区人民终于盼来了解放的日子。随着以蒋介石为首的国民党政府赖以维护统治的主要军事力量被基本消灭，国民党政府在中国的统治已经彻底覆灭。1949年7月6日周恩来在中华全国文学艺术工作者代表大会上的政治报告中宣布："在我们四百万以上的大军中，二百二十多万的野战部队正在前进，扫荡着已经只剩八十多万并丧失了战斗力的敌人的残余部队。我们已经解放了两万万七千九百万人口，占全国人口百分之五十九；解放了一千零六十一座城市，占全国城市百分之五十三；解放了两万一千六百多公里铁路，占全国铁路百分之八十。敌人除了在海军、空军方面暂时还占有优势以外，一切方面的优势已经都属于人民了。"消息传到美国，留美科协的会员们异常激动，他们和国内千千万万的人民一样，看到了国家的希望、民族的未来。就在中国人民兴高采烈庆贺解放和胜利的时候，美国政府的政要们却因为共产党在中国夺取政权而感到惊恐，中国革命的胜利极大地震惊了美国朝野，也引发统治集团内部一场所谓"谁丢失了中国"的激烈争吵。他们担心共产主义政党在世界多个国家成功夺取政权必定会引发美国国内的共产主义运动。更认为共产主义政党的暴力革命是对美国全球利益的严重威胁，美国的自由民主制度正面临被颠覆的危险。于是，在第二次世界大战的阴霾刚刚消散，美国人民的生活开始恢复正常秩序之时，冷战的恐怖就接踵而至。美国政府对外竭力遏制共产主义势力在全球的蔓延，推出"马歇尔计划"、构建以美国为首的军事联盟，对内为防止共产主义思想对美国的渗透，以各种措施严防"赤化危险"，美国国内的反共浪潮由此进入高潮。因为负责《美中科协通讯》的编辑、出版工作，丁敬经常接收中国国内出版的报纸和杂志，以便从这些报纸和杂志上摘抄有关国内形势的报道，作为《美中科协通讯》的出版内容；也要经常与其他会员一起，进行编辑、印刷和发行工作。令丁儆想不到的是，这些活动引来了美国移民局。

此时，美国国内的反共主义势头愈演愈烈。特别是在第二次世界大战结束以后，早在1945年杜鲁门①当选为美国总统后不久，美国政府为遏制国内的共产主义运动，就将"非美活动调查委员会"定为众议院常设机构，加紧了对美国共产党、美国进步团体和人士的法西斯式迫害活动，以遏制国内的共产主义运动。非美活动调查委员会于1938年成立，首任主席是以反共著称的得克萨斯州参议员马丁·戴斯，故该委员会又被称为戴斯委员会，参加调查的委员绝大多数都是右翼反共分子。戴斯委员会名义上是调查法西斯主义、共产主义及其他组织"违反美国利益"的"非美国的"活动，实际上是反共、反民主，迫害共产党、进步工会和团体及其他进步人士的工具。1946年，该委员会主席、三K党党员P.托马斯公开声称要通过揭发、追查手段"彻底根除共产主义"。他们对美国共产党员和进步人士的迫害更加疯狂，制造了多起案件，许多共产党员和进步人士被解雇以至判刑和罚款。1947年3月，美国总统杜鲁门签署了9835号行政命令，即所谓的"忠诚调查令"。命令对所有250万名美国联邦政府雇员、学校教职员和研究人员等进行忠诚检验。在"忠诚调查"的影响下，美国的社会舆论也随之右转，由此，在美国国内掀起了一股反共、防共的浪潮。美国的很多州都颁布了旨在根绝共产主义和共产主义者的法律，规定共产主义是非法的。整个美国大学的管理者和学者都遭到了反共大潮的袭击，超过30个州要求公立大学的学者进行效忠宣誓，否则就会丢掉工作。一时之间，美国社会甚至到了提起"共产党"一词就几乎人人自危，只怕马上就要祸从天降了。在中国留学生内，也存在着因政

---

① 哈里·S.杜鲁门（Harry S. Truman，1884.5.8—1972.12.26），美国民主党政治家，第34任副总统（1945年），随后接替因病逝世的富兰克林·D.罗斯福总统，成为第33任美国总统（1945—1953）。

见不同，仇视中国共产党、视留美科协的进步活动为异端的人。由于丁敬经常把收到的进步报纸、杂志拿给学校里的同学传阅，因此，被人拿来向美国移民局告密，说丁敬是共产党。在当时美国社会严峻的政治环境下，丁敬马上就被盯上了。在他六月份到匹兹堡参加留美科协成立大会期间，移民局派人搜查了丁敬的宿舍，没收了他收藏的大批书报。因为没有受到什么财产损失，在他返回学校以后也没有发生什么事情，所以丁敬以为移民局只不过是对他产生一些怀疑，并没有实际的指控。事实上，留美科协在成立之时，就考虑到了美国国内当时越演越烈的反共浪潮，因而在讨论确定协会名称时，特意没有使用中国科协美国分会这个名称，目的就是避免引起美国政府的干预。各地分会在开展活动时，也是以学术活动的名义，特意淡化科协的政治色彩。

暑假过后，新的学期开始了。丁敬经过上学期一个学期的学习和工作，无论是课程学习还是课题研究都进展得很顺利。导师要求他在前期工作基础上，进行棉酚的提取及其化学稳定性方面的研究，并建议他选修原子结构和分子结构两门课程。他在开学后选修了原子结构、量子力学理论和光谱分析三门课程，投入如常的学习和工作中。

没想到在7月底的一天，移民局两名官员来到学校，将他拘禁，并对他进行了长达24小时的连续审问。要他交代这段时间里的个人行踪和从事的活动，要丁敬承认自己是中共党员。丁敬很清楚这两位政府官员的目的，当然拒绝承认，何况他本来就不是中共党员。丁敬这次被移民局审问，对他造成了很大影响，有人趁机对他进行人身攻击和威胁，使他的处境变得非常危险。

丁敬在日记中忠实记录下了当时的遭遇：

"七月中移民局正式派二人来调查，从中午开始询问，轮流审问到深夜，第二天又继续了一个上午，用尽各种方法，时硬时软，但是我说不是，除了书报以外，又无其他'罪证'，审问不得要领只得怏怏而返。临走时还说：随时可以把我驱逐出境，要我当心。他们走后，宿舍管理员天天来找我麻烦，有一次拍着腰间短刀，威胁着要我立刻去旧金山搭船回国，否则难保不测。我没有在他威胁下低头，只搬了一个住处,离他远远的,还是继续工作读书。"①

虽然丁敬受到了当地移民局的审问,但因为没有证据,所以移民局也没有理由驱逐他。丁敬没有因为这件事停止在留美科协中的工作,但令他不曾想到的是,虽然他为了息事宁人,搬离了原来的宿舍,但曾经多次威胁过他的那名宿舍管理员并没有轻易放过他。在别有用心之人的指使下,这名管理员一直在暗中监视丁敬,并对他进行了跟踪。丁敬在威胁面前表现出的无畏,激起了那些视他为眼中钉之人的不满和仇视。8月的一天晚上,其他同学都出去了,宿舍里除了丁敬没有别人。那名宿舍管理员趁此时机闯进丁敬的宿舍,对他进行了殴打。身单力薄的丁敬哪里是这个得克萨斯州壮汉的对手,他的眼睛被打得像两个血球,满脸青肿,鼻子流血,衣服上沾满了血迹。受了重伤的丁敬被送进医院急救,在医院住了几天才能下地走路。被无端殴打的遭遇,令丁敬感到非常气愤。伤好出院后,他向校方投诉了打人者的恶劣行径。然而,在人人自危、视共产党为异端的政治形势下,学校管理方迫于压力根本不敢保护他,反而要求他不能对外声张。气愤不已的丁敬又向当地警察局和检察官多方控诉,但对方一经了解他的情况,对他的投诉不是用言语搪塞就是置之不理。丁敬的系主任 Lindsay 教授和导师 Harris 教授获知他的遭遇后非常同情,但因为学校方面不愿意为丁敬提供应有的保护,在这样的情况下,两位教授也无法帮助丁敬伸张正义。两位老师很担心他的人身安全,更担心他再留下去会受到更大的伤害,所以建议他尽快转学。曾与丁敬在得克萨斯 A. &M 大学同系的学长黄葆同获知了丁敬的遭遇,来信邀他转学去自己就读博士的纽约布鲁克林理工学院(Polytechnic Institute of Brooklyn)。在老师和朋友们的帮助下,丁敬带着浑身伤痕离开赏识、爱护他的老师,被迫停止了正在进行中的研究工作,在当年的9月份,转学到纽约布鲁克林理工学院

---

① 摘自《丁敬日记》。

(Polytechnic Institute of Brooklyn)① 化学工程系，续读研究生一年。

纽约布鲁克林理工学院是一所私立的工程技术学院，学校具有良好的学术传统和学习研究环境，其化学工程系的教学和研究水平也很高。当然，这所坐落在纽约城市里的大学，无论是在学校规模还是在校园环境，特别在学生培养模式方面，与得克萨斯 A. & M. 大学都有很大的不同。得克萨斯 A. & M. 大学具有鲜明的以需求导向开展科学研究的特征，而布鲁克林理工学院采用的是欧洲理工大学模式，更倾向于基础理论研究。来到纽约后，丁敬已经无法继续之前自己感兴趣的研究课题，所以他准备选修一般性的技术课程。在纽约这个世界上最繁华、规模最大、人口最多的国际化大都市里，丁敬努力适应着新

**纽约布鲁克林理工学院**

---

① 纽约布鲁克林理工学院创建于1854年，是美国历史上第2所私立工程技术类学院。该学院的培养模式采用欧洲理工大学模式。1973年与当年的纽约大学理工学院合并改名为纽约理工学院。1985年学校取得大学资格，改名为纽约理工大学，2008年该学院被彻底并入纽约大学（New York University），其校址位于纽约市的布鲁克林区。

的学习和生活环境。丁敬了解到化工系的 W. F. Schurig 教授也在做油籽提取技术方面的研究工作，于是选修了该教授的"化工原理"课，希望能够继续溶剂萃取法方面的研究。他阅读《化工手册》和一些著名学者的文献，还参加了化工系化学化工小组的研讨会。

这段时期是丁敬到了美国以后所经历的最黑暗的时期，这次的遭遇对丁敬的思想更产生了根本性的影响。他真正认识了美帝国主义的本质，打破了他对美国所曾有的所有幻想。他无辜受到伤害却求告无门的经历，让他彻底认清了美国政府的真面目，看清了美国政治的真相；美国当地政府官员对待他的冷漠态度，也让他认清了打着自由民主旗号欺骗世人的美国政客们的虚伪嘴脸。也正是这段经历，让丁敬意识到一个弱小国家的人民在异国他乡是不可能得到平等对待的，他真正认识到祖国强盛的重要性。这个思想上的巨大转变，促使他在不久以后义无反顾地回到祖国，投入建设国家的伟大事业中。

同时，丁敬并没有因为这次的打击而退缩，反而越遭遇打击，越加坚定和勇敢。虽然历经磨难，但丁敬始终保持着坚定的信念、乐观开朗的性格和旺盛的工作激情，他在后来的日子里将更大的热情和更多的精力投入到留美科协的工作中去，成为工作最积极的成员之一。

丁敬从得克萨斯州转学来到纽约后，经常利用周末跑到费城去帮忙做《留美科协通讯》（以下简称《通讯》）的编辑和发行工作。因为从在国内参加"民创社"开始，到在美国参加美中科协，他曾负责社刊的编辑、发行好几年，非常清楚宣传对组织工作的重要性。他有固定接受国内外出版的报纸、杂志的渠道，收集新闻资料对他来说很在行；而且，他的文笔好，能起草文章，又对编辑报道、印刷、发行等工作都有经验，因而，他成为《通讯》编印工作的积极支持者。不久，他就建议费城区会只负责编辑，由纽约区会负责《通讯》的印发工作。

留美科协创建以后，除了开展一些以中国留学生为主力的科学研究活动以外，还通过一些渠道获得国内的新闻，编制《通讯》向广大留学生介绍国内的新发展。因为留美科协是一个松散的组织，没有专职人员和固定活动场所，也没有活动经费，所有工作都是自愿和义务的。而把各地科协分会和会员连接在一起的，是每月编印的《通讯》。《通讯》是留美科协自己创办的刊物，办刊的中心任务是让留美科协会员及时了解祖国的情况，号召大家及早回到祖国的怀抱。稿件内容一部分是各地分会活动的报道、各学术小组的活动和总会的信息等；另外很大一部分内容，是转载新华社通讯稿、《新建设》、国内信件，以及通过多个渠道收到的解放区或香港进步报刊的文章，经过编辑小组成员的整理、摘抄，综合编辑而成。例如，曾全文翻印《东北工业建设需要全国科学工作者来共同努力》（1949年7月2日）、《科代大会筹委会欢迎东北参观团返平座谈会记录》（1949年8月31日），有关留美科协会员回国参加新中国建设的情况以及回国会员介绍解放区见闻的内容最受大家欢迎。《通讯》大体上是每月一期，每期发行八九百份，最多时每期发行量达到上千份。除寄往美国各地分会和会员外，还寄往欧洲，并通过中国科协香港分会负责人——香港大学心理学教

《留美科协通讯》

师曹日昌①转寄回国内。这么大量的编辑、发行工作，主要由留美科协费城区会的李恒德、傅君诏和刘叔仪在一间小小的公寓里，用一部简单的油印机完成。每到出刊日，除费城的会员以外，有时还有从纽约和巴尔的摩的会员前来帮助，大家共同协作完成刻版、印刷、装订和邮寄等各项工作。虽然往往要花费个人整个的周末时间，但每个人都很愿意能为留美科协的发展出力。1949年7月—1950年9月，《通讯》共编印13期，正式发行12期。在大家的共同努力下，《通讯》办得生动活泼，以此团结、鼓舞在美的留学人员，在动员留美学生回国活动中发挥了很好的宣传作用。《通讯》就像一条红色纽带，传送着祖国建设的信息，把全美各地和欧洲的留学生紧密地联系在了一起。

---

① 曹日昌（1911—1969），心理学家。河北束鹿（今辛集市）人，1935年毕业于清华大学心理学系，1948年获英国剑桥大学博士学位，1947年加入中国共产党，1948年8月成为香港大学公开招聘的第一位全日制心理学教师。同时，在中国科学工作者协会香港分会工作，联络争取在国外的科学技术人员回国。1949—1950年上半年回国的留学生大都是由曹日昌经手办理的。1950年曹日昌夫妇从香港回北京。

# 第四章　毅然决然的归国

## 第一节　祖国的召唤

　　1949 年 10 月 1 日，北京三十万军民在天安门广场集会，隆重举行开国大典。毛泽东同志在天安门城楼上宣读中央人民政府公告，向全世界庄严宣告："中华人民共和国成立了。"天安门广场轰轰的礼炮声震撼了整个世界，它宣告古老的中华民族从此站起来了！中华人民共和国成立的消息很快传遍世界，使旅居海外的学者、留学生们极为振奋。得到消息的丁敬忍不住跑到费城，与李恒德和傅君诏一起分享内心的快乐。怀着激动的心情，他们三人共同举杯遥遥庆祝，一起唱起了《东方红》，禁不住热泪盈眶。丁敬是在抗日战争结束以后出国的，对于和他一样，在抗日战争结束前后出国留学的中国留学生来说，虽然他们之中有公费或自费到美国留学的，也有少数访问学者和当时中华民国政府派去的实习人员，但他们与中国其他行业的知识分子一样，都不同程度地受到过五四运动以来新思想的影响和熏陶，更经受过日本侵略战争的屈辱与痛苦，所以，不管持何种政见、支持哪个党派，大多数中国留学生都具有比较强烈的爱国主义思想。当年，他们怀着救国之志远涉重洋，带着"科技救国""教育救国"的信念到异国留学苦读，希望学习西方先进文化和科学技术，用自己学到的知识建设国家。他们热爱祖国,渴望祖国强大,具有比较强烈的民族感。很多人希望能有机会一酬自己当初出国留学之时,心中所怀的那个用知识报效祖国的梦想,期待能为国家建设做出自己的贡献。同时,按照美国《移民法》的规定,中国留学生期满结业后不得留在美国求职,必须回国。因而,绝大多数中国留美学生在毕业后都要回国发展,他们在美国不过是寄居者,也很难进入美国主流社会,他们的根源和未来都与中国息息相关。身在异乡,一旦走出校园,他们随时随地都能体会到身为"异乡人"的苦闷,在那样的环境里,很难对美国产生认同感。作为一个中国人,故土难离的传统文化思想根深蒂固。回到家乡、与家人团聚,是众多海外学子内心很难改变的想法。在留美科协和其他在美国的中国学生组织的工作下,越来越多关于新中国建设的消息被传递给在美留学生。特别是持续发行的《留美科协通讯》,除用大量篇幅转载报道中华人民共和国成立的进程,还用回国的留美科协会员来信介绍各自亲身见闻,这些正面、积极的信息让留美学生了解国内的真实情况,使他们了解到自己的祖国正是百废待兴之时,需要有人进行建设。于是,为了祖国的需要回国、为了与家人团聚回去,成为大多数海外留学生回国的内在驱动力。

中华人民共和国成立以后,中共中央迅速将工作重心转移到经济文化建设上。此时,中国共产党继承的是一个落后的千疮百孔的烂摊子,中国的工业和农业都极其落后,再加上1937—1949年,中国经受了十二年之久的战争摧残,国民经济遭到极大的破坏。到中华人民共和国成立时,工农业生产远没有达到战前的水平,而且工农业生产水平低下,严重影响国家财政收入。同时,以美国为首的欧美国家对中国实行了全面封锁,中华人民共和国不得不主要依靠自己的力量开展经济恢复和国家建设。国家需要加紧建设,就需要大量人才,而当时各种人才奇缺。但是,依靠中国原有的教育体系,无法满足快速培养大批建设人才的需要,特别是培养生产建设急需的专业技术人员的需要。虽然有向苏联派遣留学生的培养模式,但因为培养周期较长,短期内难以解决人才问题。而1949年中华人民共和国成立时,在美国的中国留学生有6 200人左右，其中学习自然科学和工程技术者约占80%。还有一些已经在某些领域取得重要成就的科学家，比如华罗庚、钱学森、赵忠尧等。在这种情况下，这些已经在欧美各国完成学业和培养的科技工作者就成为国家建设很重要的人才，并直接影响到新中国未来的科技发展和进步。因此，全力争取、动员广大海外懂科学技术的留学生回国参加建设，就成为新中国面临的当务之急。刚刚成立的中央人民政府，也把争取海外留学生回国的工作提到了非常重要的位置。

这项工作得到了周恩来总理的极大关注，他指示相关部门和组织，采取民间和官方双管齐下的方针，尽可能争取海外留学生归国。"中国科协"作为中国科技工作者的民间组织，根据周恩来的建议，在争取海外留学生归国工作中，发挥了重要作用。"中国科协"向海外各分会发出号召："诸学友有专长，思想进步，政府方面亟盼能火速回国，参加工作；我们谨此向你们伸出热情的手，欢迎你们早日归来，共同为人民服务，为我们新中国的生产和文化建设而努力。"同时，"中国科协香港分会"在负责人香港大学教师曹日昌的领导下，为留学生归国提供最大帮助。12月18日，周恩来通过北京人民广播电台，热情地向海外知识分子发出"祖国需要你们"的号召，表达了对海外人才的渴望和尊重，并代表中国共产党和中央人民政府郑重邀请散落在世界各地的海外知识分子回国参加建设。对于海内外著名的中国科学家和知名学者，周恩来总理更是亲自指挥、直接参与了争取工作。1949年4月，以郭沫若为团长的中国代表团赴捷克斯洛伐克首都布拉格出席世界保卫和平大会。到达布拉格后，郭沫若给远在英国的李四光发了一封信，在信中盛情邀请他早日回国。这封信是郭沫若按照临行前周恩来对他的指示发出的，这也直接促成了李四光的回国。得益于李四光的回国，新中国开始了地质事业的全面发展，并最终彻底甩掉了"贫油"的帽子。

为全力争取、动员海外学子回国参加建设，党和政府给予了极大的关注和重视，特别是针对留美学生回国，做了一系列准备工作。1949年8月下旬，前华北高等教育委员会首次与归国留学生进行座谈,参加座谈会的是十七位新回国留学生,在会上大家畅所欲言,表达了希望政府能够在留学生归国后的工作上提供必要帮助的意见。座谈会后,经报周恩来总理批准,暂时托中华全国自然科学工作者第一次代表大会筹备会负责留学生归国事宜,筹备会的负责人是时任华北大学校长的吴玉章①。在他的领导下,筹备会可为归国留学生提供学习和服务,包括协助介绍工作,协助安排食宿,介绍去华北大学政治研究所学习等。在中央人民政府成立后,这项工作正式交由教育部接办。

中央人民政府对于海外知识分子归国工作,有着比较细致周密的安排。海外留学人员回国后,不仅衣食住行可以得到照顾,在招待期间还组织参观、游览、举行晚会等活动。1949年12月6日,由当时政务院文化教育委员会召集有关政府部门及群众团体,包括政务院人事局、文化教育委员会、全国学联等17家单位组成了"办理留学生回国事务委员会"(以下简称"办委会"),时任教育部部长的马叙伦同志担任主任委员。"办委会"下设调查组、招待组和工作分配组等职能部门,作为留学生回国事务的领导机构,统筹领导有关留学生回国事宜。其主要任务:一是调查尚在国外的留学生,动员其早日回国;二是对留学生回国前后进行宣传、了解及教育;三是负责留学生回国后的招待;四是统筹解决回国留学生的工作。"办委会"成立以后,积极开展工作,对留学生采取"一般的号召,在自愿的基础上早日学成回国为人民服务"的原则,想方设法满足在外留学生的回国愿望,并解决回国后的工作问题。高教部专门在北京西单的旧刑部街10号设立了归国留学生招待所,作为归国留学生安排工作过渡期间的专用招待所。1950年"办委会"先后在北京、上海、广州、武汉、沈阳等全国一些

---

① 吴玉章(1878—1966),原名永珊,字树人,四川荣县人;我国杰出的无产阶级革命家、教育家、历史学家和语言文字学家、新中国高等教育的开拓者。延安五老之一。1903年入读日本东京成城学校,1906年加入同盟会,1925年在北京加入中国共产党。1948年任华北大学校长,1949年出席中国人民政治协商会议第一届全体会议,参与中华人民共和国中央人民政府的筹建。1950—1966年任中国人民大学校长。

大城市都设立了归国留学生招待所，负责招待回国后的留学生和知识分子，并且和教育部合作，给海外留学人员寄送《人民中国》等书籍，让海外留学人员了解新中国的情况。考虑到回国人员急于参加工作的需求，中共中央要求对他们的工作分配"应当力求迅速，要简化分配工作中的手续"，尽快让他们走上工作岗位。留学生回国后的工作，一般都会首先征求本人意见，大部分人会选择到科学院、高等院校等单位工作，有个别要求的，会被安排到工业部门的研究所或者工厂。

为了补助留学生回国的费用，1950年10月，"办委会"制订了《回国留学生招待办法》《对接济国外留学生返国旅费暂行办法》两项规定，提出了"接济旅费的七项原则"。针对留学生的不同情况提出了不同的解决方案：留学生国内经济来源断绝，回国后可以设法归还者，借给他们归国所需的旅费；留学生经济困难，无力筹借旅费，回国后亦无力偿还，可以申请补助；与留学生一起在国外的家属，如确有需要，亦可酌予接济。

很多海外归来者在回国时缺乏入境证，"办委会"马上给这些在外人员各发出了一份中英文信件：

"中华人民共和国欢迎你及所有中国留学生回到自己的祖国，参加建设工作，为人民服务。你们可由任何地方进入国境，不需要入境证。但你们如携带任何足以说明你们留学生身份的文件，则更能享受到许多便利。"

这一系列政策，犹如一颗定心丸，缓解了海外留学生的疑虑；周恩来总理的真诚言语，温暖了海外留学生和家属的内心。

当时，海外学子回国工作面临着复杂形势。败退到台湾的国民党不甘失败，也在积极争取海外留学生为己所用，将注意力盯在欧美华人高层专家学者身上，使得海外人才的回国成了两岸两党对人才的争夺战。而美国政府对中国留学生回国的政策，也随着其国内反共运动的高涨和麦卡锡主义的泛滥，不断发生着变化，前后充满了矛盾。起初，中国学生去美国留学，毕业后按照《移民法》规定很少有人能够留在美国；解放战争时期，美国政府同意为因受战争影响失去经济来源的中国留学生提供资助，当他们学成归国时，还为他们支付船票；但是到朝鲜战争爆发前后，美国政府对中国留学生的态度发生大变化，要求凡是学理、工、农和医药的中国人都不允许回国，甚至对部分学生和学者进行了扣押。这些情况，在一定程度上也增加了吸引留学生回国的困难。因而，通过留美科协等在美进步学生组织发动留学生回国运动，成为国家突破层层封锁、主动争取留学生归国工作中的重要一环。

## 第二节　发起回国运动

留美科协在成立之日，就在其成立宣言——《我们的信念和行动》中向广大留美科技工作者发出倡议：

"新中国的全面建设即将开始，因此，每个科学工作者都有了更迫切的使命和真正服务于人民大众的机会，这是我们千载难逢的良机，也是我们这一代中国科学工作人员无可旁卸的责任。我们应该努力加强学习，提早回国参加建设新中国的行列！"

所以说，积极开展组织、宣传工作，动员留美学生归国参加祖国建设，始终是留美科协的工作中心，是最重要的一项工作。在建会初期，留美科协快速推动了在全美各地建立留美科协分会，之后依靠各地分会的组织力量，积极发展会员，在不到一年的时间里，留美科协的会员人数就实现了翻倍，充分体现了留美科协组织的高效率。

1949年夏，中共南方局安排赴美留学的中共党员徐鸣专程回国，向周恩来汇报了在美国的中国留学生情况。周恩来明确指示：

"你们的中心任务是动员在美的中国知识分子，特别是高级技术专家回来建设新中国。"

同年9月，徐鸣再次赴美，把动员留美科技人员回国这个中心任务传达给留美科协。其实，早在美中科协时期，葛庭燧就已经开始帮助许多科技专家回国，并与中国科协香港分会负责人曹日昌建立联系，帮助留学生购买船票、办理转签手续，后来在留美科协发起的回国运动中，这条回国路线被写进《回国手册》。

11月下旬，留美科协召开第一次理监事联席会。会上作出继续扩大会员人数决定，还通过了"凡从事科学工作而愿意回国为人民服务，致力建国工作者，均为本会团结对象"的会员发展宗旨。决定一出，使得各地区会和会员发展迅速。1949年8月，在美国各地共有留美科协区会19个，会员400多人。到1950年3月时，区会增至32个，会员达到700多人。各区会都开展了各种学术讨论会、时事学习和联谊活动。留美科协的中心工作是通过科学技术的集体学习，为回国参加建设工作做准备。到1950年春，已建立起水利、冶金、油脂、动力工程、科学方法、陶瓷、药物化学、农业经济、土木、电工、医药、工具、燃料、地质、造纸、石油、制糖、物理化学、数学、物理共20个学术小组。这些学术小组开展了学术活动，翻译科技书籍，收集资料，搞专题座谈和专题研究，以及编辑出版等工作。如冶金组在颜鸣皋的带领下，集体翻译了《金属物理导论》一书；为了统一专业名词，编制了一份冶金学名词中英文对照表；另外，还应国内需要提交了一份冶金材料研究所的设计方案。

1950年1月1日元旦，留美科协干事会在纽约召开，会议由常务干事侯祥麟主持，会上决定由孙绍谦接任常务干事，并增加涂光帜、丁敬和李祉川为干事。随后进行了首届理事会和监事会通讯选举在纽约开票，华罗庚、侯祥麟、洪朝生①、孙绍谦、张文裕②、许如琛③、

---

① 洪朝生（1920—），物理学家，中国科学院院士。1940年毕业于清华大学电机工程系。1948年获美国麻省理工学院物理学博士学位。主要从事低温物理与低温技术研究，是中国低温物理与低温技术研究的创始人之一。

② 张文裕（1910—1992），1931年毕业于燕京大学物理系。1938年获英国剑桥大学博士学位，同年回国，先后任四川大学、西南联合大学教授。1943年赴美国，先后在普林斯顿大学和普渡大学从事教学和研究工作。物理学家，中国宇宙线研究和高能实验物理的开创人之一。

③ 许如琛（1917—1978），女，自清华大学毕业后，赴美国明尼苏达攻读生物学，获硕士学位，在植物病理学、真菌学、基础微生物学的科研方面做出了重大成绩。

丁敬、余国琮①等当选为理事,李树青、周世勋、徐贤修为候补理事,并选举赵佩之、涂光炽、颜鸣皋为监事,唐敖庆②、钱存训、潘绍舟为候补监事。1月底,经过理事间的通讯选举,25岁的丁敬被推选为常务理事,全面负责协会的工作。担任常务干事后,丁敬将主要精力投入科协工作中,在他的领导下,留美科协发起了声势浩大的动员和组织留美学者回国参加祖国建设事业的各项活动,成绩斐然。

1月27日,中国科学工作者协会向海外各分会发出了号召,并从北京向留美科协发函,希望其协助开展留学生回国工作。信中说:

"'(一)新中国诞生后各种建设已逐步展开,各方面都迫切需要人才,诸会友学有专长,思想前进,政府方面亟盼能火速回国,参加工作。(二)在人民民主专政的制度下,我们的会友们应适当通过各种关系团结我们周围的朋友,即使他们过去政治上稍微落后,只要有一技之长,现在愿意为人民服务,我们都应当争取他们的归国,不要局限于会友。(三)现在政府很重视留学生,特设办理留学生回国事务委员会,并在北京设有招待所,供给留学生的临时食宿,负责介绍工作,留学生到教育部登记后,即可解决问题。'这些内容被刊登到了《留美科协通讯》上,在留学生中引起了极大的反响。"

1950年1月30日,留美科协组织召开了"中国科学的前途和中国科学工作者应有的认识"座谈会,邀请在芝加哥的学校、工厂、医院等单位从事科技工作的中国朋友参加,到会的有数十人。在会上,大家就中国科协给留美科协发来要求协助开展留学生回国工作的要求展开了讨论。决定响应中国科协发出的号召,发起归国运动,加快推进

---

① 余国琮(1922—),广东省广州市人,1943年毕业于西南联合大学化工系,化学工程学家、教育家,是中国蒸馏学科的开拓者之一。考取自费留学赴美国密执安大学研究生院就读,1945年年底获科学硕士学位后转匹兹堡大学进修。1947年秋,获哲学博士学位。

② 唐敖庆(1915—2008),江苏宜兴人,理论化学家、教育家和科技组织领导者。1936年8月,考入北京大学化学系学习。1940年7月,西南联合大学化学系毕业,留校任教。1946年,在哥伦比亚大学化学系攻读博士学位。1949年11月,美国哥伦比亚大学化学系毕业,获博士学位。

留美科技工作者回国。

3月18—19日，丁敬作为常务理事组织召开第二次理监事联席会议，经过认真讨论，作出正式开展回国运动的决议，并通过《留美科协通讯》向全体会员发出回国号召：

"今天是中国有史以来最伟大的时候，中国的科学和工业化已不再是梦想，个人的利益、全体人民的利益已不再可划分，回国贡献我们的技能，是为了建设新中国，同时也是为了建设一个崭新的人生，假如错过了今天的机会，对于新中国的建设固然无益，对于人生将是一个永远不能弥补的损失。"会议号召"本会会员应该立即响应国内政府、人民和兄弟工作者的号召，在最近时期内回国，投身于新中国的建设工作。""我们不单应该自己决定在最近回国，而且更应该扩大科协的影响，通过各种关系，团结周围的朋友，一同回国。只要愿意为人民服务，不管过去怎样，新中国都是欢迎的。科协是一个人民的团体，留美科协欢迎所有从事科学工作的朋友们加入我们的行列。"

为配合会议决议的贯彻落实，留美科协制定了开展回国运动的具体工作方案：一是加强报道国内时事，尤其着重于祖国建设的进展情况，对科研人员的迫切需要，国内科研人员的思想转变和工作热诚，以及回国会员就业情况，工作开展及待遇生活等。二是各区会发起有关回国问题的讨论，用座谈会和个别谈话的方式，用具体事实消除疑虑，并用集体力量解决个别困难，这种座谈会不限于会员，应尽量扩大影响到会外朋友，更应该用科协的集体力量帮助他们。三是切实解决回国交通问题，在纽约指定专人负责，解决香港过境护照签证问题，打听其他交通方法，在旧金山设立联络站，由福利委员会和海湾区会合编《回国手册》，内容包括回国旅行手续、应该注意事项等。

根据理监事会议提出的具体工作方案，各区会也都认真进行了讨论。确定了每项工作的具体负责人，完善了工作操作细节。指定丁敬协助赵恒德、傅君诏做《通讯》的编辑发行工作，并将月刊改为编辑旬刊，增加回国运动的宣传力度；旧金山海湾区会的金荫昌、夏煦、冯世章等与加州大学中国学生会联合组织了"中国留学生回国服务社",为取道旧金山回国的留学生提供帮助。服务社就设在留美科协会员金荫昌家里,他和他的夫人都参加了留美科协,他们与在香港的曹日昌一起,建立了一条回国服务线。有不少中国学者和留学生选择走旧金山—香港—上海—东北和华北回国。

1950年6月9日,丁儆离开纽约后首先前往芝加哥,在那里他即将主持召开留美科协年会,随后准备取道旧金山回国。他结束了在纽约布鲁克林理工学院的全部课程和研究工作,也结束了他在美国的全部求学历程。虽然并没有按照当年出国时设想的那样拿到硕士学位,但丁儆仍义无反顾地决定尽快回到祖国去。在决定回国前,丁儆的家人曾经写信叫他务必要读个学位回来。不过,对当时的丁儆来说,是否能拿到学位已经并非他主要考虑的问题。因为美国政府正在逐渐收紧中国留学生回国的申请,用各种手段阻止中国留学生,主要是理工科留学生和科技工作者回国。丁儆担心自己的理工科背景会成为回国的阻碍,因此他毅然决然地放弃了即将到手的硕士学位,选择尽快回国,尽早参加新中国建设。因为他没有迟疑地迅速动作,所以在申请离境时没有受到过多阻挠,得以顺利获得批准。不久,美国政府对中国留学生归国设了很多障碍,有些人就很难回来了。而丁儆在研究生肄业情况下回国,没有拿到硕士学位,也成为他学业上的一个遗憾。

**1950年留美中国科学工作者协会在芝加哥召开年会时的集体合影**

6月11日，留美科协召开了第三次理监事联席会。会上选举了回国参加全国自然科学工作者会议的代表，并成立了服务委员会，委员会工作地点设在旧金山地区，专门为留美科协会员回国做服务工作。会上还决定，第二届留美科协的总会设于芝加哥，选举芝加哥地区的冯平贯、梅祖彦、焦瑞身①、赵佩之②、邓稼先③五人为驻会干事，蓝天（明尼苏达）、黄葆同（纽约）、夏煦（旧金山）三人为区会干事，共同组成总会日常工作机构。

6月12—17日，留美科协在芝加哥举行了1950年年会，会议由常务理事丁敬主持。会上总结了留美科协一年以来的工作，讨论了今后的任务，再次决议"推展回国运动必然是留美科协的基本任务之一。这运动不仅限在会员之内，而且更扩大影响到全体留美同学。"年会提出以进一步推动高级专家回国运动为中心内容：

"（一）加紧业务学习，作回国参加建设工作的准备。学习的目的是回国参加建设工作，因此，我们的学习必须和国内的具体情况配合起来，必须考虑到在国内应用的可能和迫切需要的程度。（二）认识新中国。（三）建立新观点和新作风。（四）一切为了回国去。回国投身建设新中国的热潮，推展回国运动，发动和协助所有留美科学工作者回国是我们的任务。"

年会特别邀请了纽约《华侨日报》主编唐明照来到芝加哥作国内形势报告，唐明照还受邀参加了讨论，向广大会员详细介绍国内情况，解除大家对回国的顾虑。会议期间进行了10个方面的专题学术讨论和分组讨论，做了怎样做好区会工作的讨论，对于科学研究、科学教育

---

① 焦瑞身（1918—），中国杰出微生物学家。1941年毕业于清华大学化学系。1953年获美国威斯康星大学生物化学博士学位。1955年回国。

② 赵佩之（1917—2011），江苏吴县人。1939年毕业于上海交通大学机械工程系。美国工程院院士。在刀具温度方面的贡献，被世界权威人士评定是二十世纪金属切割发展史中六项里程碑之一。

③ 邓稼先（1924—1986），中国安徽怀宁人，著名核物理学家，中国科学院院士。

及普及和工农业建设三方面结合个人的工作经验，进行了分组讨论。

此前，留美科协已经号召留学生回国。比如，1949年11月、12月间，朱光亚等人在密歇根大学所在的安城，多次以留美科协的名义组织召开中国留学生座谈会，分别以"新中国与科学工作者""赶快组织起来回国去"等为主题，介绍国内情况，讨论科学工作者在建设新中国中应起的作用，动员大家"祖国迫切地需要我们！希望大家放弃个人利害，相互鼓励，相互督促，赶快组织起来回国去"。他们还用《打倒列强》歌曲的曲调自编了《赶快回国歌》等爱国歌曲，每次聚会都要指挥大家齐唱"不要迟疑，不要犹豫，回国去，回国去。祖国建设需要你，组织起来回国去，快回去，快回去"。

祖国的召唤、留美科协的号召，很快在科协会员和留美同学中掀起了归国高潮。大部分中国留学生乘坐美国总统轮船公司①（American President Lines）轮船公司在太平洋往返的"克利夫兰总统号""戈登将军号""威尔逊总统号"回国，这些邮轮往返于美国旧金山和中国香港，航程近一个月。

1949年11月的"戈登将军号"上有葛庭燧、陆星垣等多位中国留学生；1950年1月的"戈登将军号"上有唐敖庆、陈椿庭等18位中国留学生；1950年3月的"克利夫兰总统号"上有华罗庚、朱光亚、王希季等几十位中国留学生。朱光亚等52名已决定回国的留美科协会员联名起草《给留美同学的一封公开信》，向全美中国留学生发出号召：

"同学们，祖国的父老们对我们寄存了无限的希望，我们还有什么犹豫的呢？""回去吧！让我们回去把我们的血汗洒在祖国土地上，灌溉出灿烂的花朵。我们中国是要出头的，我们的民族再也不是一个被人侮辱的民族了！我们已经站起来了，回去吧！赶快回去吧！祖国在

---

① 美国总统轮船公司是一家有150年历史的美国轮船公司，为世界五大航运和物流服务公司之一。其前身为始创于1848年的太平洋邮船公司。1867年开通美国旧金山至日本横滨和中国香港的定期航线。1921年开通美国纽约与中国上海之间的航线。

迫切地等我们！"

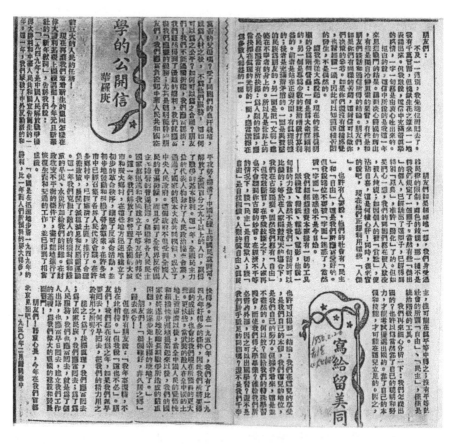

华罗庚在《大公报》发表的《写给留美同学的公开信》

100多位中国留学生乘坐"威尔逊总统号"邮轮于1950年8月31日离开旧金山回国时在船尾的合影

1950年2月,留美科协首届理事华罗庚响应回国召唤,毅然辞去了伊利诺伊大学终身教授的职务全家回国。他袒露心声说:"为了选择真理,我们应当回去;为了国家民族,我们应当回去;为了为人民服务,我们也应当回去;就是为了个人出路,也应当早日回去,建立我们工作的基础,为我们伟大祖国的建设和发展而奋斗!"

## 第三节 艰难的归国之旅

1950年6月25日,朝鲜战争爆发。7月7日,联合国安理会通过第84号决议,派遣以美国军队为主力部队的"联合国军",支援韩国抵御朝鲜的进攻。与此同时,美国国内反共运动走向高潮。以威斯康星州参议员约瑟夫·麦卡锡为首的美国极右派政客,在参议院掀起了一波又一波所谓"揭露和清查美国政府中的共产党活动的浪潮",至此麦卡锡主义开始在美国社会泛滥,成千上万的华裔被怀疑为"间谍"。他们不仅被非法传讯,不准寄钱给大洋彼岸的亲人,甚至被禁止公开谈论自己的家乡,还有不少人因被指责"同情共产党"而受监禁、被驱逐甚至遭暗杀。美国政府甚至要求中国留学生签"忠诚宣言"。

形势越来越紧急,那些不好的消息令丁儆心急如焚,非常担心受到阻拦不能回国。7月8日,丁儆离开芝加哥前往旧金山,来到留美科协旧金山海湾区会找那里的负责人夏煦,旧金山海湾区会为回国运动组建了"中国留学生回国服务社"(以下简称回国服务社),丁儆希望通过他们的帮助买到回国的船票。当时,为阻止中国留学生回国,美国国务院和英国驻美领事馆合谋,操纵总统轮船公司售票和控制路经香港的签证,使时间不协调,造成中国留学生旅途时间和经济上的损失。为帮助留学生顺利回国,留美科协海湾区会与加州大学中国学生联合组成回国服务社,以适应归国留学生增多的工作需要。回国服务社的联络工作主要由金荫昌和唐冀雪夫妇负责,通讯地址和电话就是他们家的原址原号。他们将自制的小型中华人民共和国国旗贴在家门上,以便来访者认清地址,并花费大量时间守在家里接听求助电话、接待到旧金山的朋友。回国服务社与在香港的曹日昌协同工作,帮助解决归国的船票和途径香港的签证问题。同时,他们还编印《中国留学生回国服务社旬刊》,与《留美科协通讯》一起寄发到留美科协的32个区分会,为大家提供船票、过港签证和车船交通等具体问题的解决办法。在华罗庚一家到达旧金山时,服务社不但为他们租好安全的旅馆,还安排妥当的工友值班保卫。在服务社的帮助下,很多经由旧金山归国的留学生都顺利登上回国轮船。丁敬也回国服务社的帮助下顺利买到了船票,并办好在香港的转签手续。临行前,丁敬与胡为柏、冯世璋、夏煦等几位留美科协的会员聚到一起,共同讨论了回国服务和以后留美科协的工作,交换了对朝鲜战争的看法,确定了未来开展帮助留美学生回国的具体办法。

7月14日,丁敬终于登船离开旧金山踏上归国的旅途。同船归国的留美科协会员有姜圣阶、吴骏后、郭浩清、周世勋、刘叔仪。能顺利离开美国,丁敬他们感到非常幸运。好在丁敬他们离开得早,在他们离开后不久,非美活动委员会和美国联邦调查局开始对进步的中国留学人员进行迫害。1950年8月,急于离开美国的著名科学家钱学森预定了加拿大太平洋航空公司8月底从渥太华飞往香港的机票,不想在9月7日,他却遭到闻讯而来的美国移民局逮捕扣留,并被限制离境,此后钱学森不得不滞留美国5年。消息传出,刚从英国回国、担任中华全国自然科学专门学会联合会主席的李四光专门致电美国政府抗议他们的无礼行径。9月12日,原子物理学家赵忠尧及罗时均、沈善炯等三人乘坐威尔逊总统号邮轮回国途经日本横滨时,被美军以携带美国国防机密资料的罪名扣留,拘禁于东京巢鸭监狱长达2个月后才被释放。至此,中国留学生的归国之门逐渐被美国政府关闭,他们的回国之路也遭遇到各种各样的波折。

成群的海鸥挥动着白色的翅膀,迎着风浪,围绕轮船自由翱翔。宽敞平坦的甲板上,丁敬手扶船栏,目视远方,两年前离开祖国时的情景仿佛历历在目。当目力所及,曾经熟悉的风景再次出现在眼前时,丁敬内心的激动无法言表。当年他抱着学习科学知识、掌握先进技术的目的来到美国,对美国的自由、民主也曾心生向往。然而,那些发生在他和他的同学们身上的种种遭遇,彻底暴露了美国政客所标榜的自由、民主的本来面目。看清楚了这些之后,丁敬对美国不再有留恋,他全身心地渴望尽快回到自己的祖国去。在近一个月漫长的航行中,丁敬与同伴们分享各自的想法,憧憬回到祖国后的工作和生活,谈论如何在国家建设中发挥自己的专业特长。船到香港,丁敬考虑再三,决定暂时先不回南方的家乡,而是与刘叔仪一起去北京。于是,几个人又登上前往天津的邮轮。当轮船进入渤海湾,目力所及已经能够看见远处的小岛时,所有人都激动不已。随着目的地日益接近,他们待在甲板上的时间越来越多。终于,轮船驶入塘沽口岸。很快,一艘挂着五星红旗的小火轮靠近了,那是中国海关和引航人员前来接引。9月18日,经过两个月的海上航行,丁敬终于踏上了祖国的大地。他从天津塘沽港口登岸,两天后到达北京,住进教育部专门负责接待回国留学生的招待所。

　　丁敬离开美国以后不久,美国政府对中国留学生加强了限制,使得他们的处境更为险恶。1950年9月,美国国会通过《国内安全法》(Internal Security Act,也被称作《颠覆活动控制法案》或《麦卡伦法案》)。该法案规定:有"共产党行为"的组织和成员,共产党外围组织和成员,都要向司法部登记,必须定期上报财务状况、出版物、电台和电视节目。美国司法部移民局公布"禁止中国学生出境之命令",开始明确禁止中国留学生离境,留美学生被剥夺了返回祖国的权利。之前,美国政府曾一度依据移民法律对许多留学生下过驱逐出境令。尔后出于本国战略利益,美国司法部下令各移民局禁止一切受过"科学训练"的中国留学生离境,明令警告已经掌握了专业知识技术的中国留学生"不得离开或企图离开美国",否则"违反该项法令将被处以5 000美元以下的罚款或5年以下的徒刑,也可以两者并罚"。自此以后,凡申请回国的学习自然科学的中国留学生,美国移民局即发给不准离境的通知,文科留学生归国也遇到种种非难。1. 赵忠尧(1902—1998),浙江诸暨人。核物理学家,中国科学院院士。1925年毕业于东南大学，1927年赴美留学，1930年获加州理工学院理学博士学位。1931年回国先后在清华大学等多所大学任教，1946年再次赴美做访问学者，1950年回国。历任中科院近代物理所、原子能所、高能物理所研究员，中国科技大学近代物理系主任。2. 罗时钧（1923—），江西南昌人。空气动力学家。1945年毕业于中央大学（重庆）航空工程系，1947年赴美留学，1948年获明尼苏达大学硕士学位，1950年获加州理工学院博士学位。1950年8月回国。曾任西北工业大学教授，副校长。3. 沈善炯（1923—），江苏吴江人。微生物生化和分子遗传学家，中国科学院院士。1942年毕业于西南联大生物系，1947年赴美留学，1950年获加州理工学院博士学位，厚道威斯康星大学生化系当博士后研究员。1950年回国。历任浙江大学副教授，中科院上海植物生理研究所研究员、副所长，中科院上海微生物研究所副所长等。一时间，滞留在美国境内的中国留学生处于困窘状态，找工作非常困难，行动受到约束与监视。

不久，留美科协被美国众议院非美活动调查委员会（HUAC）和联邦调查局（FBI）列为"非法团体"，一些区会的负责人和积极分子被联邦调查局和移民局传讯和关押。美国政府当局对中国留学生都采取了施压和限制的措施。各地移民局和各校的留学生顾问也都被要求召集中国留学生谈话，劝说他们留在美国，追究其政治态度和参加的活动，对参加留美科协和CSCA等所谓"颠覆性的组织"的学生进行恐吓。在这种情况下，留美科协不但所有活动都难以继续开展，《留美科协通讯》也被迫停办，留学科协继续生存和发展都面临巨大的困难。鉴于留美科协会员中的相当一部分人已陆续回国，余下的会员中还有许多人也准备近期回国，为保护仍留在美国的会员们的安全，时任常务干事的冯平贯组织召开干事会，经大家表决，留美科协于1950年9月19日正式宣告解散。解散通告说：

"我们愿在此重申本会之期望作为结束，希望各同学早日学成回国，不久的将来，我们在祖国再见！"

留美科协虽然解散了，但因种种原因留在美国的原留美科协会员

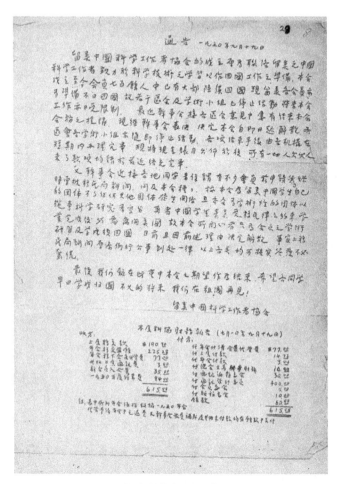

**留美科协解散通告**

们之间仍保持经常联系，互通讯息；虽然没有马上回国，但他们与已经归国的会员们一样有共同的志向。利用留美科协已经建立起来的联络网，他们与大批滞留在美国的留学生们联合起来，与美国政府作斗争，争取自己的合法权益。1953年7月朝鲜战争结束后，美国政府对中国留学生的政治压力开始有所松动。滞留在美国的中国留学生看到了回国的希望，趁势加大了争取回国的活动。他们起草求援信，诉说美国扣留中国学生的事实，附上大家签名和扣留证据，通过朋友辗转带回国内，送交周恩来总理；他们通过报纸发表给美国总统艾森豪威尔的公开信，请求解除限制中国学生离境的禁令；此外，他们还向印度驻联合国大使梅农以及同情他们遭遇的美国朋友寻求帮助，甚至给爱因斯坦写信希望得到他的帮助。经过不懈的努力，在1954年日内瓦国际会议上，以周恩来为首的中华人民共和国代表团在与美方谈判时，就美国政府无理扣留中国留学生的事情提出严正抗议，在确凿的证据面前美方代表无法抵赖和辩解。经过中美双方多次交锋，坚冰终于被打破。1955年中美终于就遣返侨民问题达成协议，美国政府彻底解除了对中国留学生的禁令，凡是想回国的中国留学生都可以自由离开美国国境。

## 第四节　留美科协的影响

1950年10月1日国庆大典，首都各界40余万人在北京天安门广场举行庆祝中华人民共和国成立两周年大会。周恩来总理办公室特别指示，让在北京的80余名新回国留学生参加天安门观礼。这个消息使大家万分高兴。国庆当天一大早，丁敬作为新归国留学生中的一分子，与大家一起排队从招待所走到天安门广场西北制定观礼台，站在那里可以仰望到天安门城楼前沿的栏杆。当游行队伍伴随着军乐队嘹亮的乐声高举红旗徐徐走来，站在城楼上的党和国家领导人向游行群众挥手致意，欢呼声响彻广场上空。身处其中，丁敬内心的激动无法言表，他与大家一起鼓掌、欢呼，为自己的祖国感到无比自豪。而比他早些时候回国的留美同学和好朋友侯祥麟，则作为群众游行队伍中的一员，怀着满腔自豪，走过了天安门。

从酝酿、成立到解散，留美科协的历史虽然不到两年的时间，却在留美的留学生中间发挥了很大的作用，产生了很大影响。据不完全统计，留美科协会员有1/2在我国成立初期陆续回国，投身于新中国建设事业，为新生的政权输送了一批优秀科技人才。据统计，1949—1954年12月，先后有1 424名留学生从海外回国，其中从美国回来937人。其中许多人成为我国高科技领域一些学科的开创者和奠基人，为当时我国教育和科技事业、经济建设和国防建设的发展做出了重大贡献，在新中国的科技事业中发挥了重要作用。他们大部分出生于20世纪一二十年代，回国时三四十岁，正是年富力强、为国效力的好时候。很多人取得了杰出成就。1980年47位留美科协会员当选为中国科学院学部委员，从一个侧面反映出他们对新中国科研事业的贡献。1972年对美交流的渠道开通后，这些回国会员由于学术上的造诣和在美已有的联系而成为对美科技交流和民间交流的重要力量。从1949年10月起，中国留美学生回国的势头大大增加，1950年上半年变得更为踊跃。

留美科协的经历对于每个回国的会员更是一段难以忘记的经历，对大家的人生道路产生了重要影响，一些人后来在不同程度上经历了一些坎坷，却没有懊悔，一直认为留美科协走的是一条正确道路，沿着留美科协的方向，回国投身新中国宏伟建设事业，是一个正确的选择。正如丁儆在多年后回忆中所说的：

"留美科协从酝酿、成立到解散，不过两年，时间虽然不长，但是对于我们每个回国的会员来说，留美科协却是一段难以忘却的经历，对我们一生的道路产生了重要的影响。我们这些回国的在不同程度上经历过一些坎坷，受过一些挫折，有的不幸在史无前例的运动中倒下去了，但是我们没有懊悔，留美科协会员走的是一条正确的路，回国投身新中国的宏伟建设事业，是做的正确的选择。"①

**归国后的丁儆在北京北海公园**

---

① 丁儆《关于留美中国科学工作者协会》手稿。

改革开放以后,陆续有原留美科协会员找到当时的骨干分子,提出希望帮助他们证明参加革命工作时间的要求。为此,侯祥麟、薛宝鼎、傅君诏和丁敬向中央写信汇报了此事。1985年12月,丁敬特意来到侯祥麟家中进行商谈,最后商定由侯祥麟向中央组织部写说明材料,丁敬负责写留美科协创建发展历史的材料,并向科协提出组织留美科协老会员开会。在他们的推动下,1991年中组部下发文件,认定"留美科协是我党组织在留美人员中建立的公开的进步组织,它对传播我党的政治主张和方针、政策,动员留美人员回国参加新中国建设,发挥了较大的作用。特别是其中一些留学生心向祖国,毅然放弃在国外的优厚生活待遇,投身社会主义国家的建设,这种精神十分可贵"。这为留美科协的历史画上了一个圆满的句号。

# 第五章 投身国防事业

刚刚回到百废待兴的祖国，年轻的丁敬面临多种选择，经过慎重考虑，他最终选择了到高校任教。

## 第一节 选择华北大学工学院

1950年9月20日，经过两个月漫长的航行，丁敬终于踏上祖国的土地。他来不及回到家乡去看望年迈的老母亲，就先来到北京，他要尽快解决今后工作的问题，内心渴望能早一点儿参加祖国的建设。与他一同到北京的是同船回国的几位留美科协的老朋友，在等待工作单位落实的这段时间，他们一起住在位于北京西单旧刑部街10号的招待所里，这里是教育部为接待归国留学生专门设立的招待所。傅君诏也在这时回国，和丁敬在一起。招待所负责接待的同志非常热情，刚刚成为中华人民共和国首都的北京到处都是一派欣欣向荣的景象，回国的一切都令几个年轻人感到新鲜而激动；可是，具体到哪里去工作却令他们犯难了。

这段时间，推荐给丁敬的工作方向有好几个：第一个是他的老朋友们推荐他到科学院做科学研究或行政工作；第二个是朋友建议他到科普局开展有关科普推广工作；第三个是考虑到当时中国的制造业刚刚起步，工厂里最缺人，有人建议他去石油总局从事曾经在玉门干过的老本行。另外，还有兰州大学也在招聘，积极邀请他到那里去工作。经过几番思索，他决定不去科学院、科普局和石油总局，觉得都不理想。丁敬希望找到能点燃他工作激情的工作。

对回国后的工作选择，丁敬心中有些模糊的想法，他在日记中写道：

"（那些工作）都没有煽起我的热情来，对这些工作还没有充分的信心，正像以前曾经有过许多可爱的女孩子，但一直没有扇动我全心全意的爱和我全部的热情。"①

这时候，刚刚奉命迁入北京的华北大学工学院正为学校发展聘请教师，也到归国留学生中招人。当听到招待所负责接待工作的黄兴龄说起华北大学工学院是从解放区来的学校，是一个"红色"的大学时，丁敬与傅君诏都来了兴趣，学校的革命背景一下子把他们吸引住了。丁敬的革命激情和工作干劲，一下子找到了落脚点，学校领导的热情邀请、对于学校未来建设的规划也与他的内心想法产生了共鸣。

对于当时的想法，傅君诏回忆道：

"科学教育这个符合我们的愿望，同时，解放区就有的华北大学工学院是一个新兴的大学，既然要我们，那么我跟丁敬就同时到了这里。"②

经过介绍，丁敬他们了解到华北大学工学院的前身是延安自然科学院，是以毛泽东为首的中国共产党创办的第一所理工科大学，也是中国共产党革命根据地的自然科学最高学府。李富春、徐特立、李强等老一辈无产阶级革命家先后担任学校的主要领导。随着时局的变化，学校在华北等地几迁校址，几易校名，为战争军需和当地民用服务。1948年，华北人民政府成立后，10月，晋察冀边区工业专门学校与北方大学工学院合并，成立华北大学工学院，旨在培养具备新的技能和

---

① 摘自《丁敬日记》。
② 摘自《傅君诏访谈稿》。

本领、善于管理的工业干部和技术人才。1949年8月,华北大学工学院迁入北平,划归中央人民政府重工业部领导。1950年9月,中央人民政府决定将原在北京的中法大学本部及数、理、化三个系并入华北大学工学院。中法大学的加入,有效缓解了华北大学工学院迁入北京后缺乏校舍和实验室的困难,增强了办学实力,为学校大规模正规化发展提供了条件。硬件条件解决了,授课教师的缺乏又成了一大难题。当时学校里除了原来中法大学的一些老教师,还有中华人民共和国成立以后分配过去的部分教师,但多半是助教,所以教师队伍不健全。要想成为一所正规的大学,就需要一批高水平的教师,因此,华北大学工学院当时最紧迫和核心的任务,就是想尽办法招聘到一批有水平的教师,组建教师队伍,以便尽快开展教学工作。

对当时的华北大学工学院来说,要解决教师问题可以通过三个渠道:第一个渠道是从其他老牌大学聘请。因为那个时候中华人民共和国刚刚成立,人民政府允许学校自行根据需要聘请教师。工作内容和薪资待遇也由学校决定;第二个渠道就是靠教育部分配应届的大学毕业生。学校向中央人民政府教育部提出申请,申明师资非常缺乏,希望教育部能够给予支持,多分配当时毕业的学生。这个申请得到教育部的很大重视,为建好华北大学工学院这所共产党领导的新型学校,连续几年教育部为学校输送了包括清华大学、北洋大学(现天津大学)、上海交通大学等国内知名大学的大批毕业生;第三个渠道就是中华人民共和国成立初期从国外回来的科学家。要吸收这批人在学校里工作。丁敬回国的时候,正赶上华北大学工学院与中法大学刚刚合并,为组建一支高水平的教师队伍,学校领导求贤若渴,向丁敬他们发出热情邀请。

带着建设一所新型的中国科学大学的想法,丁敬决定到华北大学工学院工作。来到学校后,他了解到学校缺乏教师,就想到留美科协在当时开展的动员留美科技工作者回国参加国家建设的工作,于是他主动找到校领导,报告了留美科协会员响应国家号召正在陆续回国的情况,希望能在学校工作中发挥自己的作用。从此丁敬将招聘教师当成自己的责任,他积极联系留美归国的同学,特别是留美科协的朋友到学校工作。当他得知好友颜鸣皋回国的消息时,第一时间和傅君诏来到颜鸣皋夫妇下榻的招待所看望,询问老朋友未来的工作去向。当得知颜鸣皋还没有确定工作地点时,丁敬高兴地说:你就到我们华北大学工学院来吧,我先给你定下了。颜鸣皋爽快地答应着:行啊。一听这话,丁敬马上坐不住了,起身就要走。为怕颜鸣皋反悔,他要马上回学校向领导汇报,把聘书给颜鸣皋送来。颜鸣皋就这样被丁敬留在了华北大学工学院。

在丁敬的宣传、影响和推荐下,1950—1952年的3年时间里,一批与他回国时间相近的留美科协会员也来到华北大学工学院任教,包括葛修怀、吴大昌①、程光玲、胡为柏②、刘叔仪、傅君诏、颜鸣皋、陈荩③、陈肖南④、彭兆元、谢焕章等。他们多是在美国留学期间成为留美科协的会员,因而与丁敬相熟。所以,当丁敬向他们发出邀请,并为他们详细介绍了学校情况后,纷纷欣然前来。吴大昌教授曾回忆说:我回到家后他(丁敬)给我写了一封信,把华北大学工学院有什么专业这样的信息介绍给我,告诉我这个学校很好。我到北京后,住在教育部的招待所。就了解到华北大学工业学院在当时很有威信,第

---

① 吴大昌,教授,浙江省人。1940年毕业于清华大学机械工程系。1948年毕业于美国伊利诺伊大学农业工程系。1949年获美国堪萨斯大学农业工程硕士学位。1950年回国后,到华北大学工学院(北京理工大学前身)任教。历任北京工业学院(北京理工大学前身)副教授、教授,国务院学位委员会第一届和第二届学科评议组成员。

② 胡为柏,教授。江西省玉山县人。1945年毕业于交通大学唐山工学院(现西南交通大学)矿冶系。1948年获美国犹他大学选矿硕士学位。曾任北京工业学院教授,国务院学位委员会第一届和第二届学科评议组成员。

③ 陈荩,教授,博士生导师,1925年12月出生,云南省凤庆人。现任中南工业大学矿物工程系学位委员会委员。美国犹他大学矿冶工程系毕业,并深造于研究生院。

④ 陈肖南(1921.5.12—1985.3.11),山东省滕州人,出生于济南。1943年毕业于中央大学机械系。1949年获美国普渡大学理学硕士学位。1951年回国。任北京工业学院(今北京理工大学)副教授、教授。

一是老区来的,是延安自然科学院让他过来的,这个对我很有些吸引力,还有更大的吸引力,它是为重工业部培养人才。我觉得能为国家培养重工业人才,很光荣就决定来了。

这些有着海外留学背景并且专业对口的青年教师很快成了学校各项工作的骨干,有力地加强了学校的教学力量,尤其是加强了基础理论教学,使理、工更好地结合,给学校教学工作的质量带来了保障,推动学校的各项工作迅速步入正轨。在中央人民政府重工业部的领导和积极支持下,学校发展很快。至1950年年底,全校教职员工由进京时的380多人发展到1 337人,开始建设为重工业培养专门人才的各科系,全面制订和调整教学计划,开展学校的基本建设(如购置房产、建设图书馆、实验室、实习工厂等),各方面工作大步前进,为学校后续大规模正规化建设提供了条件。

进校工作不久,丁敬被聘为化学工程学系副教授。化工是学校的新增专业,时任系主任的张汉良曾留学法国,是中法大学化学系的知名教授。同时,化工系还拥有像周发岐、李麟玉[①]、仲颖魁等多位在国内学术界堪称大师级的教授。作为化工专业,所面临最为严重的问题是教材和实验设备短缺。当时不仅在国内根本无法买到能满足教学实验用的实验室仪器设备,就算想买到符合大学培养水平要求的教材都很困难。而没有专门的教材和正规的实验室,要搞好教学和科研就是天方夜谭。在这样困难的条件下,丁敬带领同事们开始了艰难的建设工作。从翻译教材写讲义,到筹备实验室、采购仪器设备,再到招聘教师,所有的一切他们都从头做起。

买不到合适的教材,他们就找国外的教材,挑选合适的内容进行

---

① 李麟玉(1889—1975),字圣章,天津人。1908年入京师大学堂学习理科,1910年赴法留学,1915年毕业于法国图卢兹化学院,获化学工程师文凭,后转入巴黎大学理学院深造,获巴黎大学高级理化研究证书、理学硕士学位。1922年负责筹建中法大学理学院,1924年任理学院院长,1928年任中法大学代理校长,1931—1950年任校长,1957年任北京工业学院副院长。曾当选北京市政协第一届委员,全国政协第三届和第四届委员。

翻译，整理成讲义；买不到实验仪器，他们就另辟蹊径，通过各种方法搜寻可用的设备仪器。重工业部作为学校当时的上级主管单位，为学校的建设提供了很多支持。获知学校需要建设实验室的报告后，批准华北大学工学院组织力量，到上海基地物资仓库中挑选可以使用的教学仪器设备。这些物资仓库是国民党政府撤离大陆时遗留下来的，里面存放有大量各类物资。于是，丁敬和同事们来到上海，经过一个多月的奋战，从众多纷繁的物资中，为学校各专业实验室采选了一大批仪器设备。和丁敬一起进入华北大学工学院的傅君诏对建校初期的困难，曾深情地回忆道：

"当时的困难是很多，因为那些设备在国内买不到，经费是学校里面的，所以我跟丁敬在那个时候，在华北大学工学院组织过一个团体，有我、丁敬、严沛然，还有一个搞电机的老教授，我们一起到天津、到上海，跑到各个地方的仓库去搜集，到上海郊区的国民党仓库，在好几个仓库里，去一件件找能用的仪器和设备。当时，还有很多洋行，我们也到洋行去购买，去采购。把能够用的材料就拿回来，就这样筹备建实验室的仪器。"①

中华人民共和国成立初期的生活条件、物质条件都极为不好。尤其对于刚从国外回来的人来说，面临着巨大的经济与生活条件落差。居住的房子很小，只有公共厕所和公共澡堂；工作环境和条件不完善，很多工作无法顺利开展。虽然生活条件艰苦，但丁敬没有怨言。物质上虽然艰苦，但精神上非常满足。对于丁敬来说，这是一所他内心向往、热爱的"红色大学"，最令他振奋的是，这所全新的大学为他提供了一个充分施展能力的舞台，令他有机会可以在一张白纸上绘就蓝图，更为他开辟一片可以展翅飞翔的天空。

这是丁敬人生中一次最为重要的选择，这次选择使他从此走上了为国家军事工业的发展奉献终身的道路，从此，为国家国防工业培养人才、科学研究成为丁敬未来几十年的奋斗目标。1951 年 1 月，回国

---

① 摘自《傅君诏访谈稿》。

工作仅仅三个月的丁敬就正式向华北大学工学院党支部递交入学党志愿书。在日记中,丁敬写道:

"为人民服务,基本上成为自己的工作方向了,但是怎样一步步工作?怎样切切实实地做出一番事情来?我不期求大名声,工作应该就能带来应有的收获,只要工作得好,自然就会有人承认你的成绩,给你鼓励和赞美。老老实实,脚踏实地地稳步前进吧!"

20世纪80年代,曾有学生问丁敬,对于他1950年从美国回来是否有过后悔,他深有感触地说:

"当年回国完全是出于爱国。然而,爱国绝不是抽象的,是需用实际行动来说明的。当然,有'得'就会有'失'。有些人看到的只是坎坷的道路、落伍的学业、清贫的生活,但作为一位中华儿女,把自己的聪明才智贡献给了国家,我们可以自豪地说我们是爱国的。这就是我们最大的'得'。"①

## 第二节 "七专业"的诞生

1950年,美国武装干涉朝鲜内战、进驻台湾海峡,对中国大陆虎视眈眈,刚刚结束内战正在全力搞经济建设的中华人民共和国在东南和东北两个方向同时受到严重威胁。在这种形势下,保家卫国成为第一要务。为此,中华人民共和国实行一切战略计划与经济建设项目都要为备战做好准备的决策,而战争的保障基础是建立起一支现代化的人民军队,要建立现代化军队又必须以强大的军事工业为后盾。为了加强军事工业建设,1951年年初,中央军委兵工委员会成立,制定了"兵工提前建设"的方针,提出要对老兵厂进行全面改建和扩建,新建一批大型兵工厂,这无疑需要大批的国防兵工类工程技术人才,特别是高级工程技术人才。

---

① 浣石. 言传与身教——记我的导师丁敬教授[J]. 学位与研究生教育,1987(12):66-69.

1951年11月,教育部按照中共中央的指示,召开了全国工学院院长会议,拟订了全国工学院院系调整方案,揭开了1952年全国工学院院系大调整的序幕。1952年秋季,教育部在高等学校教师思想改造的基础上,根据"以培养工业建设人才和师资为重点、发展专门学院、整顿和加强综合大学的方针",在全国范围内进行了高等学校的院系调整工作。仿照苏联模式,将全国高等教育体系一举纳入苏联模式教育体系中。1952年1月,华北大学工学院正式改名为北京工业学院(北京理工大学前身);3月8日,中央人民政府重工业部下发了《关于北京工业学院今后发展的方向及目前的方针任务》的文件,决定北京工业学院"逐步发展为国防工业学院或国防工业大学,并使之成为我国国防工业建设中新的高级技术骨干之重要来源"。指定北京工业学院为国防院校,北京工业学院成为我国第一批国防院校之一,由国防科委、重工业部领导。这是北京理工大学历史上的标志性事件。由此,北京工业学院成为新中国第一所国防工业院校,进一步明确学校的任务是为国防建设服务。

根据国家国防建设的需求和中共中央对北京工业学院建设发展的要求,1952年,原在华北大学工学院的航空系、冶金系、采矿学和有色金属方面学科从母体分离,对剩下的其他的系进行整合,在原有机械工业系、汽车工程系、电机工程系和化学工程系等一般专业的基础上,调整设置机械工程一系(武器系)、机械工程二系(弹药系)、机械工程三系(坦克系)、仪器制造系(光学仪器、雷达系)、化学工程系(火炸药系)五个系。形成火炮设计与制造、自动武器设计与制造、炮弹设计与制造、引信设计与制造、无烟药制造、炸药制造、装药加工、军用光学仪器设计与制造、雷达设计与制造、坦克设计与制造、坦克发动机设计与制造11个兵工专业,这些专业设置反映了当时中国常规兵器的现代化水平,奠定了中国兵工院校专业的基本结构,有些专业形成了学院的学术方向与特色。由于军工背景,学校在改革开放前及改革开放初期长期对外保密,对外无校牌无地址,邮政采用编号信箱,直至20世纪80年代初期,作为首批向联合国备案获得国际承认的中国高校之一，学校开始加挂校牌。

如果华北大学工学院对于丁敬来说是人生第一次选择，那么学校的转轨、专业的转换则使他面临了人生的第二次选择。

丁敬在大学所学的专业是化学与化工，在美国留学期间学的也是化工专业，所以在创建华北大学工学院化工系时，他在专业建设、教学工作上是不陌生的，能够很快进入实际工作中。由于转型向兵工学校发展，因此，原来化工系的专业方向、专业内容都发生了巨大的变化。按照调整计划，化学工程系的专业转变为全新的3个专业：火药专业（代号为5专业）、炸药专业（代号为6专业）和装药加工专业（含火工品与烟火技术）（代号为七专业）。丁敬被分配到装药加工专业，因为在全校11个专业中排序为7，于是，既为保密又为简便的缘故，大家都称其为"七专业"。从一般专业转变为火炸药专业，丁敬原来掌握的专业知识很多都用不上了，而他在火炸药方面的专业知识又几乎等于零。从民用转兵工，原来的教材、讲义、实验室也都不再适用，因此，丁敬面临的是从零开始重新建设，不能不说当时丁敬的心里没有过忐忑。

不过，丁敬骨子里就是一个想做大事的人。正如他的夫人梁嘉玉所说："他是一个喜欢从头开始的人，是一个喜欢建设全新事业的人。"上级的命令和国际国内的严峻形势，也容不得他有过多的犹豫。丁敬在美国学习时就对先进武器产生浓烈的兴趣，还曾经选修过相关课程。学校转轨为兵工院校，正应了丁敬的军事报国心愿，所以说这次选择很有些顺理成章的感觉。

从化工系到火炸药系，除了名称的改变，最重要的是专业设置要改变。学校从一所普通理工科大学转型到国防科技大学，最为困难的是专业的转变，基本上11个兵工专业中，除部分与机械相关的专业以外，更多的专业都是从头开始新建的。而对北京工业学院的大部分教师来说，建设新的专业所面临的最大难题是之前没有专业基础，可供参考的资料短缺，没有专业所需的实验实和实验仪器设备。丁敬接到的任务是在化学工程系筹建弹药装药、火工与烟火技术专业。该专业仿照苏联包曼工学院相应专业模式建立，以培养从事炸药装药工艺、火工品和烟火技术的工程师为主要任务。装药加工是兵器技术中一门独特的科学技术，与当时学校建立的其他专业（火炮、炮弹、坦克、雷达、光学瞄准、精密机械、炸药合成等）处于并列地位。学校的性质决定了所有专业的保密性质，在当时，"七专业"除了教研室按照号码的编排，专业所用教材都是保密的，不许带出教室。甚至连招生都是不公开而是内招的。

专业的建设初期是一段调研、了解、熟悉、学习和掌握的过程。与丁敬共同创业的是陈福梅[①]。陈福梅也毕业于浙江大学化工系，是丁敬的学姐。两人之前都没有接触过相关专业领域，对于要领导建设一个全新专业的两个人来说，首先面临的就是带领七专业教研组的其他教师共同改行的困难。教研组中还有周念祖、马荣华、胡瑞江等几位老师，此后，教师基本由本校毕业生留校补充。由于教学规模扩大，教师队伍出现明显不足，有的学生被选拔提前毕业留校工作。为尽快实现转行，丁敬与陈福梅带领同事共同到装药、火工、烟火等兵工厂实习、调研、搜集资料，阅读并翻译苏联专家提供的资料、从情报所查找到的俄文文献和公开出版的俄文书籍等，努力增加理论知识；同时，积极组织筹建实验室、陈列室。

作为培训人才的大学，有好的教材是很重要的，而与弹药装药专业相关的教材当时在国内根本没有。为写出高质量的教材，丁敬他们首先想到向苏联专家学习。《火工品》是丁敬、陈福梅合译的苏联学者卡尔博夫编著的第一部专业书；《弹药装药工艺学》是苏联专家提供的影像资料，由丁敬为主翻译、主编。这是一本理论结合实际、适用于大学生学习的教材，为1951—1955级使用。当时，也有一些俄文翻译

---

① 陈福梅，女。教授。1920年出生，浙江省乐清人。1944年毕业于浙江大学化工系，又入化工研究所攻读研究生。毕业后在浙江大学化工系任教。1950年开始在华北大学工学院任教，后一直在北京工业学院力学工程系任教，历任北京工业学院讲师、副教授、教授，火工与烟火技术教研室主任，是中国高等院校火工专业的创始人。

出版的苏联书籍，如苏联 H. A. 西林格的《炸药与炮弹装药教程》，此书涵盖了炸药、装药、火工品、烟火等内容，但只能作为大专教材或部队培训用参考书籍。丁敬亲自讲授炸药装药工艺学，其他青年教师参加答疑、部分试讲、实验等工作。丁敬将苏联专家提供的影像资料编译、整理为教材，还编写了《烟火技术》《弹药学》《火炸药》《炸药理论》等教材。有了这批专业教材，丁敬和同事们陆续开出了火工品、弹药装药工艺学、烟火学原理以及弹药学等专业课程。

为了建设装药加工和火工品与烟火实验室，1953 年年底，丁敬和同事马庆云一起到沈阳"724"兵工厂，因为听说那里有一个苏联援建的自动化炮弹装药流水线，他想去调研一下。来到工厂后，他们参观了整个弹药生产流程，并参观了工厂实验室，丁敬看到可以做装药实

图 5-1　丁敬和陈福梅合译的《火工品》

验的一套机械装置，竟然是当时国际上比较先进的设备，还意外发现"724"厂可以生产测量火工品性能的全套实验设备。这个发现让丁敬他们大为兴奋，于是当即决定购买一套，并马上向学校领导申请经费。报告打上去，学校领导和上级领导非常重视，同意购买的批示和经费很快就落实了下来。1954 年，装药加工实验室就在位于东皇城根的老校舍——原中法大学校园西南角的地下职工食堂内建立起来。实验室可进行注装、压装药柱实验，检测药柱基本性能（如密度和凝固点）等实验。随后，火工实验室和烟火实验室也陆续建立，能进行火帽和雷管装药、起爆药制造及其性能试验，以及特种烟火药的制备及主要性能测试。虽然诸多实验是从工厂直接照搬而来的，但为保障教学实验质量，丁敬请来设计院总图专家给本专业老师讲课，与设计专家们就装药、火工车间设计及车间布置，实验室的土建、电力、照明、上水、下水及安全进行了充分讨论，提出了明确要求，并利用业余时间带队到设计院工艺组进行实地考察，确保实验室各方面满足要求。经过精心设计和建设，实验室建设在实验室设计规划、安全规划或实验方法等方面都十分到位、规范，为学生的专业学习提供了必要的条件。到 1955 年，"七专业"实验室建设在学校各系实验室建设中处于领先水平。

在繁忙的专业筹建过程中，丁敬光荣地作为青年代表，参加了 1953 年 6 月举行的中华全国第二次青年代表大会。29 岁的丁敬在会上听到了团中央书记胡耀邦的大会致辞，还有廖承志作的题为《为保卫祖国和建设祖国而奋斗》的工

**1954 年的丁敬**

作报告,还受到了毛主席等党和国家领导人的亲切接见。这次大会,令丁敬感到非常振奋,回到学校他以更加饱满的工作热情投入专业建设中。

## 第三节 苏联专家的帮助

中华人民共和国建立以后,经过三年的经济恢复,国民经济得到根本好转,工业生产已经超过历史最高水平,但是总体来说,那时中国还是一个落后的农业国家,工业水平远远落后于发达国家,甚至落后于许多发展中国家。为加快国家建设,中共中央决定制定第一个五年(1953—1957)建设计划,基本任务是集中主要力量发展重工业,建立国家工业化和国防现代化的初步基础;相应地发展交通运输、轻工业、农业和商业;相应地培养建设人才。以苏联帮助中国建设的156个项目为中心,以694个大中型项目为重点,以发展重工业为主,建立我国社会主义工业化的初步基础。

借新中国第一个五年建设计划的东风,北京工业学院开始陆陆续续建立起我国首批12个军工专业,学院先后聘请4批共23位苏联专家到校指导兵工专业建设工作,建设新中国第一批常规配套的14个兵器专业:火炮设计及工艺、自动武器设计及工艺、自动控制与远距离操纵、炮弹设计及工艺、引信设计及工艺、药筒设计及工艺、坦克设计及工艺、坦克发动机设计及工艺、军用光学机械仪器、雷达设计及工艺、火炮射击指挥仪、火药工艺、炸药工艺、装药工艺等。

同时,在苏联专家的帮助下加快专业的建设。从1953年开始,一批苏联专家来到北京工业学院,帮助成立了北京工业学院第一批11个军工专业,包括在化工系的"第七专业"——弹药装药工艺。当年11月,苏联专家[喀山化工学院的拉扎列夫教授(火药制造专家)]到达北京工业学院。在拉扎列夫的帮助下,丁敬开始制定编写专业设置方案、教学计划和教学大纲。

1955年和1956年,6系(化工系)聘请苏联专家班都林为教师讲炸药理论课（上、下册），讲课时有俄文翻译，教师们听完课后马上消化，再为学生讲课。后来"七专业"教研室也聘请了苏联专家依留申，毕业于大连工学院的李钟敏跟专家一起工作。依留申首先为教师们开了"大型弹药结构作用与原理"课程，讲授水下武器（鱼雷、水雷、深水炸弹）的爆炸作用。

"七专业"从1952年开始筹建，初创期千头万绪，但最根本的问题还是人才培养。当时，最紧迫的是师资队伍的组建、培养和充实。1954年，丁敬和陈福梅在1950级毕业班学生中物色三位作为"七专业"第一批留校的教师：许又文、恽寿榕、陈熙蓉。

在同事们眼中，丁敬学习很勤奋、很抓紧时间，有时大家议论点儿不重要的事，他总是轻轻地说："要抓紧、要抓紧。"1955—1956年，苏联专家班都林开设炸药理论课，每周两次，所有学这个专业的教师都去听并做笔记，丁敬也在其中。晚上或者下午，他都要助手们坐在一起集体复习，主要是提问题、讨论问题、深入理解，有时，晚上大家集中学俄语（难句分析），他在学习期间没有妄自尊大。其实丁敬的外语能力很强，英语肯定没有问题，回国后他还学习了俄语，也学得很好。他学以致用，刚建立"七专业"时，一方面，掌握专业业务；另一方面，准备迎接苏联专家的到来。苏联专家讲课时，他经常会纠正翻译的错误，很快有些章节他就可以直接在讲堂上做口译了。丁敬经常主动承担课堂的翻译工作并纠正俄文翻译的某些内容。他既懂专业又懂俄文，因此，讲课效果很好，也帮助了那些担任俄语翻译的青年教师。

正是在热爱祖国、热爱国防、热爱教育事业的丁敬领导下，在苏联专家拉扎列夫、班都林、伊留申参与专业建设，对学科规划、教学内容、实验室建设等多个方面给予具体指导下，1954年，"七专业"，即"弹药装药、火工与烟火技术"专业在大家的共同努力下正式成立教研室，建立起"七专业"早期的师资队伍，制订了的专业的教学计划，编写了专业教材，建立了我国该专业领域第一批专业实验室。这是我国第一个弹药装药加工专业，丁敬担任该专业的教研室主任，当

时年仅30岁。

专业课主要包括炸药理论、装药工艺学、火工品、烟火技术、弹药学等。当时,专业教研室分成3个专业小组,即装药、火工和烟火技术,分别担任对高年级学生的讲课、教材编写、实验、下厂实习、学生的课程设计、毕业设计指导等工作。

1954年9月,按照苏联专家拟定的教学规划,教学工作全面展开。丁敬开始为学生讲授专业课"炸药装药工艺学"和"烟火学"两门课程。在陆续开出弹药装药工艺学、火工品和烟火技术等一系列课程后,他全身心地投入爆炸理论及应用这一学科建设。从化学、化工到物理、力学、数学、化学、工程交融的弹药装药,从精通英语到听说俄语、翻译俄文,丁敬恭谨勤奋,带领教研室实现了完美的专业转型,并逐步开始爆炸理论及其应用的科学研究。

在丁敬的带领下,"七专业"从无到有。最初他的专业是化学,但是他响应党的号召,到最需要的地方去,跟着祖国建设改行、再改行;补充、再补充。接受一个又一个挑战,攻克一个又一个困难,率领他的专业团队从小到大、从幼稚到成熟到壮大。他在工作面前从来未怨天尤人,很冷静,很儒雅;但又很有原则,很有毅力。

经过半个世纪的发展,弹药装药、火工与烟火技术专业成为国家重点学科。1962年"七专业"从"6系"到"8系",称"83专业",内容发展成"爆炸技术与装药"专业。1977年,该专业恢复招收本科生;1980年,建立"爆炸力学"硕士点,1984年建立我国第一个爆炸力学博士点,丁敬教授任博士生导师。1987年该学科更名为"爆炸理论及应用",被国家教委评为国家级重点学科。1988年,丁敬教授牵头以本学科点为依托筹建爆炸灾害预防、控制国家重点实验室,1991年,经国家计委审定批准,利用世界银行贷款,购进了一批具有国际先进水平的仪器设备,明显改善了本学科点的教学和科研条件。1991年,"83专业"调整为工程力学学科,并建立博士后科研流动站。2001年,本学科点再次被教育部评为国家级重点学科。

丁敬与妻子梁嘉玉

## 第四节  参与《十二年科学技术发展规划》的编制

很快,丁敬又迎来了更加光荣的任务。

中华人民共和国成立之初,各方面缺少人才,尤其自然科学人员稀缺,明显无法满足各项建设的需要。据统计,当时全国仅有30多个科研机构,科研人员不足5万人,从事自然科学研究的更少。为了尽快解决上述困境,根据毛泽东主席的提议,1955年1月31日,周恩来、陈毅、李富春组织召开科学技术工作人员会议,动员制定"十二年科学发展的远景规划"。3月14日,国务院科学规划委员会成立,由周恩来亲自领导,陈毅、李富春、聂荣臻执行具体的组织工作。

1956年1月,中共中央召开知识分子问题会议,中共中央书记处书记周恩来作了《关于知识分子问题》的报告,向全党和全国人民发出了"向科学进军"的号召。1956年1月,国务院开始编制《1956—1967年科技发展规划》(即《十二年科学技术发展规划》),由周恩来、陈毅负责组织,范长江以科学规划小组组长身份主持。3月,周恩来领导并成立了以陈毅为主任的国务院科学规划委员会,从全国的

23个单位中挑调了787名各个领域的知名学者,以拉札连柯为首的18位苏联专家参与规划的制定工作,历时半年多的讨论而制定。

专家学者们按学科和部门分组,对国家计委制定的《国民经济长期计划草案》及各部门已拟的生产和科学技术长远计划进行研究,以弄清整个国民经济对科技的具体要求,在此基础上做学科发展报告,讨论中国科学技术发展现状,提出赶超的办法和条件。

20世纪50年代归国的留美科学家在《十二年科学技术发展规划》(以下简称《规划》)的制定过程中发挥了重要作用。《规划》提出四大紧急措施,即发展计算机、电子学、半导体、自动化,参与计算机规划的有华罗庚;参与电子学规划的有王士光、孟昭英、马大猷和罗沛霖;参与半导体规划的有王守武;参与自动化规划的有钱伟长、罗沛霖、疏松桂。

1956年5—6月,同样有着留美经历的丁儆参加《规划》中常规兵器小组的工作,负责起草弹药装药工艺、火工品和烟火技术等部分的规划制定工作;同时,参加了长江三峡水利工程定向爆破工程的规划工作,钱学森先生曾亲自到兵器小组了解情况、听取意见,为祖国兵工工业规划了未来发展方向。

《规划》是中华人民共和国成立以来的第一个科技规划。《规划》配合国民经济和社会发展的需求,确定了"重点发展,迎头赶上"的方针,在内容上,从13个方面提出了57项重大科学技术任务、616个中心问题,从中进一步综合提出了12个重点任务,还对全国科研工作的体制、现有人才的使用方针、培养干部的大体计划和分配比例、科学研究机构设置的原则等作了一般性的规定,是一个项目、人才、基地、体制统筹安排的规划。这个《规划》是学习苏联的产物,但又不是苏联科技规划的简单模仿或翻版,而是从中国的实际出发,适合中国当时的发展目标,采取了"以任务为经,以学科为纬,以任务带学科"的规划制定基本原则,是在科技远远落后于西方发达国家的状况下,为配合计划经济体制,集中配置科技资源,在短时间内改变落后处境而采取的一种战略措施。后来,党和国家领导人毛泽东、周恩来、朱德、陈云、林伯渠、邓小平、聂荣臻等接见了参加拟制全国长期科学规划工作的科学家。

**中共中央领导人接见参加拟制全国长期科学规划工作的科学家合影**

这个《规划》制定前后共有800多位科学家和技术专家参加，体现了当时我国科学家的集体智慧。随着中国第一个科学技术发展远景规划的制定，中国科学技术事业不仅有了一个发展纲领，而且以保障这一发展纲领的实施为依据，形成了一个比较完备的科学技术体制，并由此对中国科学技术的发展产生了深远的影响。

《规划》是我国科技事业发展中一个重要里程碑。1962年年底，中央科学小组和国家科委再次组织了对12年科学规划实施情况的全面检查。检查结果更加令人振奋，《规划》的57项任务中，有50项任务已经基本上达到了原规划1962年的目标，而且有些方面，提前完成了。《规划》的意义不仅在于实现了几个预期的目标，取得了几项重大成果，更重要的是由它的实施所建立起来的现代科学技术体系，对后来我国科技事业的发展，尤其是今天的高科技的迅速发展具有深远影响。实践证明，这个远景规划对于我国科学研究的发展和国民经济各部门技术水平的提高，起了良好的指导和促进作用。

1956年，对于丁敬是一个非常重要的年份。这一年，他多年追求政治进步心愿终于实现了。6月，北京工业学院党委批准丁敬加入中国共产党。

同月，丁敬归国后全身心投入的"七专业"第一批正规毕业班——7511班毕业。

据丁敬当年的同事陈熙蓉回忆，为了保证本专业第一班学生的质量，丁敬请第五设计院总工程部专家来讲课，晚上还带领学生到设计院工艺组，请工艺设计专家们利用业余时间讲解装药、火工车间设计

**丁敬、妻子和两个孩子**

及车间布置及对土建、电力、照明、上水、下水及防火防爆的要求，使学生知道怎样才能成为一名合格的设计者。

在指导7511班毕业设计时，每个老师分别指导2~3名学生。为保证质量，丁敬组织大家一起审查说明书，尤其是设计图纸。因为老师们做过设计，他很尊重大家意见。让陈熙蓉感受最深刻的是，与丁敬在一起学习和工作，他并没有因为是长者而强词夺理，相反却是以求实的态度和大家讨论，以确保教学质量。

教书育人初结硕果。在这一年，丁敬开始带研究生，他是北京工业学院第一批招研究生的教师中的一员，在这一年，"七专业"在苏联专家的指导下（以丁敬为首的教研室带领下），在全体教研室人员紧张而有序的工作中，以及在"724""123""474""672"权威兵工厂及兵器部第五设计院工程师、设计师指导下，迎来了第一个具有"七专业"特色的正规毕业班——7511班（即后来的专业骨干教师徐更光、张鹏程、王廷增所在班级）。

7511班首批毕业合格的学生被分配到全国各专业厂、研究所、部队和各类学校。他们运用所学知识很快地适应各种兵工所属的岗位：车间技术员，设计所设计员，靶场技术员，（厂部）厂长助理，学校老师……很多人工作出色，半年左右便被提拔为车间技术主任、研究室主任，甚至总设计师或副厂长。

1956年，北京工业学院培养出第一批五年制兵工高等工程技术本科生和研究生，开始为我国兵器工业的教学、科研和生产输送军工人才，极大地缓解了当时高级军工人才严重短缺的困难。

# 第六章 爆炸力学研究

爆炸是一种快速的能量释放过程，伴随体积迅速膨胀、介质快速飞散的过程。爆炸过程可涉及的能源有核反应能、化学反应能、静压能、热辐射能等。爆炸是宇宙空间普遍存在的现象，如星体爆炸、核爆炸、炸药爆炸、高压气体爆炸、气球爆炸和轮胎爆炸等。采用当代的爆炸过程诊断技术和数值模拟计算技术，可有效地研究各种爆炸过程的发生、发展机理，是爆炸理论和应用学科的重要研究任务，对于我国国防现代化和国民经济建设的发展具有重大意义。

## 第一节 创建爆炸实验室

1958年，随着北京工业学院新校区建设推进，爆炸实验室建设也向正规化建设方向发展。学校划出校园西侧，远离教学楼和宿舍楼的一片区域作为大型实验区，爆炸实验室和雷达实验室都坐落在里面。这个区域后来在校园内被称为"禁区"，正式代号为"戊区"，整个实验区与校区用围墙隔离开，门口设置岗哨，实行军事化管理，到20世纪70年代还是有持枪的中国人民解放军战士站岗，进出检查非常严格，若没有特别通行证，则无法随便出入。丁儆在戊区内建立了可进行破片杀伤、聚能破甲等课题研究的爆炸实验室，并得到力学前辈郭永怀教授的热情支持。戊区——5802爆炸实验室建成,特别是建设了一个内径为6米、壳厚为0.8米的钢筋混凝土爆炸洞和2个压药防爆室,为混合炸药研制、制备装药成型、药柱性能检测、爆炸性能测试等多种实验的全面铺开创造了良好条件。与此同时,火工品、烟火实验室设在原5号教学楼的一楼东侧,与原来的城内实验室相比,大大增加了工作面积。北京工业学院的新校址选在海淀区巴沟,这里远离城区,过去是一片乱葬岗子。整个校园教学楼建筑形式和布局模仿苏联大学模式,当时全校师生都积极参加了新校区的建设,丁敬带着他的同事们也积极投入校园西侧建设戊区——5802实验区的工作中。1990年以前戊区对北京工业学院的老师和学生来说一直是个神秘的地方,透过高高的围墙,可以看到戊区内栽种了很多桑树,没有多少人知道这里到底是干什么的。北京工业学院爆炸技术实验室就坐落在这个外表神秘的地方。1956年,苏联专家依留申在给"七专业"的学生讲授"大型弹药结构作用与原理"课时,讲到爆炸作用,提出现有的实验室条件太简陋,实验室中用于爆炸测试的仪器设备很少,只有具

爆炸技术实验室(最早称为"七专业"5802实验室,建于1958年,于2000年迁至西山实验基地)

有微秒级的记时仪，可用于测量导爆索爆速，炸药装药爆速只能用"道特列斯比较法"测量。另外，还有可用于测量烟火剂燃烧效应的亮度计和照度计等。这些仪器设备只能做一些与产品相关的简单实验，无法进行大型实验，更没有能力开展深层次的科学研究，于是提出了建设大型爆炸实验室的设想。专家的意见与丁敬对专业未来发展的思考不谋而合，于是在建设新校区工作中，丁敬提出要建设爆炸实验室。这个实验室由当时的第五设计院完成了最终设计，计划建筑一个内径为6米、厚度为1米的钢筋混凝土爆炸洞，配备现代化的高速摄影机和测量系统，可进行破片杀伤、聚能破甲等课题研究。

丁敬对爆炸实验室的建设倾注了大量的心血，陆续购入了各种现代化的仪器设备，一心要建成一个具有先进水平的实验室。当时，国内第一个爆炸洞建在位于哈尔滨的中国人民解放军军事工程学院（以下简称"哈军工"），由第五设计院参照苏联提供的资料设计，因为实验室属于军队，所以国内其他院校和研究单位不允许使用。1959年，炸药装药实验室的全部仪器和设备迁至戊区——5802实验区，火工实验室、烟火实验室的全部仪器和设备搬迁至5号教学楼一楼东侧。到1962年，戊区——5802实验区主要设施和设备的全部建设与安装工作完成，建成混合炸药实验室、装药成型实验室、炸药装药实验室、火工品烟火实验室和压药防爆室。戊区——5802实验区中最大的装备是国内第一个内径为6米的爆炸洞，洞内最大爆炸药量为1千克TNT当量，可用于进行破甲静爆实验、爆炸驱动实验和爆速测量实验等大型实验，配备有高速摄影机、示波器、100吨油压机和半自动螺旋装药机等大中型实验仪器，是国内最大的非军用爆炸洞。正规安全的实验场所为未来多种实验的全面铺开和科学研究的开展打下了物质基础。

从国内爆炸实验室的建设进程看，当时"204"研究所（现西安近代化学研究所）于1958年建设了一个爆炸塔，内径仅为2~3米、TNT当量仅为100~200克。中国科学院力学研究所第二研究室于1958年组建了爆破组，在郑哲敏的领导下，逐步建立了动态力学特性实验室、爆炸洞和相应的测试设备。1961年，爆破组承担了国防部第

安装于 6 米爆炸洞观测窗口的国产 GSJ
转镜式高速同步相机

五研究院（现中国航天科技集团公司）的爆炸成形等任务，1963年，承担了抗爆炸的有关任务，后在北京怀柔分部建设爆炸场，进行了大量系统的爆炸实验①。北京核武器研究所于1961年在位于河北省怀来县的军队靶场开展爆炸实验。在王淦昌、郭永怀等的领导下，进行了上千个实验元件的爆轰实验；所以，北京工业学院在丁敬的领导下建设的爆炸实验室，当时在国内，是军队之外、地方单位建设的第一个大型爆炸实验室。

北京工业学院创建爆炸实验室时，得到了时任中国科学院力学研究所常务副所长、中国科学技术大学化学物理系首任系主任郭永怀的热情支持。

"七专业"由于逐步完备的实验条件、教学和科研相长的工作方法，也获得了丰厚的科研成果。1958年，全国开始"大跃进"运动，北京工业学院师生参加了大炼钢铁、参加劳动等社会运动，教学计划和学习秩序在一定程度上被打乱。但在上级部门和学校等各方面的努

---

① 中国力学学会. 中国力学学科史［M］. 北京：中国科学技术出版社，2012.

力下，北京工业学院在科研方面取得了快速发展，组织了代号为"505""265"的两种型号火箭的研制工作，全校开展了跨专业的科研协作。在丁敬的领导下，"七专业"在火箭点火系统、发动机内壁防烧蚀技术、火箭壳体用玻璃纤维编织复合材料等方面做出了出色成绩；在常规武器弹药技术方面，丁敬与陈福梅一起研制成功中国第一代大爆破用毫差雷管和尖端武器用微秒雷管；进行了反坦克破甲弹炸药装药结构、反坦克地雷装药结构、散兵坑依次爆炸成坑技术以及燃烧弹、照明弹、烟幕弹、信号弹等特种弹的烟火研制；开展了水下武器炸药装药爆炸效应研究；探索了海岸轨道岩群及登陆障碍物的爆破拆除技术、工程兵爆破器材研究①。由此表明，爆炸装药、火工品、烟火技术可以应用到各军种兵种，展现了"七专业"既具有爆炸装药设计特色又能研制多种用途产品的广阔前景。

北京工业学院的军工教学和科研虽刚刚起步，但已经受到了中央军委和国防部等领导的关注和赞扬。1958年8月1日，在国防部举行的"八一献礼"大型国防科技成果展中，8系参展的探空火箭和反坦克导弹应用的火工品及塑料火箭壳体等科研成果得到军队首长的赞扬。北京工业学院院长魏思文等充分肯定了"七专业"出色的科研工作，1961年，专门对"弹药装药、火工与烟火"专业的科研工作进行调查研究和总结经验。

## 第二节 "七专业"转型与筹建力学工程系

朝鲜战争期间，美国政府在远东部署了许多载有核弹的飞机，并露骨地对中国进行核威胁。于是，以反对核威胁，打破核垄断，发展以原子弹、导弹为主要内容的中国自己的国防尖端技术，便成了中华人民共和国领导人的重要战略思想。20世纪50年代中后期，台海危机

---

① 恽寿榕，张汉萍，苏青，丁敬//中国科学技术协会. 中国科学技术专家传略·工程技术编力学卷2 [M]. 福州：福建教育出版社，1997.

再度出现，美国不断派遣高空侦察机肆无忌惮侵入中国内地上空侦察。面对当时严峻的国际形势，为抵制美国的武力威胁与核讹诈，1956年4月，中共中央国务院成立了以聂荣臻为主任，黄克诚、赵尔陆为副主任的国防部航空工业委员会，具体领导中国的火箭和导弹工作。1958年，国防部航空工业委员会成立以钱学森为组长的领导小组，负责筹建人造卫星、运载火箭以及卫星探测仪器的设计和空间物理研究的机构。

在发展原子能事业方面，中国曾对苏联抱有较大希望。苏联在这方面也曾表示要给予中国技术援助。1957年10月，正式签订了中苏两国关于国防新技术方面的协定。根据协定，苏联将向中国提供一枚原子弹的教学模型及图纸资料，提供包括原子弹、导弹在内的部分尖端武器的制造技术，并派专家帮助中国开展研制工作，但随着国际形势的发展和中苏两党出现政治分歧，1959年6月20日，苏共中央致信中共中央，提出暂缓按协定向中国提供原子弹教学模型和图纸资料。1960年7月16日，苏联政府单方面撕毁了同中国签订的600个合同，撤走在中国的全部专家1 390人，带走了全部图纸、计划和资料，并停止向中国提供建设急需的重要设备，大量减少成套设备和各种设备中关键部件的供应，使中国250多个企业和事业单位的建设处于停顿和半停顿状态，给中国的经济建设造成了重大损失，也给刚起步的"两弹"工作造成了很大损失和严重困难。

以毛泽东同志为核心的第一代党中央领导集体，根据当时的国际形势，为了保卫国家安全、维护世界和平，果断地做出了独立自主研制"两弹一星"的战略决策。1961年7月，中共中央作出《关于加强原子能工业建设若干问题的决定》，决定加强核工业的技术力量和领导力量，加强核工业所需设备、仪表的生产、试制和配套等工作。针对防空斗争的新需要，正式建立地空导弹部队，这就决定了国防工业院校必须相应地建立导弹专业。1961年2月，中共中央批准将北京工业学院等国防高等院校划归国防科学技术委员会领导，以便更有计划地为国防建设培养科学技术人才。5月，国务院副总理聂荣臻在关于国防工业高校工作问题向中央军委的报告中就提出"北京工业学院以导弹为主,同时,设置与尖端密切联系的常规专业"。1961年7月,根据聂荣臻副总理向中央军委报告的意见,国防科委和国防工办对北京工业学院的学科设置进行了调整,火炮设计与制造、自动武器设计与制造、炮弹设计与制造,以及引信设计与制造、弹药装药工艺的常规部分转至太原机械学院和南京炮兵工程学院。与此同时,北京工业学院新成立与火箭、导弹武器系统相关的专业,向发展火箭、导弹方向转型,培养掌握尖端武器的高技术人才。

围绕"两弹一星"这一光荣艰巨的使命,丁敬开始思考"七专业"应该怎么发展。经过反复思考,他提出:

"我们不应该走原来的专业方向道路,不能只是培养对常规制式弹药的工艺过程和车间设计与管理的人才,不能只是用虚拟题目学习设计。我们必须深入学习爆炸理论与技术,掌握各种产品的装药要求,研究战斗部及各种用途的爆炸产品。"

在丁敬的积极策划和领导下,"七专业"走出了一条创新之路。

他的基本思想有以下4方面内容。

(1)由搞工艺转向搞研究,向研究型专业方向发展。"七专业"课程设置、理论基础应该由以装药、化工为重点,转向装药、化学化工、爆炸、力学、数学的大基础、大综合。

(2)从常规武器转向尖端武器,着力空空导弹、地空导弹、地地导弹三种导弹战斗部的反设计研究。当时,"七专业"开展的空空导弹、地空导弹、地地导弹三种导弹战斗部研究,均以苏联技术模式、车间设计、产品工艺为主,基本是按苏联提供的导弹指标、产品进行设计、仿制。丁敬认为应由重视导弹的产品设计转向掌握理论原理、设计方法、技术工艺、性能分析,着力对导弹本身的全面研究。

(3)学生的培养目标应由弹药装药与火工品制造技术人员,转向弹药装药和战斗部设计与制造工程师,因此,必须深入学习爆炸理论与技术,掌握各种产品的装药要求,研究战斗部及各种用途的爆炸产品,提升"七专业"的研究水平及教学层次。

（4）为更好落实向研究型转向，教师的知识背景、科研资料、教学内容、教学计划、教学框架、学生培养方法等都需加以完善和改革，应在教学内容中加强数学、物理学、机械及力学等基础理论的讲授，由主要采用虚拟题目学习设计转向实际设计和实验，使所培养学生的知识水平、实验能力能得到很大提高，从而奠定学科长远发展的基础。

1962年以前，北京工业学院"弹药装药、火工与烟火"专业教研室属于化工系（即6系）。为调整教研任务和发展方向，在丁敬反复调研、论证和努力下，"七专业"由化工系剥离出来，与战斗部专业、引信专业共同组成力学工程系。1962年7月，丁敬、吕育新主持组建了北京工业学院力学工程系（即8系）。丁敬任第一任系主任，吕育新任总支部书记。这个"力学工程"与"传统的"力学有着很大不同，它由以爆轰动力学为主要学科基础的一批军工专业组成，包括火箭战斗部、触发引信、战斗部装药、火工品、无线电引信5个专业，构成了我国第一个以武器系统终端毁伤技术为特征的学科群。原来装药、火工品与烟火技术专业教研室此时将人员分成812、831两个教研室，"七专业"转为"83专业"。812教研室专攻爆炸理论与作用方面的教学科研工作及筹建爆炸实验室，丁敬兼任812教研室主任，831教研室则从事弹药及战斗部装药工艺。83专业从事火工品、烟火技术的讲课、实验、实习、产品设计等工作。转型后的"83专业"虽然从行政管理上分成812、831，但二者既独立又相互依赖，培养学生的教学计划是812、831联合制订的，实际壮大了研究力量、教学队伍，也使"七专业"的科学研究、技术研究方向更加明确。

作为8系的系主任，丁敬担任着繁杂的日常管理事务，但他始终过问和指导83教研室的业务和工作策划，并要求83专业的教师必须加强爆炸作用原理的学习并通过考试。

为了更迅速地实现"七专业"从常规到尖端、从工程型向研究型的转变，作为学科带头人的丁敬首先花大力气进行师资素质培养，尤其是对青年教师的培养。丁敬指导青年教师自学气体动力学、爆轰理论等经典著作原文，恽寿榕利用所具有的炸药装药理论专长，专门给青年教师开办弹塑性力学等系列讲座，身体力行地传授已有的专长和培训基本理论，并安排年轻教师分批深入专业工厂、研究所、设计院进行实习、研究、试制，通过各种途径，使教师逐步从原有的化工班底转型到机械、力学型人才。

北京工业学院从1963年开始，从北京大学数学力学系、中国科技大学力学专业等调毕业生，充实教师队伍，改变本专业一体化的近亲繁殖体系，适应"七专业"从化工向机械、力学的转型。这项措施起到了非常明显的效果。教研室的学术气氛非常浓厚。化工与力学的互补和渗透，造就、培养出一大批爆炸力学高层次研究人才和非常规兵器前沿设计研究人才。

83专业开设了数学、机械工程、气体动力学、爆炸物理、爆炸力学、火箭导弹战斗部结构设计、爆炸测试技术等基础课程，并将"爆炸作用原理"列为专业课，替代"七专业"以装药工艺方向为主的局面，增强学生的机械设计与力学方面的基础理论知识，提高弹药装药与战斗部威力设计与研究能力的培养。为开展教学，丁敬亲自主讲了"爆炸物理"这一专业基础课，并参考苏联、英国、美国、中国等19本有关炸药理论、爆炸物理、高级炸药科学、可变性介质中冲击和爆炸作用、冲击载荷下金属行为的书籍，撰写了《爆炸作用原理》，1961年，丁敬用笔名"冯季"在北京科学教育出版社出版了此书。这是中国最早系统论述爆炸作用原理的著作，详细介绍了爆炸装药不同介质的作用理论，从深度和广度上都远远超过苏联专家讲课的内容。基础理论课程、专业理论课程的开设和教学，明显提高了爆炸专业的理论水平。

为加强学术交流、掌握前沿进展，丁敬邀请国内外力学界知名人士，特别是中国科学院力学研究所、中国科技大学、国防科技大学、第九研究院、204研究所等优秀科研人员，来北京工业学院开展讲学和学术交流。

1963年，北京工业学院开始进行教学改革。本次教学改革由北京工业学院副院长尚英领导，力学工程系作为教改试点率先开展。丁敬作为力学工程系主任对教改进行了周密规划和组织。8系在教改中也有了一些成果和好的经验。比如将每个专业从基础课到专业课的教学大纲汇集起来，晒成蓝图，这样老师在教学时、学生在学习时就很清楚每门课的专业背景、与其他课程之间的关系，增强了教师讲课和学生听课的劲头；另外，就是要求教师深入学生，师生同吃同住，这个做法加强了师生之间的关系。教改从1964年开始，1965年就开始上课。本来是准备8系试点完了以后推广到全校去，但因文化大革命，8系教改组一直延续到文化大革命以后才结束。在教改中试行的一些好经验，在后来8系的教学管理中得到了延续。

1962年，"七专业"从北京工业学院6系调整到8系时，专业名称改为"爆炸技术与装药"；力学工程系成立后，1965年就开始招收研究生。1977年，恢复招收本科生，1978年恢复招收研究生；1981年开始学位教育，建立"爆炸力学"专业硕士学位授权点；1984年，经国务院学位委员会批准，建立中国第一个"爆炸力学"专业博士学位授权点；1987年，更名为"爆炸理论及应用"专业，被国家教委评为国家级重点学科；1991年，增设工程力学学科，并建立博士后科研流动站。"七专业"的转型，既突出了专业特色，也奠定了发展基础，从此，"七专业"迈上了快速发展的康庄大道。

## 第三节　负责142—032项目

从20世纪50年代后期到20世纪60年代初期，在中央的统一领导下，在一穷二白的基础上，充分依靠全国的支援，各部门、各地方、各部队大力协同，执行"自力更生，过技术关，质量第一，安全第一"的方针，经过一大批科技人员、指战员、干部和职工的共同努力、艰苦奋斗，攻克一个又一个技术难关，终于在1964年10月16日成功爆炸了中国自行制造的第一颗原子弹，在1967年6月17日成功爆炸了中国自行制造的第一颗氢弹，1970年4月24日成功地把一颗名为"东方红"的人造地球卫星送上了太空。中国"两弹一星"计划的胜利实现，在国际上引起了巨大的反响，极大地增强了国际地位，鼓舞了我国人民建设社会主义的信心和民族自豪感。

1963年，国家启动"142"科研任务，这项任务是"两弹一星"工程的一部分。具体工作内容是为核弹研制爆炸性能好、安全性能好、装药工艺性能好和机械加工性能好的精密炸药装药，就是研制引爆核弹的高性能炸药。领导"142"科研任务的有国防科学技术委员会、中国科学院和第二机械工业部（后来的核工业部），因为当时各部委分别用"1""4""2"等数字来代表，故项目命名为"142"。任务直接受国防科委八局四处领导（即国防科委高教局科研处），当时的处长孙志管曾在北京工业学院6系工作（曾任系副主任），四处负责召集相关科研院所、高等学校的领导开会分配科研工作和任务。因为时间紧、任务重，为了顺利完成"两弹一星"任务，尽快研制成功精密炸药装药技术，中央决定采用多家单位同时各自开展研究工作的方式，哪个单位的研制结果能达到性能指标，就选择哪个单位最终承担此项科研任务。当时，在有能力开展混合炸药研究的几个机构中，北京工业学院的科研力量、实验经验、测试设备等基础条件最薄弱，兰州化学物理研究所、上海有机化学研究所都有合成炸药的实力和经验，但在魏思文院长的努力下，北京工业学院拿到了参加"142"科研任务的"许可证"。

1964年夏天，学校按照中央部署组成"四清"工作队，即将到基层农村开展"四清"运动。丁敬作为系主任，被任命为8系"四清"工作队的大队长，准备带领干部、教师到山东组织开展"四清"运动。没想到在即将出发时，丁敬接到院领导通知，要求他留校承担重要的科研任务。这项由院长魏思文亲自指名要求丁敬参加的科研任务就是"142"。明白了任务的重要性后，丁敬马上对系里"四清"工作进行了安排，随后和张宝平代表北京工业学院参加了国防科委召开的工作布置会议。

北京工业学院接到任务后，在院长魏思文的直接领导下，立即开展了工作。"142"科研任务在北京工业学院内定名为"032"科研项目。因为国防科委在全国的物资供应代号为"03"单位，第二机械工业部为"02"单位，故两家相合组建项目的代号为"032"。项目属于绝密级，除项目组成员外，研究内容不允许外传给校内其他教师和学生，每个进入项目组参加工作的成员也要经过严格的审查。

经讨论最终决定抽调6系（化工系）的61专业（炸药合成专业）、8系（力学工程系）的81和83专业教师中的精兵强将，再选拔能力强的研究生和本科生，共几十人组成大项目组，形成从炸药合成到加工成型，再到测试实验，包含完整科研程序的"多兵种、大兵团"的链接式大联合攻关科研团队。确定科研组长由时任学校科研部主任的周发岐担任，副组长由8系主任丁敬担任。后来，为更好地做好沟通协调工作，又组建了一个技术领导小组，核心成员有周发岐、丁敬、陈博仁（6系61教研室主任，教授，全国人大代表）、席燕文、恽寿榕、徐更光、张鹏程等教师。"032"科研组下设若干小组，由相关专业的教师和学生组成。化工系（6系）周发岐、席燕文、陈博仁主要负责新型高能炸药合成研究，6系有20余名师生参加了高级单质炸药合成与相关性能测试。

力学工程系（8系）负责高能炸药的装药性能改良、精密成型，以及炸药爆炸性能、力学与机械加工性能、安全性能、长期储存性能等方面的研究与检测，丁敬任总负责人，张宝平任助理，8系"032"科研组主要成员中不仅包括831教研室、812教研室的大部分教师，还包含本专业的高年级学生（83602班），有50余名师生参加研究。

8系"032"科研组分设3个组。第一组为造型粉组（即混合炸药研制组，又称炸药改性组），由徐更光任组长，该组还承担混合炸药的长期存储安定性和安全性等研究；第二组为成型组，由恽寿榕任组长，负责把炸药改性后的颗粒状造型粉压制成密度均匀的大尺寸圆柱形药柱，大尺寸圆柱形药柱的机械切割取样，测量切割样品的密度，分析大尺寸圆柱形药柱的密度分布，测量圆柱形药柱抗压强度、劈裂强度和弹性模量等力学性能，测量圆柱形药柱的线膨胀系数和导温系数等热力学性能等；第三组为爆炸性能测试组，由张鹏程任组长，负责测量新混合炸药成型药柱的爆速、爆压和冲击波感度等多种爆炸性能参数。

要完成这样大型的科研项目，首当其冲的就是实验设备。为此，北京工业学院决定将院工厂的大型油压机调拨给8系实验室使用；为了改造和扩建爆炸洞等关键实验设施，丁敬亲自向国防科工委写报告申请紧缺物资，包括20立方米木材和20吨水泥。重建的爆炸洞直径和壁厚都加大了，几个爆炸洞测量窗口装备了高速照相机等精密测试仪器，使承担的炸药实验当量也大幅度提高，实验条件得到了根本改善，实验数据的可靠性也大幅度提高。

项目组成员在明了"142—032"科研项目对国家核武器技术发展的重要意义后，个个精神振奋，人人干劲十足。丁敬作为项目负责人，带头苦干，在项目攻关阶段，大家以他为榜样，更是加班加点，昼夜奋战，有些老师和同学几天几夜不出实验室，连吃饭都由别人从食堂带到实验室。经过一年多的努力，首先研制承购专用的1号单质炸药，其爆速达到8 800米每秒。虽然由于1号产品的热安定性等问题，此产品被作为备用成果，但1号的成功仍然给项目组带来了极大的鼓舞。随后，项目组很快调整了攻关方向，转向混合炸药的研制。经过几个月的奋力攻关，先后研制出了HIF、HJJ、HBJ三种型号的高性能混合炸药。其爆速、感度、安定性等指标均达到"142"任务的科研要求，成果得到有关领导的肯定。特别是由HBJ型混合炸药制作的大尺寸炸药装药具有密度高、密度均匀性好、爆速高（大于8 700米每秒）、冲击感度低、机械强度高、药柱机械加工性能好、长期存储安定性好等优点。据核武器研制工作第一线的同志后来说，对该混合炸药的配方稍加改变，就可用于制作热核武器中的炸药装药。

完成这项科研任务，既需依靠科研条件、人才等客观条件，也需依靠科研经验、研究思路等主观条件。在当时科研条件差、人才不足等情况下，领导人的才能及人脉成为竞争胜出的主要因素。在"032"科研任务的领受、研究过程中，丁敬发挥了带头人的关键作用。

丁敬在美国留学期间参与创建留美科协,并在中华人民共和国成立初期动员大批留学生归国参加祖国建设,这些留学生归国后遍布在全国各地的各行各业并成为各行业的翘楚,这些工作经历使他与当时国内最顶尖的科学家都有联系。自1950年回国后,丁敬即组织开展爆炸作用原理、弹药装药加工等基础理论及应用的研究和教育,在专业领域与国内外同行继续保持着广泛又密切的联系;所以,丁敬与中国核物理学、力学、爆炸力学等领域的科学家都很熟悉,大家对丁敬的学识、学术水平都很认可;因此,没有丁敬,北京工业学院在"032"科研任务上就没有发言权,也就没有参与竞争、研制的机会。

在"032"科研任务的研究过程中,丁敬一手抓8系教学改革,一手抓"032"科研,充分调动、挖掘、培养人才,组织、领导、检查各个科研小组和研究环节,认真仔细地总结各项工作中成功的经验和失败的教训,使"142—032"科研组快速成长,很快满足了科研的要求。丁敬的思想品质高尚,心胸宽广,从来不歧视他人,不嫉妒他人的才能,善于了解身边每位同志的特色,鼓励他们,团结他们,一直以真诚的态度与科研组成员共事,充分提供各种机会让同事和学生发挥才能;他行为儒雅,尊重他人,待人礼貌,注意倾听他人的意见,无论谁提意见和建议,凡是正确的他都吸收、表扬,所以没有哪个人对他不服气的。更为难能可贵的是,为人师表,丁敬开拓每个新的领域时,都是自己带头,身体力行,然后以接力棒的形式让科研组成员成长、发展,因此,他受到大家的衷心爱戴和尊敬。

有些同行对北京工业学院精密炸药装药测试数据的可靠性抱怀疑态度。核弹中的炸药密度很高、强度也比较高,而空投原子弹要求炸药的爆破参数更高、密度更大、强度更高。丁敬分析同行的研究成果,发现若盲目追求炸药的高能量,则可能导致炸药性能不稳定,塑性和长期储存性不好。通过炸药爆炸实验,丁敬及时指出这一错误,提出全面解决高能量精密炸药的配方设计、装药成形、性能测量问题,扭转了"142—032"科研任务不利的局面。经过"032"项目组的努力探索，北京工业学院在炸药配方、性能测试、装药工艺、爆炸测试等方面都取得了很大进步。尽管北京工业学院的条件不如其他机构，但得到了精度很高的实验结果。

"142"科研任务主要技术主管专家、核物理学家、学部委员王淦昌，力学家、学部委员郭永怀都对该项研究工作非常关注。王淦昌还曾多次来北京工业学院视察和指导工作。国家"142"任务的各个协作单位，如中国科学院兰州化学物理所、五机部西安近现代化学所（204所）、中国科学院力学研究所、大连化学物理所等，彼此之间相互参访，开展多种形式的技术交流，还开展工作成果的评比活动。此项科研的大协作，大大推动并加快了科研工作的进展，到"文化大革命"的前夕，该项科研已为中国核武器用高能量密度炸药装药提供了多种可供选择的型号。

参加过"两弹一星"具体科研工作的罗文碧①曾撰写回忆文章写道：

"忆北京理工大学参加过'两弹一星'科研工作的校友，我们不会忘记那些默默无闻的指导和全意诚挚培养后辈学生的老师，我们向王大珩院士、龚祖同院士、陈能宽院士、张兴钤院士、马士修教授、方正知教授、孙树本教授、丁敬教授、苏跃光研究员、王凡教授、于永忠教授、严沛然教授致敬！"②

虽然由于多种原因北京工业学院的成果最终被定为后备成果没有直接选用，但"032"科研任务的很多工作经验和成果为后来的工作提供了坚实的科研基础，对北京工业学院力学工程系的发展具有里程碑式的作用和意义。

---

① 罗文碧当时在华北大学工学院机器制造工程系，仪器及精密光学仪器专业，从事海陆空三军光学瞄准、观测、校正以及教练指挥仪器教学研究工作，于1962年12月受命调往核武器研究实验基地——221厂，承担炸药爆轰物理实验的超高速流逝过程摄影仪器和地质勘探铀矿测试仪器等科研项目及应用技术的研究。

② 罗文碧. 忆为"两弹一星"作出贡献的北理工人[N]. 北京理工大学校报，2009-11-02（第756期第4版）.

（1）组织起来开展跨系、跨学科的交叉融合，大协作、大兵团作战，充分调动师生科研积极性、攻坚克难，这后来被总结为"032精神"。

（2）"以任务带学科建设"，科研工作带动了学校专业学科建设，建设了高水平实验室，培养了人才队伍，同时提高了学校知名度。

（3）通过"032"科研工作，锻炼、培养了北京工业学院一批科研骨干。徐更光院士就是通过"032"科研锻炼，快速成长起来的。丁敬后来的"8701"科研成果也是"032"科研成果的发展。张鹏程等人通过研究与开发，建立了平行双丝式电探极法炸药装药爆速测量系统，自制了多通道脉冲形成网络，并改进了炸药装药爆速测量试件制作技术与安装技术，达到了当时的国内先进水平。

（4）促进了炸药装药与爆炸实验室的快速发展和建设，为实验室先后添置了一系列仪器与设备。为研制造型粉，添置了多种小型化工设备，多种恒温水浴、多种恒温箱、电烘箱、真空泵、真空干燥箱，多台万分之一克精密天平，高倍显微镜及其配套照相机等。使炸药装药与爆炸实验室的装备与实验技术步入国内先进水平。

而"032"科研任务之所以能落到北京工业学院，主要原因是其爆炸力学专业的基础理论、实验条件、科研经验方面实力比较强。在此前开展的各项科研工作中，对测算、配方、性能等要求都非常严格，逐步形成了良好的实验习惯和研究风气；借助其建设的爆炸力学实验室、装药实验室、火工品实验室、烟火实验室，已经可以开展尖端爆炸实验研究。因此，敢于接受核动力的科学研究工作。

"032"科研任务的影响是深远的，主要有以下4个方面。

（1）为当时炸药装药技术实验室和爆炸技术实验室添置了性能较先进的仪器与设备，为后续的教学与科研提供了良好的基础和条件。

（2）使831、812教研室的教学水平与科研能力上了一个新台阶。形成了以丁敬为带头人，以徐更光、恽寿榕、张鹏程等为骨干的教学与科研队伍。

（3）混合炸药的配方研制技术、精密压装技术，物理性能、机械性能与爆炸性能测量技术等方面都达到了国内领先水平，并于1978年获得了全国科学大会奖。

（4）爆炸力学专业沿着"032"项目科研方向继续研究，逐步取得了系列研究进展，不断出成果、出人才，成为全国同行瞩目的研究机构，快速提升了爆炸力学专业的学术影响力，使北京工业学院迅速跻身国内领先行列。

承担国家"142—032"科研任务，是丁敬学术生涯中最杰出的篇章，他对中国"两弹一星"的贡献是不可磨灭的。

## 第四节　建立爆炸力学人才培养学科体系

爆炸作为广泛存在于宇宙时空的现象，与人类的过去、现在和将来有密切的关系。人类对爆炸现象和问题加以关注和研究的历史较为悠久，但直到第二次世界大战期间，爆炸力学才真正形成一门独立学科。

第二次世界大战期间，爆炸的力学效应问题引起许多著名科学家的重视。G. I. 泰勒研究了炸药作用下弹壳的变形和飞散，并首先用不可压缩流体模型研究锥形罩空心药柱形成的金属射流及其对装甲的侵蚀作用。I. V. 泽利多维奇和冯·诺伊曼研究了爆轰波的内部结构，使爆轰理论有了巨大进展。J. G. 科克伍德等建立了水下爆炸波的传播理论。原子武器的研制极大地促进了凝聚态炸药爆轰、固体中的激波和高压状态方程以及强爆炸理论的研究。G. I. 泰勒、冯·诺伊曼、L. I. 谢多夫各自创立了点源强爆炸的自模拟理论，以 R. G. 麦奎因为代表的美国科学家对固体材料在高压下的物理力学性能作了系统研究。经过这一时期的工作，爆炸学终于形成一门具有独特研究对象、领域和特点的学科。

1960年，时任力学研究所（以下简称"力学研究所"）所长的钱学森提出爆炸过程是力学过程，预见到一门新学科正在诞生，将其命名为爆炸力学，并领导在中国科技大学力学系开设工程爆破专业，1962年，改名为爆炸力学专业。时任力学研究所常务副所长、中国科学技术大学化学物理系主任、兼任二机部第九研究院副院长的郭永怀倡导了中国高超声速流、电磁流体力学、爆炸力学的研究；因此，钱学森、郭永怀是爆炸力学的提倡人。在钱学森、郭永怀的大力提倡和积极推动下，中国爆炸力学的科学研究及学科建设取得了迅速发展，涌现了一批开拓者。

中国爆炸学专业最早在东北兵工专门学校开设时，属于化工系，因为当时炸药的研制被普遍认为属于化学领域，需要用什么就学什么，理不清头绪。1953年2月，东北兵工专门学校建制撤销，兵工专业部分教师及二年级上、下两期全体学生调入北京工业学院。这为东北兵工专门学校主导的爆炸学与北京工业学院主导的爆轰动力学协调互补、相互促进提供了很好的契机。

18世纪末至20世纪初，法国、德国、苏联、美国等工业发达国家已经有了专门培养力学人才的系、科或独立的研究机构。从1911年开始，近代力学在中国得到初步发展，但直至1949年，它还不是一个独立的学科，中国高等院校都没有力学专业，力学教育是作为理工基础课的一部分来教学的。1952年，全国院系调整，周培源在北京大学创办了北京大学数学力学系。1956年1月5日，钱学森、钱伟长筹建成立了中国科学院力学研究所。按照钱学森的设计，力学研究所除火箭和航天技术这一主要方向外，还设立了弹性力学、塑性力学、空气和流动力学、自动控制、运筹学、化学流体力学、物理力学等研究组，并成立了大爆破组。随后，中国一些理工科院校相继成立了由著名科学家领衔的新的力学教研室或组。

北京工业学院新建的力学工程系与传统的"力学"有着很大不同。在丁敬的领导下，力学工程系将专业重点转向爆炸力学研究，规划了爆炸力学研究方向，借助"142—032"科研项目组这一科研平台及"七专业"转型发展的契机，建立了以爆轰动力学为主要学科基础的一批军工专业，包括火箭战斗部、触发引信、战斗部装药、火工品、无线电引信5个专业，构成了中国第一个以武器系统终端毁伤技术为特征的学科群。

身处高校，承担着为中国军事工业培养高级人才的重任，丁敬始终在思考人才培养的学科体系建设问题。在建立力学工程系以后，他推动本科生教学向国际先进水平看齐，并改革了原来存在的弊端。

（1）要求学生除在弹药车间实习外，更侧重于学习、掌握实际产品，并重视带领学生去军工靶场或基地实习。这对教师的指导水平、学生的实践能力都提出了更高要求，给师生的培养、训练起到了立竿见影的效果，为后期参与军工产品研制工作打下了坚实基础。例如，利用带毕业实习的机会深入123厂全面了解1059型（地地导弹）、3069型（地空导弹）、7089型（空空导弹）三大引进导弹产品的设计、试制和生产的全貌和基本过程。

（2）将重复性的毕业设计改为科研创新型的毕业论文。这在当时是教学创新的重大举措，又一次开创了北京工业学院的先河。从1963年始，对"七专业"的学生，要求在毕业设计与毕业论文选题上，本着结合实际、真刀真枪实干的指导思想，由根据虚拟课题进行的毕业设计改为解决实际问题课题的研究型毕业论文，积极参与新产品仿制、设计与反设计和研制实践活动。例如，结合装药工艺的技改项目，对引进苏联的3种型号导弹战斗部（即7089空空导弹战斗部、3069地空导弹战斗部、1059地地导弹战斗部）的威力及传爆系统进行反设计，将此作为毕业设计与论文的选题，大大增强了学生的积极性和责任心，而且提高了学生独立解决实际问题的能力及技术水平。

在本科生教育逐渐完善的基础上，1963年9月，北京工业学院爆炸物理学科招收国内首批研究生。北京大学力学系毕业的崔春芳成为丁敬指导的首位研究生。其后的两年，丁敬又连续招收了两届硕士研究生，虽然因为"文化大革命"，研究生的培养停滞了，但建设完善人才培养体系的指导思想并没有变。丁敬的心中始终有建立学科体系大格局的思想，也始终将不断提高培养质量和水平作为学科建设的重中之重。

1977年,"爆炸力学"恢复招收本科生,1978年恢复招收研究生。1980年,被确定为硕士学位授权点,1981年开始学位教育。每项成果的取得,都是丁敬作为学科带头人努力推动的成果。

经国务院学位委员会批准,1984年,由丁敬主持创建爆炸力学博士学位授权点、陈福梅创建火工与烟火技术博士学位授权点。北京工业学院"爆炸力学"专业被确定为"文化大革命"后第一批博士学位授权点,丁敬成为中国第一批博士生导师之一。1984年9月,丁敬招收第一届博士研究生,负责指导3名博士生:白春华、浣石、韩长生(与经福谦共同指导)。白春华的博士学位论文是《固体推进剂冲击波起爆过程研究》,浣石的博士学位论文是《非均质炸药冲击波起爆和二维稳态爆轰的研究》,韩长生的博士学位论文是《不同加载速率下材料自由表面微射流喷射现象的研究》。

1987年,北京工业学院"爆炸力学"专业更名为"爆炸理论及应用",被国家教委评为国家级重点学科。在各级领导的大力支持下,在丁敬的亲自率领下,爆炸理论及应用学科培养、造就了一批忠诚于国防事业的高水平科技骨干队伍,建立了具有较好实验条件的实验室。

在此基础上,1986年,马宝华主持创建引信技术博士学位授权点,1990年,蒋浩征主持创建弹药战斗部工程博士学位授权点。1991年,建立博士后流动站。至此,北京理工大学力学工程系设立了弹药工程、弹药控制技术、爆炸技术及应用、燃烧与烟火技术、兵器安全技术5个本科专业,成为中国高等学校终端毁伤技术领域学科与学位授权体系最为完整的一个系。以力学工程系为基础发展演变成长起来的机电学院,目前,主要有兵器科学与技术和安全科学与工程共两个一级学科,工程力学、机械电子工程、安全工程等多个二级学科。兵器科学与技术是国家一级重点学科,下属的武器系统与运用工程和火炮、自动武器与弹药工程以及工程力学、机械电子工程是国家二级重点学科,形成了中国第一个以军为主、军民兼具、富有特色的武器系统终端毁伤技术学科群①。

在丁敬及其同事的努力争取下，1991年，经国家计委批准，北京理工大学以爆炸理论及应用重点学科为基础，建设"爆炸灾害预防、控制国家重点实验室"，丁敬担任了第一任国家重点实验室主任。国家重点实验室从世界银行贷款，购进了一批具有国际先进水平的仪器设备，显著改善了"爆炸理论及应用"学科点的教学和科研条件。1996年9月，国家重点实验室建成并通过国家验收正式对外开放，冯顺山任实验室主任，徐更光任学术委员会主任，丁敬任学术委员会名誉主任。1998年3月，实验室通过教育部组织的运行评估，2003年，通过科技部组织的评估，2004年更名为"爆炸科学与技术国家重点实验室"。

"爆炸科学与技术国家重点实验室"分校内和西山两部分，建筑面积约为8 000平方米，拥有仪器设备1 733台套，总投资为5 927万元。实验室拥有1个基础教学实验中心和20个科研组，并有燃爆产品可靠性与失效分析中心、国家二级安全培训中心、北京理工北阳爆炸技术责任有限公司、北京烟花爆竹质量监督检验站4个挂靠单位。定位为应用基础研究，以解决国防武器装备和工业安全生产中的重大技术问题为目标，获得了更多原始创新成果，为国民经济建设和国家安全做出了重要贡献。这是中国爆炸领域唯一的国家级重点实验室，也是北京理工大学第一个国家A级重点实验室。

"爆炸科学与技术国家重点实验室"的主要学术方向和研究内容为：①爆炸理论：爆轰理论，爆轰波传播与相互作用，燃烧转爆轰机理、判据、模型及数值模拟，爆轰学应用研究及测试，传爆系列设计，发射安全性，推进剂熄火及爆炸；②爆炸物质应用与安全：混合炸药设计，炸药钝感与敏化，起爆药制造，炸药流变特性及装药，炸药储存、使用安全性评估，低易损性炸药应用，炸药应用新技术；③毁伤与防护：新概念新原理毁伤机理，特种目标毁伤技术，毁伤效果评估

---

① 栗苹，焦清介，林瑞雄，等．英才辈出"六代同堂"再建新功——记新中国第一个武器系统终端毁伤技术学科群[J]．光明日报，2010-07-06．

方法，目标易损性，爆炸防护理论，爆炸防护技术及装置；④爆炸技术与安全技术：爆炸载荷下介质破坏理论及计算，高速碰撞动力学，岩土爆破安全设计理论及应用，建筑物拆除新方法和工艺，爆炸加工；⑤安全理论与系统安全性评价：易燃、易爆、有毒重大危险源辨识与评估，爆炸事故机理，爆炸安全性评估，安全管理信息系统，事故模拟与仿真，并在5个主要研究方向上形成了优势和特色。

北京理工大学以1958年建设的爆炸实验室为良好开端，经过几代科研队伍的努力和积淀，2009年，"爆炸科学与技术国家重点实验室"获得由中共中央组织部、中央宣传部、人力资源和社会保障部、科学技术部4部委授予的"全国专业技术人才先进集体"荣誉称号。

从实际从事爆炸学、爆炸力学研究和教育的起始时间和实际工作看，在中国爆炸学、爆炸力学研究的第一代开拓者中，丁敬、郑哲敏、朱兆祥、经福谦等对中国爆炸力学的研究和教育都发挥了重要作用。

中国著名爆炸理论与炸药应用技术专家、中国工程院院士徐更光是从东北兵工专门学校合并进入北京工业学院的大学生。徐更光读大学是在化学工程系，留校任教后，没有离开爆炸和炸药研究方向，后来成为力学工程系教授、博士生导师、院士，推动爆炸学科从化工系划归到工程力学系，对爆炸学科的发展做出了很多重要贡献，但徐更光明确指出："弄清楚爆炸学的主干学科这件事情，贡献最大的是我的导师丁敬。"① 其实，爆炸学是工程力学，能量、速度、结构等都是力学的事情，若只懂得化学学科，则研制不出有威力的炸药。专业的主干学科没有理清，对学科发展和人才培养形成了很大制约。只有在主干学科明确后，怎么打基础、怎么加速搞高水准的研究才能逐渐清晰。北京理工大学爆炸力学专业正是在丁敬的领导下，明确了爆炸力学的主干学科，建立了完整的人才培养学科链，凭借技术领先的实验设施、

---

① 朱振国．徐更光 喜欢画漫画的爆炸专家［N］．光明日报，2010－11－05．

重视创新的科研风气、实力雄厚的科研基础、结果显著的科研成果，得以在国内处于领先地位。

"在高等学校里边的这个学科建设，丁先生是一手地把它打通，从学士、硕士到博士这个整个的就是叫作学位教育，就是他建立这个专业，这个专业当时还是本科生，当时，没有学位的时候建的这个专业，后来又在他的领导下建立了这个学位教育的体系，就是从学士到硕士到博士，这都是他一手领导建立的。"①

---

① 摘自《马宝华访谈稿》。

# 第七章　潜心爆轰学研究

爆轰是化学爆炸最本质的形式，是一种通过反应区前沿的冲击波（爆轰波）的超声速传播和压缩介质，引起能量的剧烈转化与释放，并对介质做功的过程，因而是一个力学—化学反应相耦合的复杂过程。能够发生爆轰的系统可以是气相、凝聚相（液相或固相，通常把液、固相的爆轰系统称为炸药）、多相（气体、液体和固体中的二相系统或三相系统）组成的系统。需要应用流体动力学、化学反应动力学的基本理论，通过实验—理论—数值模拟相结合的方法，来研究爆轰的起爆机理、爆轰产物性质、爆轰波的结构和传播特性，以及爆轰对周围介质的相互作用规律等。虽然20世纪上半叶已经建立了一些理论模型，奠定了爆轰反应流体动力学的理论基础，但由于爆轰波结构的复杂性和爆轰过程的短时性，以及力学—化学反应过程之间的耦合作用，不少方面至今仍认识有限。无疑，爆轰学始终是爆炸力学最重要的分支学科之一。

丁敬自1963年即开始深入爆轰学领域，成为中国爆轰学的开拓者。1964年，丁敬被任命为全国爆轰物理组副组长、高效炸药性能测试技术组组长；1979年2月，任国务院国防工业规划研究院筹备组副组长；1981年，任北京工业学院副院长；1991年，任北京理工大学"爆炸灾害预防、控制国家重点实验室"主任。期间，丁敬在CBU

55 燃料空气炸弹、筹备全国科学大会、制定全国力学学科发展规划、开展爆轰基础研究、发展二维爆轰理论及技术、促进国内外爆炸力学学术交流等方面做出了突出贡献。

## 第一节 在黑暗中寻找光明

1966年,"文化大革命"爆发。开始的时候,丁敬并没有在意,他仍旧每天忙碌,由于142—032科研还在继续,刚刚研制成功的H1F、HBJ、HJJ三种型号的高性能混合炸药还需要进一步完善,爆轰学方面的研究也才刚刚起步,爆炸实验室新添置的仪器设备还有很多正在安装调试中,因此,要做的工作还很多,丁敬觉得时间不够用。

在经历了一段不能正常工作的黑暗时光后,丁敬将自己的全部精力再次投入到热爱的工作中,很快就进入了工作状态。1969年,中苏边境爆发珍宝岛战役,战争结束后,丁敬受军方委托去往前线调研,考察苏军武器装备情况和我军武器使用情。1970年,他参加了8701塑料黏结炸弹的研制工作,准备国庆节献礼。之后,他参加了127科研组,进行低爆速炸药(火箭药)实验研究,还为1972级工农兵学员讲授基础化学课程,积极参加下厂调研,为工农兵学员、短训班讲课、写教材等工作。其间,丁敬带队,陈熙蓉、赵衡阳为主要成员,到9123厂开门办学,对口培训技术人才。即使教学和科研环境恶劣,丁敬仍然坚持进行工作,没有放弃。

1972年12月21—29日,中国科学院力学研究所在北京组织召开了全国力学学科基础理论研究规划座谈会预备会。接到会议通知时,丁敬难掩激动的心情,这是国家即将恢复科技工作的信号。这次预备会有14个单位,26名代表参加,周培源会同中国科学院党组书记刘西尧到会,座谈1973—1980年力学学科的主攻方向、重点课题和具体措施,强调了基础研究的重要性。一些代表出了"牛棚"就直接到了北京,不禁激动万分。郑哲敏担任全国"力学学科基础理论研究规划"起草小组组长,归纳起草了力学学科发展规划的意见。部分代表的发言刊登在 1973 年的《力学情报》上。

随后，根据力学座谈会的要求，丁敬开始在常规武器系统内，在爆炸力学、固体力学、流体力学和飞行力学几个方面组织调查研究。他到工程兵一所、海军七院一所、华东工程学院、五机部 204 所、203 所、803 厂等单位调研。在各单位召开了一系列座谈会，传达了周总理关于基础研究工作的一系列重要指示，介绍了国外力学工作的趋势和动态。调研进行了两个多月的时间。回京后，丁敬撰写了此次调查研究的总结报告，报送有关机关、领导，并到力学研究所做了汇报。

经过各地调研，丁敬发现很多单位的技术人员都没有经过足够的专业知识学习，他们对知识渴望，而专业技术人才的缺乏严重影响了中国军工企业的产品研发和生产。为此，丁敬组织教学团队，走出校园，开展培训、讲座。他应七机部二院的邀请，开展高速碰撞问题研究，为反导导弹战斗部作用提供理论基础，并为技术人员做学术讲座，对高速和超高速碰撞现象，从产生高压到爆炸、汽化的基本理论和系统计算做了讨论。他先后到 282 厂、9333 厂、9304 厂、204 所、203 所、五所等单位调研，根据技术人员需要开办了空心装药破甲短训班，并在一些厂做了"正交设计应用""破甲理论""炸药的应用问题""高速碰撞"等专题报告。他在 9123 厂举办"破甲理论短训班"，除了负责教学和组织工作，还讲授"空心装药破甲作用概论""基础物理"课程。这些讲座和短训班的开办，为我国部队、国防生产厂家、相关科研院所，以及社会厂矿培训了大量急需的爆炸安全科技人才。

## 第二节　CBU—55 燃料空气炸弹

第二次世界大战后，核武器和常规武器的效应及其防护措施的研究继续有所发展。在爆破工程中研究出多种新型的控制爆破技术，出现了利用爆炸进行材料成型、焊接、硬化、合成的爆炸加工技术。为了同这些新技术发展相适应，爆炸力学发展成为包括爆轰学、冲击波理论、应力波理论、材料动力学、空中爆炸和水中爆炸力学、高速碰撞动力学（包含穿甲力学、终点弹道学）、粒子束高能量密度动力学、爆破工程力学、爆炸工艺力学、爆炸结构动力学、瞬态力学测量技术等分支学科和研究领域的体系。爆炸力学主要采用理论研究、实验测试、数值模拟3种研究手段紧密结合的研究方法。其中，实验测试是爆炸力学的首要研究手段，相关技术主要包括高释能率源的产生方法、爆炸过程参量的测量方法等。

1963年召开的"142—2"会议上，丁敬就曾对爆轰研究工作提出了重要意见，明确指出：

"只追求炸药爆速，单指标突进，而不考虑爆轰压和炸药使用安全等指标是不妥当的，必须加强炸药爆轰理论研究并使炸药各种性能测试方法规范化。"

上级部门采纳了这一建议，于1964年成立了爆轰物理组，任命中国科学院力学研究所副所长郭永怀担任组长、丁敬担任副组长；同时，还成立了高效炸药性能测试技术组，丁敬被任命为组长，钱晋、徐康任副组长。1966年，高效炸药性能测试技术组制定了《高效炸药性能测试方法》，由国务院国防工办科研局分发给全国各有关单位。

为对接国家爆轰物理组的工作，促进爆轰学的研究，在丁敬的组织和领导下，北京工业学院力学工程系建设了812教研室（爆轰物理教研室）。从20世纪60年代末开始，丁敬率领助手黄正平、赵衡阳等着重进行爆轰物理方面的基础研究及相关的条件建设。

爆轰学在20世纪中叶成为国际热点，相关军事武器被广泛研发和使用，这对中国爆轰学界开展相关研究提出了迫切的需求。

1975年4月，越南战场。美军5架C—130运输机在春禄地区投下100多枚炸弹。在一片清脆的爆炸声中，从每个炸弹的肚子中又飞出3个各带降落伞的小炸弹。小炸弹像个圆柱形的啤酒桶，下面伸出一根长铁杆，系在降落伞下飘飘忽忽地向下降落。随后，在接连发出的比平常炸弹爆炸声要小得多的声响中，大地被一团团白雾般气体笼罩。地面上的人们还没来得及弄明白是怎么回事，猛然间，雷霆万顷，大地震颤，顿时，数十个足球场大小的地面上火光闪闪，树倒屋塌，惨叫连天……这是世人初识云爆弹用于实战中的恐怖场面。

由于云爆弹的主装药为燃料，因此，军用上又称为燃料—空气炸药。云爆弹装填的是一种高能燃料，而不是炸药。普通炸药在发生爆轰反应时全靠自身供氧，而云爆弹爆炸时则是充分利用爆炸区内大气中的氧气：在一定起爆条件下，燃料被抛洒开，与空气混合并发生剧烈爆炸，这种反应过程称为云雾爆轰。云雾爆轰对目标的破坏主要是靠爆轰产生的超压场和温度场效应，以及高温、高压爆轰产物的冲刷作用造成。由于云雾爆轰会消耗周围的氧气，在作用范围内形成一个缺氧区域，使生物窒息而死，因此，云爆弹与同等质量的炸弹相比，威力可提高3倍以上；特殊配方的云爆弹，威力可比常规等质量炸弹的威力提高达8倍。鉴于云爆弹的诸多威力，军界对其又有"亚核武器"的畏称。

美国是世界上最早研制云爆弹的国家，并在越南战场上首次使用云爆弹。越南人民军在战场上缴获了一枚未爆炸的美国CBU—55燃料空气炸弹，由于这是一种新式炸弹，又因为其具有极大的威慑力和杀伤力，因此，后来这枚炸弹被运到中国进行研究。

此时，"文化大革命"动乱刚刚结束，学校的教学和科研工作还没有完全走上正轨。当丁敬了解到越南战场上缴获了云爆弹事情的时候，他敏锐地认识到这枚炸弹对中国国防的意义。1975年10月1日，正值国庆节，丁敬在家中一口气写出了《关于开展燃料空气炸药云雾爆轰武器研究的建议》和《关于建立爆炸物理研究机构的建议》。这两份建议被报送到王震副总理办公室及国务院国防工业办公室，受到有关领导的重视。1975年年底，总参、总后和国防工办联合发文，决定对燃料空气炸药炸弹进行分析和实验工作。丁敬被任命为云爆弹分析研究工作领导小组成员，负责主持CBU—55燃料空气炸弹研究的技术工作，因此，丁敬成为中国最早研究云爆弹的爆轰学专家。

在丁敬的主持领导下，北京工业学院、南京理工大学、工程兵研究所、204研究所、212研究所、中国科学院力学研究所、724厂、

996厂等多家单位的技术力量组织起来，先对CBU—55燃料空气炸弹做拆弹和结构分析，研究了作用原理和构成；然后，按照研究结果进行了炸弹复制，进行爆炸抛撒机制、起爆机制、多相云雾爆轰机制等方面的分析与研究。另外，在此基础上，还进行了多次靶场静爆实验与自由场压力测量，靶场静爆和空投实验。可惜实验没有完全成功。起初，国内试图在军队装备云爆弹，但由于各部分适配不够理想，炸弹效果时好时坏，不太稳定，因此，该方面的研发工作进入低谷。

丁敬领导的科研团队对云爆弹所做的研究工作，使我国掌握了一种新型威力强大的非核武器。虽然因为种种原因，当时没能实现将云爆弹作为常规武器装备军队的目的，但是这项研究为我国日后继续该类武器的研究奠定了基础。

直到1984年，俄罗斯在阿富汗战场也使用了云爆弹，中国才又启动了相关研究。随着国际社会对核弹的限制越来越严格，1991年海湾战争中美国大批使用了云爆弹，这促使中国加大了云爆弹的研究工作，加速推进相关产品的研制。

1992年，丁敬的博士生白春华刚从美国回到国内，正赶上国家将云爆弹的研究作为"九五规划"重点。作为丁敬研究爆轰学方面的得意门生，白春华毫不犹豫地接受了任务。

"我刚从美国回来（1992年）。国家需要，国家急着要做这个事情。另外，我在美国稍微了解了一些，美国大学里面不做武器型号，只做爆轰基础理论问题研究，但我知道他们研究的背景就是云爆弹。云雾爆轰跟武器不一样，云雾爆轰，炸弹里装的是燃料，这其实就是燃料空气炸弹，什么叫燃料空气炸弹，就是炸弹里装燃料，用当地的空气，燃料空气炸弹，叫Fuel Air Explosive。我在美国做了不同燃料的爆轰性能研究和燃料空气混合爆轰条件研究，爆轰是什么情况我都进行过研究。所以国家需要做这个，我就接下来了。一直到现在还在做。"①

---

① 摘自《白春华访谈稿》。

从丁敬开始,到他的学生白春华继承并发展,云爆弹在国内的研究至今已经过去40多年,已实现了高威力云爆武器技术系统突破,完成了近十余种型号的设计定型,部分已批量生产和装备。这项研究还在继续,并推动相关爆轰学研究不断发展。

## 第三节　科学的春天

1977年9月,为准备全国第二次科学大会的召开,在副总理方毅的领导下,中国科学院、国家科委先后召开了"全国自然科学学科规划会议"和"全国科学技术规划会议",并分别制定了《1978—1985年全国自然科学学科规划纲要(草案)》和《1978—1985年全国科学技术发展规划纲要(草案)》。由于对力学学科归属于自然科学还是技术科学未有定论,因此,没有涉及力学学科。

中国科学院力学研究所研究员、著名力学和应用数学家谈镐生随即向中共中央写信,论证力学学科的基础性和重要性,并要求单独制定力学学科规划。这封信引起中国科学院及中央各级领导的重视,后经邓小平批示,同意单独制定全国力学学科发展规划。

此时,丁敬被借调到国务院国防工业办公室科研局协助工作,参加筹备全国科学大会工作,并任国务院工办全国科学大会成果组组长,负责国防工办系统各部(总局)重大科技成果的评选工作;同时,还参加全国科筹办评选组的工作。

1978年3月18—31日,中共中央、国务院在北京隆重召开了全国科学大会。在有6 000人参加的开幕式上,中共中央副主席、国务院副总理邓小平作了重要讲话,号召"树雄心,立大志,向科学技术现代化进军"。方毅副总理作了有关发展科学技术的规划和措施的报告,大会宣读了中国科学院院长郭沫若的书面讲话《科学的春天——在全国科学大会闭幕式上的讲话》。这次大会是中国共产党在粉碎"四人帮"之后召开的一次重要会议,也是中国科技发展史上一次具有里程碑意义的盛会。邓小平在这次大会的讲话中明确指出"现代化的关键是科学技术现代化"和"知识分子是工人阶级的一部分",重申了"科学技术是生产力"这一马克思主义基本观点,澄清了长期束缚科学技术发展的重大理论是非问题,打开了"文化大革命"以来长期禁锢知识分子的桎梏,迎来了科学的春天。

在全国科学大会上,"表扬先进,特别要表扬有发明创造的科学技术工作者和工农兵群众"是大会的重要任务之一。在全国科学大会召开前,为迎接大会的召开,各省、自治区、直辖市和国务院各部委都十分重视评选先进集体、先进个人和重大科技成果的工作,相继设立了评选机构,调配了专职人员,积极开展工作,严肃认真地评选出本地区、本单位的先进集体、先进个人,疏理了中华人民共和国成立以来的重要科技成果,逐级审查和选拔。在1978年3月31日的闭幕式上,有826个先进集体、1 192个先进个人、7 657项优秀科技成果的

北京工业学院8系获得的"全国科学大会"奖状

完成单位和个人在大会上受到表彰①。

在1978年全国科学大会的表彰中,北京工业学院工程力学系因"8701高能混合炸药、D–S共晶起爆药、破甲机理研究"而获得"全国科学大会奖"。

其中,"8701高能混合炸药"的主要研究人员为:丁敬,徐更光,孙业斌,吴凤元,高淑秀,孙秀兰。

"破甲机理研究"的主要研究人员为:丁敬,恽寿榕,张汉萍,梁秀清,高贵臣,王蕴华,高凤霞,房学善。

"D–S共晶起爆药"的主要研究人员为:丁敬,张鹏程,赵衡阳,黄正平,张宝平,郑孟菊。

国家科委、中国科学院成立全国力学规划筹备工作办公室,并于1978年1月17—19日召开筹备会。期间,邀请周培源、钱学森、钱伟长等著名力学家进行了4次座谈会。丁敬出席了1978年1月21日举办的座谈会。座谈会确定了制定力学规划的原则:立足于赶超世界先进水平;正确处理基础与应用学科,当务之急与长远性重大理论研究之间的关系;处理好点与面的关系,突出重点,全面安排;正确处理新、老学科之间的关系。

筹备会决定,按学科成立7个调研小组,开展学科调研工作。调研工作基本完成后,1978年4月27日,召开了固体力学、流体力学两个学科的工作会议,丁敬出席了会议。

随后,全国力学规划筹备工作办公室成立了规划起草小组。由区德士(代表中国科学院)任组长,丁敬(代表国防工办系统)、杜庆华(代表教育部系统)、张建柏(代表国防科委)任副组长,成员有陈宗基、谈镐生、李灏等22人。在全国范围内组织力学界专家、学者410人完成各分支学科调研报告127篇,拟定了质点和固体力学、流体力学、爆炸力学等14个分支学科的规划草案,在此基础上起草了

---

① 袁振东. 1978年全国科学大会:中国当代科技史上的里程碑[J]. 科学文化评论,2008,5(2):37–57.

《1978—1985年全国基础科学发展规划（草案）·理论和应用力学》（以下简称《力学规划》）的讨论稿。

1978年8月10—23日，全国力学规划会议召开。起草小组向大会提交调研报告20篇及《力学规划》讨论稿。近400名来自全国各地的科研、高校、国防及工业部门的力学专家参加了此次会议。会议领导小组组长为周培源（时任中国科学院副院长），副组长为钱学森（时任国防委员会副主任）、张维（时任清华大学副校长）、李寿慈（时任国家科委副局长）、丁敬（时任国防工办副主任），秘书长为邓述慧（时任中国科学院二局局长），成员有李国豪、钱令希、沈元、区德士、庄逢甘。大会通过了《力学规划》。

《力学规划》明确了力学学科的性质、现代力学的新特点、力学学科的分支学科及新生长点、15项主攻重点项目及负责部门。

为加强学术领导，国家科委成立由其直接领导的力学学科小组，组长为周培源，第一副组长为钱学森，常务副组长为张维，副组长为邓述慧、区德士、钱令希、李国豪、沈元、庄逢甘、丁敬，组员有陈宗基、刘恢先、王仁等37人。

1978年，全国科学大会的召开。中国科技界迎来了科学的第一个春天。《力学规划》的制定，为全国力学工作指明了方向，使力学界有了一个符合国际学科发展趋势、切合中国国情和具体可行的共同目标，成为中国力学界以后若干年的行动纲领。中国力学界迎来了科学的第二个春天。

力学界的春天到来后，丁敬全力投身于爆轰学的基础和应用研究以及高级专门人才的培养工作，迎来硕果累累的时期。

## 第四节　爆轰基础研究

从20世纪60年代末开始，丁敬率领助手黄正平、赵衡阳、梁云明等着重进行爆轰物理方面的基础研究及相关的条件建设。到20世纪80年代中期，先后建成了先进的电磁法和锰铜压阻法测试系统，设计开发了多种拉格朗日传感器及其分析技术,为研究炸药冲击波起爆、本构关系、爆炸产物的状态方程、唯象反应速率,以及组分与工艺之间关系等提供了必要的手段和方法。

在丁敬的领导下,赵衡阳、黄正平等建立了电磁法测量系统,研发时间虽晚于21所,但把电磁法用于爆轰研究是国内第一家。

1983年,丁敬主持"用电磁法测量几种国产炸药爆轰性能"项目,带领助手们着手进行爆轰研究基础建设,以课题项目为契机进行电磁法测量系统的建设。先后建成了先进的电磁法和锰铜压阻法测试系统,设计开发了多种拉格朗日传感器及其分析技术,为研究炸药冲击波起爆、本构关系、爆炸产物的状态方程、唯象反应速率,以及组分与工艺之间关系等提供了必要的手段和方法。电磁法测试系统中配置了用不锈钢板制作的直径为1米的大型亥姆赫兹线圈及其供电系统、当代流行的采样速率为100兆每秒的数字存储示波器和数据通信接口,全系统最高频宽不小于30兆赫兹,在国内最早实现了被测介质中的某剖面上粒子速度或冲量模拟信号的数字化记录、拷贝、微机通信和存取。这种系统配置和测试技术达到了国内外一流水平。

此电磁法测量系统中的核心部件——多次重复使用的电磁铁是赵衡阳设计的,磁头直径为130毫米,两磁头空气间隙长度为120毫米,均匀磁场区直径约为40毫米,磁感应强度为0.06~0.1特斯拉,中心爆炸药量不大于200克TNT。电磁法中的电磁速度传感器结构不同于常规传感器,试件尺寸远小于传感器,传感器敏感元件埋入试件之中,其尺寸则远小于试件。相应地,炸药试件必须由多个元件拼接构成,其中,长方形炸药元件的制作是靠机械加工,当时由吴青负责炸药元件的制作;一次性使用的框形速度敏感元件采用20微米厚的紫铜箔手工刻制,粒子速度敏感元件的瞬态输出信号由带外触发同步的高速模拟示波器的屏幕显示,然后由胶片相机记录。尽管此电磁法测量系统的性能与国外相比还存在一定差距,但可以应用于电磁法研究,并为培养本科生、研究生做出了应有的贡献。

1986年,丁敬作为主要参与者继续参加"用电磁法测量几种国产炸药爆轰性能"科研项目。深入研究了如何提高电磁法测量精度的若干技术问题，提出了炸药爆炸产物导电性对粒子速度计影响的数学物理模型，创立了炸药爆炸产物导电性影响的定量修正方法。该课题实际上是丁敬1983年主持的"用电磁法测量几种国产炸药爆轰性能"项目的延续。这项进行了6年半时间的研究，在课题组全体人员共同努力下，不仅较好地完成了预定任务，而且还培养了人才队伍，为实验室建立了用低磁导不锈钢板制作的直径1米的大型亥姆霍兹线圈为核心的电磁法测量系统，其中，包含采样速率为100兆每秒的数字存储示波器、数据通信接口和微机等，全系统频宽不小于30兆赫兹，这种系统配置水平和测试技术都达到了当时国内外一流水平。在国内，最早实现了某剖面上粒子速度或冲量模拟信号的数字化记录、拷贝、微机通信和存取。"用电磁法测量几种国产炸药爆轰性能"项目完成后，北京工业学院获得了1991年度科技进步一等奖。

在炸药的爆轰性能研究中，美国和苏联为提高测量精度，把炸药试件尺寸加大到100~200毫米。20世纪70—80年代，苏联科学家Dremin等已经建立了巨型电磁铁为核心的电磁法测试系统，美国科学家Cowperthwaite、Rosenberg、Leiper、Kirby Hackett等建立了大型亥姆霍兹线圈为核心的电磁法测试系统。20世纪80年代后期，中国完成国内第一台可诊断爆炸与冲击过程的大型亥姆霍兹线圈的研制，线圈中心的均匀磁场区直径约为180毫米，磁感应强度为0.05~0.08特斯拉，线圈中心爆炸的最大装药量不小于1千克TNT，炸药装药试件直径为80~100毫米，表明中国在爆轰性能研究诊断技术方面与国际先进水平差距较小。

20世纪80年代中期，在建立电磁法测试系统的同时，锰铜压阻效应测压技术方面的研发也取得了相当大的进展。尽管北京工业学院在研发锰铜压阻效应测压技术方面起步晚于国防科技大学、中国科技大学等，但最早完成了高速同步脉冲恒流源、锰铜压阻应力仪及其相关技术的研制。丁敬和他的助手们成功地解决了亚微秒级高速同步脉冲供电技术；把压力量程扩大到MPa量级；采用康铜拉伸补偿技术把应用范围推广到非平面对称应力状态,取得了多项国家专利。国内许多研究单位先后应用了这些技术成果。丁敬的博士生浣石等又采用康铜拉伸补偿技术把锰铜压阻法应用范围推广到非平面对称应力状态。国内许多研究单位先后应用了北京工业学院锰铜压阻法方面的技术成果。黄正平等至今还在进一步完善与拓宽锰铜压阻法应用领域,确保了北京工业学院在这一技术领域始终处在国内领先地位。40多年来,锰铜压阻技术的发展在教学与科研中的影响颇为深远。

丁敬及其助手设计开发了多种拉格朗日传感器及其分析技术,为研究炸药冲击波起爆、本构关系、爆炸产物的状态方程、唯象反应速率,以及组分与工艺之间关系等提供了必要的手段和方法。

与美国同期的研究成果相比,丁敬等应用电磁速度量计(EMVG)及拉格朗日分析(RFLA)直接研究炸药爆轰性能和冲击波作用下的行为等成果,已处于国际先进水平,表明中国已有性能优越、可多次重复使用的磁场装置和电磁法测试系统。《用粒子速度计及拉氏分析对炸药冲击起爆特性的研究》一文的独到之处,是将全粒子速度计测量及拉氏分析方法应用于炸药爆轰性能研究,提出了两个无量纲参量,在同等实验条件下,可以把它们作为评价炸药起爆可靠性和安全性的一种判据。丁敬和黄正平深入细致地分析了爆轰产物导电性对电磁速度量计测量的影响,并提出了相应的数学物理模型和实验方法,使中国的电磁法研究步入国内外先进行列①。关于爆轰学的基础和应用研究,丁敬在国内外学术期刊上发表了研究论文60余篇。

## 第五节 二维爆轰理论及技术

20世纪80年代以来,丁敬和他的博士生浣石等把研究的重点之一转向二维爆轰及其量测技术。在对爆轰波的研究中,许多实际问题是

---

① 丁敬,黄正平. 用粒子速度计及拉氏分析对炸药冲击起爆特性的研究[J]. 爆炸与冲击,1989,9(3):199-207.

二维轴对称问题，显然不能采用一维测试和分析技术。

1986年，丁敬及其博士生浣石等研制了用于新型的二维动高压流场测量的拉氏传感器——一种多环形结构的锰铜-康铜组合拉氏传感器，同时，开发了二维拉氏分析方法，并把爆轰波研究拓展到二维定常爆轰和二维不定常爆轰。在爆轰研究中许多实际问题都是接近二维轴对称问题，必然包含侧向稀疏波对冲击波起爆过程和定常爆轰波的影响，这种二维拉氏量测及其分析技术就是一种二维轴对称流场的诊断方法。1987年，其研究成果发表在美国物理学会主办的凝聚态冲击压缩会议文集。

1987年10月12—15日，第一届北京国际烟火与炸药学术会议（ISPE）在北京科学会堂和北京工业学院图书馆召开。本次会议由中国兵工学会和中国科学技术协会主办，出席会议的代表有来自英国、美国、法国、西德、日本、比利时、瑞士、瑞典、印度、匈牙利、苏联和中国等的中外学者200余人。丁敬作为大会主席，作了题为"二维爆轰反应区的声速面和流场"的大会报告，苏联知名学者A. N. Dremin作了题为"凝聚炸药爆轰波物理模型"特邀报告。丁敬在烟火技术和炸药国际会议上作了题为"二维爆轰反应区的声速面和流场"的大会报告，提出了轴对称二维定常爆轰系统中的广义C—J条件；在1989年第1期《爆炸与冲击》杂志上又提出了爆轰波中唯像反应的5个特征量，即反应度、反应速率、体能量释放速率、瞬时反应热和热度系数；1990年，在Acta Mechanica Sinica杂志上作了关于爆轰研究方面的几年工作综述。二维拉氏量测及其分析技术在多篇国内外文献中被引用，表明该方法已处于国际领先水平。1991年，这项技术延续多年的研究获得国防科技进步奖二等奖和国家技术发明奖三等奖。

1989年，丁敬在第九届国际爆轰会议上作题为"复合推进剂对冲击载荷的响应"的大会报告，报道了在固体复合推进剂安全性研究中的部分工作。对两种固体复合推进剂，同时应用电磁速度量计和锰铜压力量计测量了在2.0吉帕和10.0吉帕两种冲击波压力作用下的动态响应。首先，发现复合推进剂反应过程中有一段无反应或极慢反应的

**丁敬获国家发明三等奖证书**

阶段；其次，研究了其中各种组分包括氧化剂（AP）、黏结剂（HTPB、Thiokol）、AP和铝粉的混合物、AP和黏结剂的混合物等系统对冲击载荷的响应。

丁敬与其博士生白春华、黄风雷等在固体推进剂安全性研究方面开展了近8年的研究，建立了冲击破坏性能研究系统、冲击波起爆和爆轰过程研究系统、爆轰危险性评价系统等较完整的SDT实验研究及其分析系统，在《爆炸与冲击》《宇航学报》《兵工学报》等刊物和国内外学术会议上发表了20余篇文章。

从中国从事爆轰学研究的科学家看，丁敬、朱建士、孙锦山、经福谦、田锡胜、赵状华等都是领军科学家，他们在爆轰学领域做出了突出贡献。其中，丁敬是中国爆轰学的开拓者、领路人，在爆轰界有很高名望，也与爆轰界国际知名领军人物有广泛联系。在丁敬的努力下，在北京和成都分别召开了2次国际爆轰学术会议。

目前，国内从事爆炸与冲击动力学领域研究的主要单位有中国工程物理研究院、北京理工大学、中国科学院力学研究所、南京理工大学、国防科学技术大学、北京大学、中国科学技术大学、西北核技术研究所、解放军理工大学等单位，研究各有特色。北京理工大学在非理想爆轰的能量输出结构控制、爆轰产物状态方程、爆轰波与冲击波的二维测试、爆炸物质危险性控制以及爆炸力学计算方法与软件开发等方面达到国际领先水平①。

## 第六节　国内外学术交流

丁敬从来都不是一个满足于在书斋中做学问的人，他的目光始终关注于国家、民族的发展，关注于科学事业的发展，始终把推动科技事业的发展放在谋取个人利益的前面。

除学校的教学和科研工作以外，丁敬还承担了大量社会工作。他担任国务院学位委员会第一、第二、第三届工学学科评议组成员及兵器科学与技术学科组召集人，中国力学学会和中国兵工学会理事、常务理事、荣誉理事，《力学学报》《爆炸与冲击》编委，中国兵工学会爆炸与安全技术专业委员会主任委员，中国劳动保护科学技术学会副理事长等职务。积极促进国内的学术建设及学术交流。

丁敬曾担任中国力学学会爆炸力学专业委员会副主任委员、主任委员，与爆炸力学学科领域内的众多专家非常熟悉，与其中很多人还是多年的朋友。第二机械工业部九院的经福谦院士就是其中之一。1980年前后，中国的原子武器研究基本上告一个段落，九院的科研工作正在寻找未来的研究方向。而当时九院是国家保密单位，并不为外界所知，对外也不能宣称是搞核武器的单位。时任九院（现中国工程物理研究院）流体物理研究所所长的经福谦找到丁敬，和他讨论这些问题的时候，丁敬提出带他们出国看看。于是，1981年，经福谦和章冠人以北京工业学院教授的身份向即将在美国举行的第七届国际爆轰会议（International Detonation Symposium）提交了论文，6月，由丁敬

---

① 中国力学学会．中国力学学科史［M］．北京：中国科学技术出版社，2012．

带队到美国参加了此次会议。这是九院第一次与国外学术界进行的学术交流活动。

"参加国际会议对我们影响很大,怎么影响很大呢?因为我们本来是个闭塞的单位,现在开放着呢,看到国外的研究工作,他们研究什么东西,我们就知道怎么应用这个,看国外的资料,发展我们的研究方向,所以这个就开了我们的眼界了。毕竟我们是闭塞的,什么也不知道,现在去开这个会之后就知道国外的情况,世界的情况,对我们这个工作影响还是很大。"①

作为中国力学学会理事会理事、兵工学会理事和中国劳动保护科学技术学会副理事长的丁敬,更要举办国内国际学术会议来推动爆炸力学学科的发展和壮大。

丁敬心胸宽广,思想开放,与国内同行建立了紧密的学术交流网络。为加强学术交流、激发科研热情,他积极邀请中国科学院力学研究所、中国科技大学、国防科技大学、第九研究院、204研究所等优秀科研人员,来北京工业学院开展讲学和学术交流。

"他(丁敬)也是有大眼光的,你看他把咱们国家搞爆炸力学的这些科学家团结得很好。一般来说在同一个水平上往往会有门户之界,往往会有一些嫉妒心,甚至于互相之间贬低,丁先生从来不是这样。当然肯定没有个人的动机,就是为了学科发展和国家的发展,就是说他是一个很宽广的胸怀,博大的胸怀,这个就是第二点给我一个很深的印象,就是说他把这个学科全国知名的科学家都聚拢在一起,还有包括就是朱兆祥所在的中国科技大学的学科建设,丁先生也给很多支持。"②

北京工业学院爆炸实验室建成后,因为拥有国内最大的非军用爆炸洞,并配备了先进的仪器设备,所以爆炸实验室当时在国内是最先进的研究爆炸力学的实验室,但丁敬并没有故步自封,反而将实验室

---

① 摘自《章冠人访谈稿》。
② 摘自《马宝华访谈稿》。

向国内同行开放，当时，中科院力学所、兰化所、九院等单位都到北京工业学院的爆炸实验室做过实验。

丁敬以他个人的品德和号召力，将爆炸力学界众多知名学者团结在一起。1984 年，北京工业学院爆炸力学专业成为本专业国内第一个博士授权点，丁敬聘请陈能宽院士、经福谦院士、朱建士院士、章冠人研究员及孙锦山研究员等为本专业兼职博士生导师，并与经福谦院士共同指导一名博士研究生。1991 年，"爆炸理论及应用"学科点建立博士后科研流动站，丁敬又先后聘请陈能宽、经福谦、章冠人等专家任兼职博士生导师；"863—409"高技术首席专家黄春平、北京应用物理与计算数学研究所张信威研究员等任兼职教授。与此同时，丁敬也被中国科学技术大学和国防科技大学聘为兼职教授。

现任中国科学技术出版社社长兼党委书记的苏青教授至今还清楚地记得，当时在北京工业学院就读研究生时，章冠人研究员给他们上过一门专业课，课程名为"一维不定常流动"。

"（丁敬）对九院讲起来的就是一个带头的作用，就是什么样呢，就是帮助我们组织，组织作用吧，起了一个组织领导的作用，组织我们去世界参加世界的爆轰界，就是一个领导的作用。他的确是这样，他总是领导我们去参加爆轰会议。"①

自改革开放以来，丁敬积极参加和推动爆炸力学、爆轰学、火工烟火技术、含能材料、凝聚相冲击波物理及化学、材料动态力学性能等学科的国际交流。

"他的目标不仅仅是把爆炸力学一个学科做大做强，他实际上是咱们国家这个战斗部毁伤整个武器的毁伤系统，还着眼于把整个国家的毁伤系统，包括常规的和尖端的毁伤这个大的系统怎么把它做大做强。"②

1979 年 9 月 15 日—10 月 13 日，丁敬作为中国理论与应用力学家代表团成员访问美国，顺访法国，团长是郑哲敏。这次访问是应美国科学

---

① 摘自《章冠人访谈稿》。
② 摘自《马宝华访谈稿》。

**丁敬和国外知名学者的合影**

院、学术团体协会和社会科学协会所属美中交流委员会的邀请,作为中美学者互访代表团之一进行的,共访问华盛顿、费城、纽约、波士顿、芝加哥、洛杉矶和旧金山七城市周边的十七所高校、八个政府所属研究机构、两个工业企业所属研究机构,以及美国国家标准局、海军水面武器中心、富兰克林研究院等。访问的目的是考察美国力学研究的情况和动向、人才培养和科研管理方法,作为制定我国力学发展规划、开展研究工作和培养人才的参考。这是改革开放以后,力学界的科学家第一次走出国门,很多国外的老朋友知道消息后纷纷前来见面,互诉友情。

丁敬一直认为中国科学家应该走出国门,多和国际学术界交流,相互促进学术发展和科技发展。他身体力行,密切关注国际学术发展动向,积极推动中国与世界的交流;同时,他还邀请国际著名学者来华讲学,如美国的 Charles Mader、Lynn Seaman,苏联的 A. N. Dremin、V. E. Fortov,日本的匹田强、福山郁生等,都曾到北京工业学院进行过讲学,有力地促进了我国在爆轰数值模拟、拉氏量测和分析技术、材料冲击动力学等方面的研究。丁敬被聘为美国主办的 International Pyrotechnics Seminar 的国际顾问委员会委员,美、德联合主编的 Propellants, Explosives, Pyrotechnics 杂志的顾问委员会委员,俄罗斯科学院和波兰科学院合办的 Archivum Combustionis 学报的编委，美国物理学会会员。他曾应邀访问过美、日、俄、德、英、法、波兰和比利时等国的一些著名学府和实验室，并于 1988 年 10 月—1991 年 9 月在美国新墨西哥州炸药技术研究中心（CETR）任客座教授，在凝聚相冲击波物理与化学、爆炸和安全等领域讲学，并进行学术交流。他曾多次担任国际爆轰会议、凝聚相冲击波压缩会议和国际烟火技术会议等的大会和分会场会议主席；在国内已八次主持了国际和全国的学术会议。他坚持"引进来、走出去"的方针，积极向同行介绍北京工业学院的研究进展，促进同行研究院所、高等学校共同发展和进步。

"俏也不争春，只把春来报。待到山花烂漫时，她在丛中笑。"毛泽东同志的这首《卜算子·咏梅》恰当地诠释了丁敬作为一位科学家的胸襟和品德。

"他就是追求一个在咱们国家在爆炸力学这个领域是一个山花烂漫的这么一种景象，那么但是他是什么呢？在山花烂漫的时候他在丛中笑，他是花丛当中的一朵花。"①

---

① 摘自《马宝华访谈稿》。

# 第八章　考证火药发明

火药，由硝酸钾、木炭和硫磺机械混合而成，严格地说应该称为黑火药。在军事上主要用作枪弹、炮弹的发射药和火箭、导弹的推进剂及其他驱动装置的能源，是弹药的重要组成部分。火药是中国古代四大发明之一，这几乎是每个中国人从小就知道的常识，也被认为是全世界都知道的事实；然而，实际情况并非如此，如果没有中国科学家的努力，这个中国人自认为的常识，可能永远不会在全世界得到广泛认可。丁敬就是那位撬动西方人固有观念的科学家。

## 第一节　意外的发现

1978年1月27日，中国社会科学院编发的《情况和建议》第2期，发表了姜椿芳[①]所写、洋洋万言的《关于编辑出版〈中国大百科全书〉的建议》（以下简称《建议》）。一石激起千层浪，这一建议立即在学术界引起轰动。此时，正是"文化大革命"刚刚结束、科学的

---

① 姜椿芳（1912—1987），革命文化战士；中国现代著名翻译家；新中国文化教育、编辑出版事业、外语教育事业奠基者之一；《中国大百科全书》的首倡者之一和第一任总编辑；华东革命大学附属上海俄文学校校长（上海外国语大学前身）首任校长。

春天即将来临之时,中国的科学、文化事业正蓄势待发、积极准备着迎接即将到来的大变革,中国人迫切希望尽快拉近中国与世界的距离,并以蓬勃向上的气势追赶世界快速发展的脚步,因此,编辑出版《中国大百科全书》的倡议一经提出,就立即得到中共中央、国务院的高度重视。

百科全书是人类知识的总汇,是一切知识门类广泛的概述性著作。综合性百科全书被誉为"没有围墙的大学""众书之源",这种百科全书的编辑和出版能够充分体现一个国家的学术水平和文化底蕴。所以,是否有一部优秀的综合性百科全书,就成为衡量一个国家科学、文化发展水平的重要标志之一。中国历史上,也曾经有几个朝代组织编辑出版过百科全书类的图书,其中,流传下来、最为著名的包括宋朝的《太平御览》①,始于太平兴国二年(977年),历时五年完成;明朝的《永乐大典》②,始于永乐元年,历时五年完成;清朝的《四库全书》③,乾隆三十八年(1773年)二月正式开始编修,乾隆四十七年(1782年)初稿完成,乾隆五十七年(1792年)全部完成。这些图书的编纂出版,都是当时中国历代经典的汇聚、最优秀文人智慧的结晶,是中华文明之集大成者。其编纂无一不规模浩大,所花时间跨越经年,

---

① 《太平御览》是宋代著名的类书,北宋宋太宗赵匡义太平兴国年间由李昉、李穆、徐铉等学者奉敕编纂。全书以天、地、人、事、物为序,分成五十五部,可谓包罗古今万象。书中共引用古书一千多种,保存了大量宋代以前的文献资料,是中国传统文化的宝贵遗产。

② 《永乐大典》是明永乐年间由明成祖朱棣先后命解缙、姚广孝等主持编纂的一部集中国古代典籍于大成的类书。朱棣亲自作序并赐名《永乐大典》。内容包括经、史、子、集、天文地理、阴阳医术、占卜、释藏道经、戏剧、工艺、农艺,涵盖了中华民族数千年来的知识财富。《不列颠百科全书》在"百科全书"条目中称中国明代类书《永乐大典》为"世界有史以来最大的百科全书"。

③ 《四库全书》全称《钦定四库全书》,是清代乾隆时期编修的大型丛书。在清高宗乾隆帝的主持下耗时十三年编成。分经、史、子、集四部,故名"四库"。是中国古代最大的文化工程,对中国古典文化进行了一次最系统、最全面的总结,中国文、史、哲、理、工、农、医,几乎所有的学科都能够从中找到源头和血脉。

所需人力、物力不知凡几，非太平盛世、国力强盛之时不能为之，但是，到了近现代，屡遭劫难的中国却再也没有能力编辑出版百科全书。

近现代百科全书编辑出版起源于18世纪的法国启蒙运动①，一群以德尼·狄德罗②为首的进步知识分子团体，因知识启蒙的共同理想凝聚在一起，于1751—1772年共同编纂出版了世界上第一部现代百科全书——《百科全书（或科学、艺术和手工艺分类字典）》③。自1898年康有为把"百科全书"这一人类知识总汇的概念引进我国知识界以来，我国知识界很多有识之士都曾为之心动过。世界著名大图书馆的书架上，已摆有五六十个国家的现代百科全书，却独独不见我们中国——这个世界上唯一有着完整文化延续的文明古国出版的现代百科全书，这对于中国人来说，不能不说是一种遗憾。5月，按照中共中央宣传部的指示，国家出版局成立了中国大百科全书出版社，负责大百科全书的组织和出版；组成了由时任中国社会科学院院长的胡乔木④任总编辑委员会主任、姜椿芳任总编辑的中国大百科全书总编辑委员会，领导编辑《中国大百科全书》的工作。经过专家们讨论，最终决定整套全书按学科或知识门类分74卷出版，以条目形式全面、系统、概括地介绍科学知识和基本事实。内容包括哲学、社会科学、文学艺术、文化教育、自然科学、工程技术等66个学科和领域。由于是按照学科和

---

① 在17—18世纪的一场资产阶级和人民大众的反封建、反教会的思想文化运动，是继文艺复兴后的又一次伟大的反封建的思想解放运动。以法国为中心，其核心思想是"理性崇拜"，用理性之光驱散愚昧的黑暗。这次运动宣传了自由，民主和平等的思想。为欧洲资产阶级革命做了思想准备和舆论宣传。

② 德尼·狄德罗（Denis Diderot, 1713.10.5—1784.7.31），法国启蒙思想家、哲学家、戏剧家、作家，百科全书派代表人物，毕业于法国巴黎大学。

③ 《百科全书》是第一部影响巨大的大型参考书，百科全书派冲破多次政教禁令并克服了重重困难，1751—1772年共出版28卷，1776—1780年又增加补遗及索引7卷。它为法国大革命作了舆论准备。

④ 胡乔木（1912年6月1日—1992年9月28日），本名胡鼎新，江苏盐城人，清华大学、浙江大学肄业，1930年加入中国共产主义青年团，1932年转入中国共产党。曾任中共中央顾问委员会常务委员、中共中央党史工作领导小组副组长、中国社会科学院院长。

知识领域来编排条目的，而不是全书统一按照条目音序排列，因此，其每一本分册都可以看成这个领域的专用词典。很快，首卷（天文学卷）就已展开编辑工作。

《中国大百科全书》负责人在研究工作

这是中国人第一次编纂现代百科全书，也是改革开放初期中国最令世界瞩目的文化盛事。为做好第一版《中国大百科全书》的编纂工作，中国大百科全书出版社先后组织了 2 万余名专家学者参与这规模宏大的事业，其中不乏国内各个学科领域的学术泰斗。为保证编纂质量和内容的全、精、新以及权威性，《中国大百科全书》除制定有被称为"百科大法"的体例文件外，从撰稿、审稿（包括学科内容和体例）到编辑加工和终审定稿，设有层层把关的严密而科学的编审组织。除设立总编辑委员会作为最高学术领导机构以外，各个学科还分设学科编委会，全书共设有 66 个学科编委会，由国内在各学科领域最著名的专家学者和各学科分支主编组成，负责对各学科编纂内容审核。每个学科编委会下设数个至数十个学科分支编写组，分别由分支主编、副主编负责，全书共有这样的分支编写组 734 个。

丁敬作为爆炸力学领域的知名专家，被聘为大百科全书力学学科编委会委员，《中国大百科全书·力学卷》爆炸力学编写组副主编，"爆轰"条目撰写人，《中国大百科全书·军事卷》中国古代兵器编写组成员,"中国古代火药"条目撰写人。此时,丁敬的工作本就异常繁忙。在校内,8系的爆炸力学专业刚刚恢复招收研究生,作为学科带头人,他既要抓教学管理,又要参与教学工作,他领导进行的爆轰物理方面的基础研究及相关的条件建设也正处于紧要关头;在校外,丁敬参与多种国家层面的力学学科规划建设工作。作为《全国力学发展规划纲要》起草小组副组长,他负责制定的规划刚刚完成第一稿(讨论稿),还正在修改完善阶段。8月召开的全国力学规划会议上,他被选为新组建的力学学科小组副组长(组长周培源,第一副组长钱学森,常务副组长张维),还被任命为国务院国防工业规划研究院筹备组副组长。各种任务纷至沓来,工作繁重而又压力巨大,丁敬常常忙得连轴转,休息时间也是一再被挤压。

1993年8月,74卷《中国大百科全书》(第一版)历时15年全部出齐,覆盖社会科学、文学艺术、自然科学、工程技术等66个学科,共收录77 859个条目,约12 568万字。这是中国人编纂的第一部综合性百科全书,结束了近代以来中国没有百科全书的历史

在工作如此繁忙的情况下,丁敬依然接受了编纂《中国大百科全书》的工作。因为他深知这是中国人第一次出版的现代综合型百科全书,是中华民族几千年文化遗产和现代成就的集中体现,也是百年来中国最为宏大的科学与文化盛事。能够参与其中,丁敬感到光荣而自豪。为写好"中国古代火药"这个仅有几百字的词条,他查阅了大量文献资料,在中国古代火药的发明、火药的早期军事应用、火药技术的发展和古代火药理论的探讨四个方面进行了许多研究。大百科全书对词条内容的撰写要求非常严格,甚至苛刻,要求每一句话都应有出处或依据。丁敬在撰写时认真按照要求对文字反复斟酌,力求内容既

言简意赅,又准确规范。

然而,令丁敬意想不到的是,因为参与《中国大百科全书》的编纂而对中国古代火药进行的研究,在后来还会引发一个令人意想不到的结果。

1980年4月20日,第七届国际烟火技术(International Pyrotechnics Seminar,IPS)会议在美国科罗拉多州的韦尔市举行,兵器工业部委派丁敬带队,以中国兵工学会的名义参加此次会议。"文化大革命"结束以后,中国科学家出国开展学术交流活动逐渐增多。1978年4月,中国数学家杨乐和张广厚首次以个人身份赴瑞士参加国际学术会议并顺访英国。至后,开始有成批的科技人员出国参加学术会议或进行访问学习。随着时间的推移,中国科学家参与国际交流越来越频繁,对我国科技事业的发展产生了重大影响。放眼整个中国科技发展的历史进程,如今看起来很正常的科技交流活动,都是当年一点点地从禁锢中突破而来。

这次美国之行,是中国兵器科学技术领域科学家参加的首届国际烟火技术会议,也是丁敬带队参加的第一个国际学术会议。他带着近两年来在火药方面的研究成果再一次踏上美国土地。IPS会议由美国科罗拉多州丹佛研究所(Denver Research Institute)发起,是爆炸力学领域最为重要的国际会议之一。1968年,第一届IPS会议在美国科罗拉多州埃斯蒂斯帕克(Estes Park,Colorado)召开,会后,还出版了会议录。此后,IPS会议每两年召开一次,每次会议的开会地点均选在美国科罗拉多州锡尼克地区。韦尔市(Vail)是美国科罗拉多州伊格尔县的一座城市。坐落在蜿蜒巍峨的落基山脉上,海拔高度为2 400多米,距离科罗拉多州繁荣的首府城市丹佛只有156千米,周围群山环绕、风景秀丽,是世界著名的十大滑雪胜地之一,一年四季都吸引着大量游客前往。作为著名旅游胜地,韦尔市繁华而美丽,能够受邀来这里参加国际性学术会议,丁敬感到非常高兴。参会期间,丁敬与国际同行进行了广泛交流,密切关注学科领域最新的学术动向,也热情地向学者们发出邀请,请他们来中国看看。

在报告环节中，丁敬就中国烟火技术的发展作了报告，他详细介绍了中国古代火药的发展历史，指出火药是中国古代四大发明之一，火药最早是由中国人发明的；然而令他非常意外的是，对于这个论述，当时参会的许多欧美学者都异口同声表示惊疑，纷纷表示不赞同丁敬关于"火药是中国人发明"的观点。与会学者告诉丁敬，在欧美等国，历来的中小学教材中都说火药是英国人罗吉尔·培根（Roger Bacon）[①]在13世纪发明的，因此，在他们看来，中国人的发明是在其之后。在国际学术会议上听到与会专家学者对火药发明于中国根本一无所知，这个发现对丁敬的震动太大了，让他觉得简直不可思议。搞了几十年燃烧与爆炸理论的研究，丁敬怎么也没有想到，"火药是我国古代四大发明之一"——这个在国内妇孺皆知的事实，在国外竟然没有得到专家学者们的认可。

**美国科罗拉多州韦尔市美丽的自然风光**

---

① 罗吉尔·培根（Roger Bacon）（1214—1294），英国哲学家、炼金术士。他学识渊博，著作涉及当时所知的各门类知识，并对阿拉伯世界的科学进展十分熟悉。提倡经验主义，主张通过实验获得知识。

震惊之余，丁敬实在是坐不住了。他再也没有心情去欣赏落基山壮丽的景色，趁着开会的间隙，他利用休息时间跑到韦尔市内的图书馆和书店，查阅了在当地能够找到的中小学教科书和欧美国家编辑出版的百科全书，一路查找下来的结果却让人沮丧，丁敬竟然没有发现哪怕是一本书中有关于火药是中国最早发明的论述。在编纂"中国古代火药"这个条目时，丁敬并没有意识到发明时间会是个问题，他认为这在中国是人人知道的常识性知识，因此并没有进行深究和考证，但他没有想到，火药的发明人、发明时间和国家在欧美各国与中国国内的观点并不一致，火药是中国人的发明这个论述更没有得到国际社会的广泛承认。作为一名从事燃烧与爆轰理论研究的学者，丁敬深感失职和惭愧。

在古老中国上下五千年的文明历史长河中，四大发明是其中最璀璨的明珠。中国孩子从小就知道，火药、指南针、造纸术、印刷术是中国古代四大发明，是中国人最值得自豪的古代科学技术成就，其中蕴含的意义非同小可。身为一个中国人，如果不能提出确凿证据令国内外学者心服口服，承认火药发明的国家是中国，丁敬觉得那就是对中华古老文明的侮辱。他认为自己有责任将火药在中国的发展历史搞清楚，为每个中国人今后能挺直腰杆、大声宣告找到支柱和依据；更有责任在国际会议的讲坛上纠正外国人的这一错误认识，批驳他们将火药发明权归属于罗吉尔·培根的谬论。

## 第二节　艰难的考证工作

回国以后，丁敬迅速将国外不认可火药发明在中国的情况向《中国大百科全书·军事卷》编审组作了报告，这件事也引起与会专家和领导的广泛注意。随后，他立刻着手开始了考证工作。

此时，丁敬已经57岁，在爆炸力学领域享有极高的声誉，已经是国内外知名学者。周围同事（包括上级领导）都没有要求他来做这个考证工作，他本可以通过上级主管部门来要求一些历史研究机构进行此项研究，那样看上去既专业对口又似乎顺理成章，他也不必面对跨领域研究带来的各种难题。但是，丁敬不能等也不想等了。刚刚在 IPS 会议上所经历的内心激荡还未消失，推动着他亲身投入自己陌生的学科领域，亲自去把火药的发明历史进程考证出来。身为一个内心充满爱国激情的学者，他心中所想的其实很简单，就是不能让老祖宗留下来的宝贵遗产被外国人继承，而且他很着急，他怕这件事一拖下来就不知道要多久才能有结论。作为一个研究爆炸的学者，他希望未来在每次走上讲台的时候，都能堂堂正正、清楚明白地说出火药的发展历史，都能证据确凿、不容置疑地证明火药是中国人发明的。没能在大百科全书"中国古代火药"条目撰写时发现问题，也一直令他内心不安。因此，他将考证工作作为自己肩头的责任，他也认为这是自己身为一个中国人、一名中国科学家的义务。

开始考证工作后，丁敬发现，虽然中国人一直说中国有四大发明，说火药等技术是中国人最早发明的，但在国际上，对于火药技术的发明源头、发明历史并没有定论。丁敬和同事们一起将能找到的、当时国外正式出版的百科全书都查了一遍，除了权威性的《美国百科全书》（Encyclopedia Americana）和《不列颠百科全书》（Encyclopædia Britannica）以外，他们还查找了法国的《拉鲁斯大百科全书》和苏联的《苏联大百科全书》，但遗憾的是，在这些百科全书当中，对于黑火药的起源和火药的发展历史几乎都没有确切的说法，虽然中国人一直自己在说中国是火药的发源国，但在国际上并没有真正得到认同。似乎在中国国内，也没有人对火药的发展历史进行过认真梳理，没有对火药确切的起源进行过考证，更没有人提出过确凿证据来证明中国是火药的发明地，也因此，就火药在什么时间、在什么国家发源的、具体是如何发展起来的等问题，在国际社会上并没有被认可的答案。有人说火药是在中国发明的，也有人说是在印度，还有人说是在阿拉伯，而在欧美各国则普遍认为火药是英国人罗吉尔·培根（Roger Bacon）在 13 世纪发明的。

既然没有人做过，那就由我们来做吧！

做出这个决定，丁敬并没有丝毫的犹豫。然而，历史考证却没有那么容易，与大百科全书条目的撰写要求不同，说起来，火药考证就是对火药的发展历史进行追本溯源，要从历代出版的典籍中查找线索，找到其最初的记载，说白了就是要去翻阅古籍。这与丁敬以往的科研工作研究方法绝无相同之处。让一位一直做科学研究的学者进行历史方面的研究，其跨越的学科领域绝对是巨大的，而历史研究与科学研究大相径庭的研究方法也对丁敬提出了挑战。

作为学者，丁敬对待科学研究是非常严肃认真的。厘清了国内外对火药论证的现状以后，丁敬带领助手们开始埋首在古籍中收集、查找资料的工作。

初涉历史研究，丁敬和助手们面临着没有任何相关资料积累的难题。在没有网络和数据库的20世纪80年代，做历史研究的唯一途径就是翻书，就是到图书馆、书店找古籍和后人出版的相关著作。然而，即使知道要去查古籍，但中国历朝历代积累下来的典籍论著不知凡几，把浩如烟海的古籍统统翻一遍肯定是不科学的，也不可能实现。这让丁敬他们感到有些无从下手。经过一番思索和讨论，丁敬想到了鞭炮。现代鞭炮的原料就是火药，它的成分里面包括硫磺、硝和炭，这三种成分按照一定的比例混合，能产生爆炸作用。既然如此，那是不是说鞭炮的发展历史和火药的发明历史有可能是重叠在一起的？循着这个思路，他们首先开展了鞭炮发展历史的资料调查。

鞭炮最早被称为爆竹，在中国存在的历史非常久远，据《荆楚岁时记》① 载："正月一日，鸡鸣而起，先于庭前爆竹，以避山臊恶鬼。"这段记载描述了春节的一大早，人们在庭院里燃放爆竹的故事，表示爆竹在古代是一种驱瘟逐邪的工具，但当时的爆竹是用竹子放在火里燃烧，爆裂产生的声音，故名"爆竹"，与后来的鞭炮完全不是一个东

---

① 《荆楚岁时记》是记录中国古代楚地（以江汉为中心的地区）岁时节令风物故事的笔记体文集，由南北朝梁宗懔（约501—565）撰。全书共37篇，记载了自元旦至除夕的24节令和时俗。

西。到了宋朝就有了比较多的记载，如周密《齐东野语·御宴烟火》①载："穆陵初年，尝於上元日清燕殿排当，恭请恭圣太后。既而烧烟火於庭，有所谓地老鼠者，径至大母圣座下。大母为之惊惶，拂衣径起。"这段文字记载了宋理宗赵昀在位的穆陵初年，在皇宫里庆祝上元节（现在的元宵节）的宴会上发生的一件趣事。理宗和恭圣太后在殿庭观看烟火，有的地老鼠被点着后，在地上喷火乱闯，突然直闯到太后座下，吓得太后惊惶而走。文中提到的地老鼠，是一种烟火，这类烟火的原理类似火箭的发射原理，是利用火药的燃烧产生的推力推动其活动。南宋时期烟火中的"起火"、流星也与地老鼠一样，都是通过火药的燃烧来推进的，但是经过多方查找，丁敬他们发现自己所查古籍中的这些记载，都只提到了火药在鞭炮、烟火中的应用，并没有提到火药是怎么发明的，也没有火药配方最早的发明记录。这让丁敬感觉，他们顺着这个思路去研究，似乎进入了一条死胡同。

直到有一天，丁敬在学校图书馆查资料，偶然在馆藏图书目录中查到了一本书——《火药的发明与西传》②，这本书是1954年由上海华东人民出版社出版的，作者是历史学家冯家昇③。冯家昇在书中介绍了火药名称的由来和发明者，详细介绍了中国各个朝代火药在军事方面的应用；冯家昇根据史料得出结论：中国在唐朝时就有关于火药的记载，而

---

① 《齐东野语》20卷，记南宋旧事为多，又记文坛掌故、文人轶事，书中所记多宋元之交的朝廷大事，很多可补史籍之不足。作者周密，字公谨，自号草窗，其家世代为官，本人在宋宝祐年间任义乌令；入元不仕，以南宋遗老自居，交游很广，故见闻甚博。

② 冯家昇著，上海，华东人民出版社，1954.

③ 冯家昇（1904—1970），字伯平，历史学家。1934年毕业于燕京大学史系，获硕士学位。曾在燕京大学、北京大学、东北大学等校的历史系任讲师、北平研究院史学研究会名誉编辑，同时，与顾颉刚先生主编《禹贡》。1937年，应美国华盛顿国会图书馆的邀请前往工作，后在美国哥伦比亚大学"中国历史编纂处"工作。1947年春回国后，任北平研究院史学研究所研究员。此后先后在考古研究所、中央民族学院、中国科学院民族研究所任教授、研究员。著有《中国社会史——辽（907—1125）》《火药的发明与西传》《维吾尔族史料简编》等，共发表论文54篇。

火药的发明者，就是身为道士的炼丹家。此后，火药先是传入阿拉伯国家，再通过阿拉伯国家传到欧洲。仿佛从黑暗中看到了曙光，循着这条线索，丁敬他们开始全力查找冯家昇在书中提到的两部古籍：唐初孙思邈①所著《丹经内伏硫黄法》和清虚子所著《铅汞甲辰至宝集成》。

中国的炼丹术是中国古代先民独立发展起来，并流传很久的一种方术。比如，嫦娥奔月的故事中，嫦娥所服下的不死仙丹；《史记·秦始皇本纪》中记载的秦始皇派徐福出海寻仙山，求仙丹，至死念念不忘。《战国策》中也有方士向荆王献不死之药的记载。炼丹术活动正式出现大约在西汉初期，汉武帝妄想"长生久视"，于是向民间广求丹药，招纳方士，并亲自炼丹。东汉魏伯阳曾著《周易参同契》②，阐明了炼丹的原理和方法。此后，炼丹术历经魏晋隋唐并取得了极大的进展，历朝历代都出现过著名的炼丹方士，也就是所谓的炼丹家。炼丹家炼丹的目的是寻找长生不老之药。当然，现在看来，这样的目的是根本不可能实现的，所以，虽然炼丹术流行了一千多年，最后在炼制长生不死药方面还是一无所获，但是，炼丹术所采用的一些具体方法却显示了化学的原始形态。在其发展过程中，炼丹家们发现了许多种化学反应，最主要是铅、汞、硫、砷等之间的反应，还创造了各种炼丹仪器和提炼药品的方法。炼丹家虽然掌握了一定的化学方法，但是，他们的目的是求长生不老之药，因此，应该说火药的发明具有一定的偶然性，是在提炼丹药的过程中被偶然发现的。火药不能解决长生不老的问题，又容易着火，炼丹家对它并不感兴趣。但是，炼丹的配方由炼丹家转到军事家手里时，就成为中国古代四大发明之一的黑色火药，并在后来发挥了巨大作用。

对于冯家昇在《火药的发明与西传》一书中提到的孙思邈所著

---

① 孙思邈（541—682），京兆华原（今陕西省铜川市耀州区）人，唐代医药学家、道士，被后人尊称为"药王"。著有《千金要方》《唐新本草》《明堂针灸图》等多部医学专著。

② 《周易参同契》是东汉魏伯阳所著，简称《参同契》，道教早期经典。全书托易象而论炼丹，阐明炼丹的原理和方法，为道教最早的系统论述炼丹的经籍。

《丹经内伏硫黄法》，经过多方查找文献，丁敬他们得出结论："孙真人丹经内伏硫黄法"应出自《诸家神品丹法》① 一书，因其配方中只是硝、硫混合物，没有木炭，因此其不是原始火药的配方。② 最终，他们的努力有了成果，在唐朝炼丹家清虚子所著《铅汞甲庚至宝集成》中找到了火药原始配方。清虚子是唐宪宗时期一个道士的名字，其真实姓名已不可考。《铅汞甲庚至宝集成》全书五卷，是道教外丹黄白术书之汇集，《正统道藏》③ 将其收入洞神部众术类。在《铅汞甲庚至宝集成》卷二《太上圣祖金丹秘诀》中，列有"伏火矾法"，详细记载了"伏火矾法"的配方："硫二两，硝二两，马兜铃三钱半。研为末，拌匀。掘坑，入药于罐内与地平。将熟火一块，弹子大，下放里内，烟渐起。"所谓"伏火"，是炼丹家对于硫磺、砒霜等具有猛毒的金石药，在使用之前常用烧灼的办法"伏"一下，"伏"是降伏的意思，是指使毒性失效或降低，这种处理的方法称为"伏火"。

这个配方，与现代黑火药的配方相似，由此可以判定，这个配方就是火药的原始配方，是火药的发明地在中国的确凿证据。这个发现令丁敬非常兴奋，他终于成功找到了火药发明的源头！时任北京工业学院8系系主任的马宝华教授回忆起当时的情景依然难掩激动：

"当时丁先生就和我说了这个火药就是炼丹术，所以丁先生就查这些炼丹术的书，清虚子的这本是一本比较著名的书，清虚子这个本身一听就是一个道家道士的名字，是个道名，不是真正的名字，他查这方面的书，沿着这个路子去查，查到他很兴奋，这个我印象很深，当时，我们也在写百科全书。有一天，他见到我说：老马，查到这个东西了。"④

---

① 《诸家神品丹法》是佚名创作的宗教哲学类书籍，约著于宋代或更晚，收录了抱朴子、孟要甫、孙思邈、吕洞宾等诸家炼丹方诀，全书共六卷，收入《正统道藏》洞神部众术类。

② 丁敬. 古代火药技术简史 [J]. 爆炸与冲击，1983, 3（4）：1-9.

③ 《正统道藏》是中国道教史上重要道藏之一，于明代编纂。《正统道藏》按3洞4辅12部分类，各部收书共1 430种。

④ 马宝华访谈整理稿。

## 第三节 火药是中国人的发明

经过考证,清虚子所著的《铅汞甲庚至宝集成》成书于公元808年,可以认为原始火药的发明应在清虚子成书之前,即不晚于公元8世纪末。至于火药的确切发明者是谁,因为至今没有发现明确的记载,已不可考。即使如此,丁儆的研究表明,在公元8世纪中国就出现了火药的原始配方,中国火药的知识在我国与阿拉伯、波斯等国家的贸易往来中传给阿拉伯人,再经欧洲向阿拉伯文化学习的过程传入欧洲。直到公元13世纪,英国的罗吉尔·培根才涉及火药的配方及应用。由此可以判定,培根的工作开始得比中国人晚了四百年左右。

清虚子《铅汞甲庚至宝集成》卷二"伏火矾法"原文(《道藏》洞神部,众术类,第五百九十五册)

孟要甫《诸家神品丹法》第五卷"伏火硫黄法"(《道藏》洞神部,众术类,第五百九十四册)

火药原始配方的出现预示着火药兵器时代的来临,早在公元10世纪,中国就有火药应用于军事的记载,最早用火药制造的一种火器是"飞火",类似于火箭的武器。到了宋朝,火药制造技术得到较大发展,北宋初编纂的《武经总要》① 中记载有火炮、蒺藜火球和毒药烟球等实战武器的火药配方,是计入史册的人类最早的军用火药配方,标志着火药发展已经进入一个新的历史时期;也证明在北宋初年,火药在军事上得到广泛的应用。因为得到朝廷的重视,技术有了较大发展,已经有了成熟的制造工艺,并进行了大批量生产。在发现清虚子所著的《铅汞甲庚至宝集成》之前,丁敬在撰写《中国大百科全书 军事卷》"中国古代火药"条目时,就是以北宋的《武经总要》作为依据。按照该书的成书时间计算,中国在军事领域使用火药的时间要领先欧洲200年。丁敬曾对火药在军事方面的应用做过进一步解释:"公元11世纪至公元14世纪,由于战争的原因,火药技术在中国得到了很大的发展。此时研制的火药不但具有燃烧、发烟、散毒作用,而且还具有强烈的爆炸威力和良好的发射性能。在宋、元两朝创造新火器的实践中,火药的性能也不断提高,炸弹用火药和金属管形射击火器用的发射药等均已制造出来,并在明朝达到成熟的程度。"经过两年多的努力,丁敬依据大量确凿的文献资料,梳理出一千多年前火药在中国的发明历程、火药在军事方面的应用历程和传入欧洲的过程。

1983年10月,丁敬在国内爆炸力学领域核心期刊《爆炸与冲击》上发表了名为《古代火药技术简史》的论文,该论文详细阐述了他近期的研究成果。在论文开篇他写道:"火药是中华民族古代四大发明之一。"这是丁敬作为研究爆炸理论的学者,首次在爆炸力学专业学术刊物上正式为火药的发源地正名。

这对中国兵器科技史来说具有重要的意义,是丁敬对中国科学史所做的重要贡献。

其实,在丁敬开始火药发明历史研究之前,历史学家冯家昇早在

---

① 《武经总要》是宋仁宗赵祯朝编纂的中国第一部由官方主持编修的军事著作。由天章阁待制曾公亮和工部侍郎参知政事丁度等奉命编纂。该书包括军事理论与军事技术两集,每集20卷。特别是在营阵、兵器、器械部分,每件都配有详细的插图,是研究中国古代兵器史的极宝贵资料,具有较高的学术价值。

民国末年和中华人民共和国成立初期就曾对火药的发明历史进行过研究，并发表过论文、出版过专著。冯家昇曾于1937年受邀前往美国华盛顿国会图书馆工作，1939年受邀参加了魏特夫①主持的"中国历史编纂计划"，该计划是美国太平洋国际学会和社会问题研究所的一项研究课题，项目经费由美国洛克菲勒基金会②资助。"中国历史编纂计划"实际是中国历史社会经济方面的资料汇编，冯家昇负责辽代部分的工作。借由这个项目，冯家昇于1939—1947年在美国哥伦比亚大学"中国历史编纂处"做了8年的中国历史研究工作。留美工作期间，他利用美国国会图书馆和哥伦比亚大学图书馆等收藏图书丰富的有利条件，摘抄过大量有关火药的史料，并与美国人富善（又名富路德 L. C. Gooclrich）合写了《早期的中国火器发展》（The Early Development of Firearm in China）一文。回国后，冯家昇对这些史料进行了整理，先后于1947—1954年发表了8篇关于火药的文章，其中，5篇发表于历史学学术期刊中，1篇发表于《光明日报》中，2篇发表于自然科学学术期刊中，分别为《火药的发明及其传布》（《史学集刊》1947年第5期）、《读西洋的几种火器史后》（《史学集刊》1947年第5期）、《回教国为火药由中国传入欧洲的桥梁》（《史学集刊》1950年第6期）、《读西洋的几篇火药火器文后》（《史学集刊》1950年第7期）、《蒙古人西征用过火药吗？》（《历史教学》1952年第3期）、《火药的发明及其传入欧洲的经过》（《光明日报》1952年6月7日）、《驳斥欧美人的"火药是欧美人所发明的"谬论》（《科学通报》

---

① 卡尔·奥古斯特·魏特夫（Karl August Wittfogel, 1896—1988），原籍德国，1928年获法兰克福大学博士学位。曾任德国共产党中央委员，1935年来华与胡适、陶希圣结识，开始研究中国的社会与历史。1937年取得美国国籍。1939年起，先后任太平洋国际学会和社会问题研究所中国史教授及所长，研究中国的社会与历史，著有多部关于中国社会历史的著作。

② 洛克菲勒基金会（Rockefeller Foundation）由约翰·D. 洛克菲勒创立于1904年，当时叫作"公共教育基金会"。是美国最早的私人基金会，也是世界上最有影响的少数基金会之一。公共教育基金会通过资助各种研究机构和社会团体，对美国的政治、外交、军事和经济进行了广泛的研究，给政府决策以重大影响。

1953年第12期)、《火药的发明及其西传》(《化学通报》1954年第11期)。1954年,冯家昇将他所发表的关于这方面的文章加以整合,出版了《火药的发明和西传》一书,论证了火药在中国发明、在军事方面的应用以及火药知识由东方向西方传播的过程。但遗憾的是,冯家昇的研究在当时并没有引起国内外广泛的关注。究其原因,恐怕与中华人民共和国成立初期国内外的大环境有关。《中国近代科学论著》的编印工作处于中华人民共和国成立初期,正是以苏联和中国为代表的社会主义阵营与美国、英、法等国为代表的资本主义阵营激烈对抗的时期,欧美各国对新生的共和国所采取的态度是敌对和封锁,中国学者的研究成果不会也不可能会得到国外学者、国际社会的关注和承认。所以,虽然冯家昇因为曾在美国工作多年,最早意识到国际社会对火药发明历史存在错误认知,并陆续发表了一系列的研究成果,力证火药的发明在中国,但在当时,他的研究成果并没有在国内外引起足够的关注和广泛的认可。国内爆炸理论研究还处于刚刚起步阶段,相关领域的中国学者根本没有意识到这个研究成果的重要性,更何况国外的学者。冯家昇后来转向做民族史方面的研究,他关于火药发明历史的研究成果就此被淹没在历史长河之中。

丁敬的研究应该说是在冯家昇的研究基础之上进行的。正因为有了冯家昇之前扎实的史料收集和可靠的研究成果,丁敬才能找到正确的研究方向和技术路线,也才有可能用比较短的时间完成了对火药发明历程的研究。对此,丁敬从来都没有否认过。经过了20多年的变迁,中国与世界都发生了巨大的变化。可以说,若不是国家启动《中国大百科全书》的编纂出版,则丁敬不会开始"中国古代火药"的研究;若不是世界向中国逐渐敞开了大门,则丁敬不会有"意外的发现";而若不是因为丁敬的发现、若不是因为有他的强烈呼吁和积极推动,则国内学术圈和领导层不会意识到国际社会对"火药是中国人的发明"存有异议,冯家昇20多年前的研究成果也不会再次出现在世人面前,而是被彻底湮没在历史长河之中,翻不起任何的浪花。国外的专家学者更不会知道他们自小从小学、中学课本中了解的火药发展历史并不准确，中国才是火药的发明地。

丁敬清楚地意识到，仅仅完成火药发明在中国的考证、在国内发了一篇论文并不能就此了事。他要为中国这个火药的发源地正式正名。因此，他重新将之前为《中国大百科全书》撰写的"中国古代火药"条目，按照自己最新的研究成果进行了修改。1986年8月29日，《中国大百科全书·军事卷》编委会召开会议讨论大事条，通过了丁敬对"中国古代火药"条目的修改意见，9月22日"中国古代火药"条目正式完成修改。他在"中国古代火药"条目（《中国大百科全书·军事Ⅱ卷》第1321～1323页）中明确指出："现代黑火药是由中国古代火药发展而来的，火药是人类掌握的第一种爆炸物，是中国古代四大发明之一，对于世界曾起重大作用。"写下这段言简意赅的介绍时，丁敬可以百分之百确定其内容的准确性，经得起任何人的推敲和质询。

虽然丁敬的科研工作异常繁忙，他的爆轰理论研究需要他倾注最大的精力，他有很多重要的科研工作需要与国际同行进行交流，但他并没有忘记还有更为重要的事情要去做，也没有忘记自己肩负的捍卫祖国荣誉的责任。他要到国际上去宣传火药技术在中国的发明和发展历程，他要纠正国际社会对火药发明历史的错误认知，要让国际社会对这个结论充分地承认。他清醒地认识到，如果不能不断地站在国际学术论坛上去发声，在国际社会争夺应属于中国的话语权，那么要不了多久，这个好不容易整理研究出来的考证成果，也会逐渐被世人所淡忘，就如冯家昇的研究一样，最终会被湮没。于是，凭借着在燃烧与爆炸理论研究领域知名学者的身份，丁敬屡次走出国门走上国际会议的讲坛，向全世界宣传中国古代科技对世界的影响，努力推动国际社会对"火药发明在中国"的充分认可和广泛接受。

1985年6月22日，丁敬来到英国伦敦考察调研。在访问剑桥大学时，他专门拜访了英国科学家、《中国科学技术史》的作者李约瑟（Joseph Needham）博士。李约瑟曾在1944年受时任浙江大学校长竺可桢的邀请访问过因抗日战争被迫搬迁到贵州遵义和湄潭的浙江大学，并在那里为浙江大学的师生做过讲座，还曾对当时处于战时的浙江大学的科研和教学工作给予过非常高度的评价。当时还是浙江大学化工系一名普通大学生的丁敬也曾近距离聆听过李约瑟博士的讲座。时隔近半个世纪，再次见到当时崇拜的大师时，丁敬已从曾经的青年变为功成名就的知名学者。他向李约瑟博士详细报告了自己对火药发明历史的研究过程，翔实的历史资料和确凿的证据令李约瑟完全赞同丁敬的研究成果，也承认丁敬在1983年发表的论文《古代火药技术简史》中指出的，他在《中国科学简史》中有关欧洲应用火药时间的论述是错误的。

## 第四节　深入研究中国古代火药理论

在搞清楚火药的发明历史之后，丁敬并没有停止研究的脚步。他认为，对火药历史的研究还不全面，目前的研究仅仅只是火药历史研究的一个阶段性成果。就火药的作用来说，火药在军事领域的应用标志着热兵器时代的来临，这一段火药军事应用历史值得进行仔细研究，比如：火药在军事领域的作用、军事科学技术从冷兵器向冷兵器和热兵器并存发展的过程、热兵器制造技术和火药技术的发展历史等，还有很多问题需要也值得学者们去研究。但在当时，很少有人关注这些方面的问题，兵器科技史的研究也没有受到重视。

其实，中国的科技史研究很早就开始了。从20世纪20年代开始，张子高①、张荫麟②、梁思成③、刘仙洲④等知名学者就已经开始从事中

---

① 张子高（1886—1976），化学家和化学教育家，湖北枝江人。中国化学史研究的开拓者之一。1915年毕业于美国麻省理工学院，获化学学士学位。清华大学教授，曾任清华大学副校长。著有《中国化学史稿（古代之部）》。

② 张荫麟（1905—1942），无字，号素痴，亦常作笔名，广东东莞人。著名学者、历史学家，代表作有《中国史纲》。1940—1942年，在浙江大学任教。

③ 梁思成（1901—1972），建筑历史学家、建筑教育家和建筑师，被誉为中国近代建筑之父。广东新会人，毕生致力于中国古代建筑的研究和保护。

④ 刘仙洲（1890—1975），河北省完县唐兴店村人。机械学家和机械工程教育家，中国科学史事业的开拓者，中国工程专家，中国科学院院士。1918年毕业于香港大学，获学士学位。1947—1975年，任清华大学教授、副校长。1955年，选聘为中国科学院院士（学部委员）。

国古代工程技术史的研究。金陵大学万国鼎在担任农业图书研究部主任后，开始从事农业史料的搜集和农史研究工作。医学史研究者早在1935年就成立了中华医学会医史学会，并于1947年创办了《医史杂志》。所以说，中国对理、工、农、医各学科史的研究在中华人民共和国成立时已有一定的基础，在医学史、农学史和技术史等领域也都取得了一定的成果。

中国科学院（简称"中科院"）作为国家最高科学研究机构，对于科技史学科的创建起到了至关重要的引领作用。1954年7月，时任中科院副院长的竺可桢拿到了李约瑟《中国科学技术史》第一卷。后来，在他为《人民日报》撰写的文章《为什么要研究我国古代科学史》中提到李约瑟的工作，并强调了研究中国古代科技史的必要性：

"英国李约瑟博士近来写了一部七大本的《中国科学技术史》（第一本已出版），其中讲到从汉到明一千五百年当中，我国有二十几种技术上的发明，如铸铁、钻深井和造航海神舟等技术传到欧洲。这种技术的发明、传播和它们对西方各国经济的影响是应该加以研究和讨论的。"

在竺可桢的倡议和推动下，1954年8月5日，在中科院召开的第30次院务常务会议上，确定了中国自然科学史研究委员会成员名单，任命竺可桢为主任委员，叶企孙和侯外庐为副主任委员。在会上，竺可桢介绍了当时北京医学院、南京农学院、清华大学分别在进行的医学史、农史、工程史等领域科技史的研究进展，并提出各单位分工进行科技史研究的设想：理科史由中科院来做，工、农、医的学科史由大学来做。至此，中国科技史研究进入快速发展的阶段。1957年1月1日，中国自然科学史研究室宣告成立了，这是中国第一个专门的综合性的科技史研究机构。"文化大革命"期间，中国科技史研究几乎完全停滞，很多资料被丢失损坏，研究人员流失严重。直到1978年全国科学大会之后，特别是十一届三中全会召开以后，中科院及各高校的科技史研究和招生工作才陆续全面恢复。1980年10月，在中国科协和中科院的支持下，第一次全国科学技术史大会在北京召开，会上宣布成立中国科学技术史学会。至此，中国科技史研究迅速恢复，而西方学者对中国科技史的浓厚兴趣使这一领域成为学术热点。

但是,兵器科学技术的发展历史一直以来都没有得到足够的重视,所开展的研究也不够全面系统。20世纪50年代,正式出版的专著只有冯家昇的《火药的发明与西传》。资料方面,由时任清华大学副校长刘仙洲领导的中国工程发明史编辑委员会曾做过一些资料收集,但其主要致力于机械工程、水利工程、化学工程、建筑工程方面的技术史资料,只是在后来,随着其他技术资料的收集,又增加了兵工方面的内容。刘仙洲去世后,中国工程发明史编辑委员会解散,1980年,其收集的全部资料被新成立的清华大学图书馆中国科技史研究组接收,并陆续进行了分类整理、编辑和出版,期间,也曾计划编辑出版《火药火器》一书。

1986年,科学普及出版社出版了许会林编纂的《中国火药火器史话》,记述中国火药的发明和在各种火器上的应用及其传播。可见,兵器科学技术史研究在当时没有形成独立的体系,而是分散在理工科史和工程史里面。这个情况令丁敬很着急。对火药发展历史的考证过程,让丁敬认识到科技史研究的重要性,由此,他萌发了开展兵器科技史研究的想法。

丁敬的这个想法,在学校里实在显得有些另类。北京工业学院是一所以理工科教学和科研为主的大学,没有人文社科学科类的院系,从未开展过科技史方面的教研,而且对科技史研究的重要性认识不足,更缺乏能够开展持续、深入研究工作的相关学科方面的研究人员,但丁敬认为科技史研究不能仅限于史学界的专家学者,他认为理工科高校因为专业的优势,更有进行科技史研究的优势。这个想法与清华大学刘仙洲教授的想法不谋而合。事实上,也与中国科协开展的"老科学家学术资料采集工程"在全国多所高校和研究机构大范围开展的思路和工作模式是一致的,只不过在当时,他的这个想法并没有得到理解和认同;然而,丁敬骨子里的创新思想和大格局思维并没有因为不被理解而消除,也没有因为想法在落实中遇到困难而放弃。他坚持做自己认为应该做的事情,无论遇到什么阻碍。在他的推动下,1984年

6月26日,中国兵工学会兵器科学技术史研究会和兵器科技史委员会在北京成立,丁敬担任主任委员。在时任北京工业学院8系主任马宝华的支持下,兵器科技史委员会秘书处就挂靠在8系的84教研室。研究会成立以后,丁敬认为要持续、深入地开展研究工作,没有专业人才不行,而专门的中国科技史研究队伍本就规模不大,经历"文革"的冲击,青年研究人员更是大量流失,研究队伍处于青黄不接的境地。于是,培养研究兵器科技史学科专业学生的工作被提上了丁敬的工作日程。按照他的想法,这个专业是一个横跨兵器科学与历史学科的新型的交叉学科专业,其培养的学生既要掌握历史学知识,也要掌握兵器科学基础知识。如今,交叉学科概念已经深入人心,多学科交叉融合已经是当今科学技术创新发展的关键。交叉学科可以是自然科学与人文社会科学之间的交叉而形成的新兴学科,也可以是自然科学和人文社会科学内部不同分支学科的交叉而形成的新兴学科,还可以是技术科学和人文社会科学内部不同分支学科的交叉而形成的新兴学科。近代科学发展特别是科学上的重大发现、国计民生中的重大社会问题的解决等,常常涉及不同学科之间的相互交叉和相互渗透,但丁敬建设交叉学科的想法在当时可以说是非常超前的,在力学工程系招收科技史研究生,也是他在当时对交叉学科建设的一次勇敢而又可贵的尝试。

作为一名从事科学研究的学者,丁敬深知,如果仅仅以文字来对一个研究课题进行诠释,并不能令国外的专家学者信服,因为他们更看重实验。他带领学生继续开展了火药在中国的早期军事应用、火药技术的发展,以及火药理论的早期研究等课题研究。对于古代文献中记载的一些火药配方,因为不同的配方,其用料、配比都不尽相同,为了搞清楚这些配方在实际中会有怎样的发展、性能达到什么样的指标、有何种用途、能否军用、不同用途的火药是否能很好地区分开等问题,秉持着严谨的治学理念,他指导学生对古代文献记载的火药配比过程、现象和方法进行了实验检验,对理论分析结果加以验证,通过准确、大量的模拟实验,测定这些配方的火药性能。根据实验结果他们得出结论：公元 808 年清虚子所记的"伏火矾法"是有年代可考的最早的原始火药配方；《武经总要》记载的 3 个火药配方经验证可知宋代对火药主要成分的性能、作用已有很多了解，技术比较成熟，因此在火药发展史上起到了承上启下的作用。火药自宋朝以后，在军事方面得到了更为广泛的应用。

丁敬的研究从实验验证的角度为火药发明和发展更深一步的研究提供了可靠依据。丁敬在 20 世纪 80 年代无意中将自然科学的研究方法应用于社会科学研究之中，这种方法是直到网络和数据库逐渐普及的今天，被社会科学广泛应用的研究方法。

在研究中国古代火药理论时，丁敬还第一个考证出中国是世界上最早对爆炸冲击波及其杀伤作用进行科学描述的国家。《宋史》在记载元兵破静江时描写道："……娄乃令所部人拥一火炮燃之，声如雷霆，震城土皆崩，烟气涨天外，兵多惊死者；火熄入视之，灰尽无遗矣。"宋朝周密撰在《癸辛杂记》里记录了一起火药生产爆炸事故后的惨状："……守兵百人皆糜碎无余，楹栋悉寸裂，或为炮风扇至十余里外。"丁敬认为，"惊死"实际上是冲击波致人于死，文中"炮风"两字就是指"爆炸时形成的空气冲击波"。另外，丁敬还考证出，明朝科学家宋应星在《论气》这部著作中，已经对火药爆炸产生冲击波的杀伤作用做了接近实际的分析；当时，宋应星已认识到，火药爆炸后，在空气中形成冲击波，可使人耳聋、内脏损伤或致人死亡。

一系列的研究成果，令丁敬感到非常振奋。丁敬的研究，在历史学研究的基础上，加入科学理论研究方法和科学实验的研究手段对古代文献进行了科学解读，从爆炸力学的角度为中国古代火药技术的发展找到了理论依据；同时，他将中国古代科学技术用现代专家学者，特别是国外的专家学者能够接受并理解的专业语言给予解释，可以说远远超出了历史学研究的范畴，更极大地促进了中国科技史研究成果在世界范围内的传播。

此后，利用个人的影响力和号召力，丁敬开展了一连串的宣传工作，持续在国内外的学术期刊和国际会议上发表他的研究成果，努力推动其在全世界范围内的广泛接受和认可。

1987年5月，丁敬应日本工业火药学会的邀请前往日本参加爆炸与冲击波会议，并在会上作了《中国的火药：过去和现在》专题报告，后来这篇报告经东京大学吉田忠雄教授翻译，发表于日本《工业火药》第49卷第1期。这是中国人第一次将中国火药的发展历史和中国对世界科技发展所做的贡献通过国外的专业学术期刊向全世界发表。

同年10月12—15日，北京国际烟火技术与炸药学术会议（ISPE）在北京友谊宾馆国际会议中心召开。北京工业学院图书馆为小组讨论分会场。这是中国首次召开相关专业国际学术会议，来自美国、苏联、英国、法国、西德、瑞士、瑞典、匈牙利、比利时、日本、印度等国家的71位学者和中国国内130位学者共同参加了本次会议，多位国际著名科学家受邀在会上作了报告。会议期间，中国科协主席周培源参加了接见各国学者的活动，丁敬作为会议主席与参会专家学者进行了多次座谈，开展了广泛、深入的学术交流。

1989年8月14—17日，丁敬参加由美国物理学会在美国新墨西哥州首府Albuquerque市举办的1989年度凝聚相冲击波压缩专题会议（Shock Compression of Condensed Matter 1989），他受邀在会上作了《1637年对冲击波的描述（A Description of Shock Wave in the Year 1637）》的大会报告。这一研究成果是丁敬在研究宋应星《论气》一文基础上，得出中国明朝宋应星首先对冲击波进行了描述的结论，并联想到对黑火药的研究和一些史书关于战争中霹雳炮、震天雷威力的描述和其他记载，得出明朝火药的爆炸完全可以产生冲击波的结论。

1990年，第十五届IPS会议在美国科罗拉多州博尔德市（Boulder）召开，丁敬受邀参会并作题为"火药和冲击波的发明在中国"大会报告。再次站在IPS会议的讲台上，丁敬的内心是激动的。十年过去了，中国的科学技术已经取得了非凡的成就，而且中国人对于古代火药的研究与十年前相比也有了极大的进步。十年前，他在IPS会议上经受了内心的震惊和惭愧；十年后，他的内心则非常笃定，这是丁敬扬眉吐气的时刻，也是中国古代科技在世界扬名的时刻。在报告中，丁敬以无可辩驳的研究史料和研究数据，对于火药的起源、理论、军事应用技术史等作了详细的阐明。他的报告在与会专家学者中产生了巨大反响，让与会者十分信服地接受了火药是中国人最早发明的这个事实，并让同行对中国古代科学家和军事家在火药理论研究及技术发展等方面的贡献有了更深刻的了解。此后，他的这篇报告借由大会会议录向全世界传播，也被国内外社会各阶层广泛采用，成为共识。

　　丁敬虽然不是历史学家，但他从爆炸力学专业角度对中国古代火药的发明历程、应用历程进行了深入的研究和科学解读，充分运用个人影响力将研究成果在国际社会中进行传播，从而被广泛接受和认可，其意义是巨大的，也产生了深远影响。丁敬担起了他身为中国科学家的责任和义务，捍卫了祖国的尊严，为中国的科技史事业做出了重要贡献。

# 第九章 培养后学

丁敬是我国爆炸力学及爆轰学研究的奠基人和引路人,他在北京理工大学工作了近五十年,对我国的爆炸力学及爆轰学研究工作起到了重要的推动作用。这期间,他对爆炸力学及爆轰学研究工作具有高度的责任感和敬业精神,为我国国防事业培养和指导了一批优秀的人才。

20世纪60年代,丁敬培养出我国首批装药加工专业的研究生;20世纪80年代,他又培养出我国首批"爆炸理论及应用"专业的博士;他的学生大多数已成为各自所在单位的学术带头人和科研骨干,有的已经成为爆炸学界的学术领军人物,而丁敬的思想品德、学术造诣、治学方法和为人之道,对他学生的成长产生了重大的影响。

## 第一节 教书与育人

"师者,所以传道授业解惑者也"出自唐代著名的文学家和思想家韩愈所著《师说》,这句话的意思是说做老师的人,就是要解答学生的疑问、传授专业的知识和培养学生的品格。这是韩愈对教师这个职业的经典定义,并成为后世对一位教师的评价标准。授业和解惑都比较好做到,具有一定程度的知识文化水平,就可以做授业和解惑的事情,但传道就不那么容易了，应该说是教师的最高境界。传道传道，要求老师言传身教，传授知识的同时培养学生的人格品质，将自己的世界观、人生观和价值观传递给学生。

从 1950 年回国任教到因病不得不离开心爱的工作岗位，丁敬在教师这个岗位上将近工作了五十年。谈到丁敬，他的同事和学生第一个说到的就是他的爱国。他常常以自己的亲身经历教育学生：科学虽然没有国界，但科学工作者是有国家的，首先，应该报效自己的祖国和人民。

对于这一点，曾是丁敬同事的知名教授马宝华总结道：

"丁先生是一个有大志向、大眼光的人，怎么说呢，大志向就是从他回国，回国以前，他在美国也是很进步的一个人，他那个时候他不回来的话，他的生活工作条件是极其优越的。他那个时候很年轻啊，才二十几岁。现在的二十几岁的人，如果在美国在他这个份上有几个想回来的？就是说他确实是为咱们国家的这个科学技术和教育，武器装备的发展牺牲很多自己的东西。"

丁敬认为，作为教师，第一是教书育人，要在教书当中育人；第二是一定要在教好人的同时育好人，而要做好这一点，就要深入学生中。这种培养思想，经过他的身体力行，在他所领导的"七专业"和力学工程系中形成了老师们工作中的一种意识、一种理念。在他的带领下，各教研室老师将工作下沉到学生身边，贴近学生、关怀学生成为一种风气。他还要求教师深入学生中，与他们同吃同住，了解学生生活与学习的情况，征求对老师教学的意见，这种方式称为抓学生的"活思想"，可以改进教学。他还提出"要以父母兄长之心来对待学生"，即年长的老师要把学生当成自己家里的孩子，年轻的老师要把学生当成自己的弟弟妹妹。

为提高学生对专业学习的积极性，他主张在毕业设计与毕业论文选题上，应本着结合实际、真刀真枪实干的指导思想，如把结合装药工艺的技改项目，对引进苏联的三种型号导弹战斗部（7089 空空导弹战斗部，3069 地空导弹战斗部，1059 地地导弹战斗部）威力及传爆系统进行反设计作为毕业设计与论文的选题，不但大大增强了学生的积极性和责任心，而且还提高了学生独立解决实际问题的能力及技术水平。他提倡年轻教师积极参与新产品仿制、设计与反设计和研制实践活动，分批深入专业工厂、研究所、设计院进行实习、研究、试制。例如，利用带毕业实习的机会深入 123 厂，全面了解三大引进导弹产品（1059、3069、7089）的设计、试制、生产的全貌和基本过程。这给师生的培养训练起到了立竿见影的效果，为后期参与军工产品研制工作打下了一个坚实的基础。

丁敬认为，青年教师是学科建设最为关键的因素，没有一支优秀的教师队伍，就没有一个优秀的学科。1952 年，经过院系调整，北京工业学院建立了 11 个兵工专业，大部分的专业都是新建的，之前在国内并没有基础。经过一年多的建设，"七专业"陆续建成了三个方向的专业实验室，在苏联专家的指导下制定了教学大纲和教学计划、专业课教材。1951 年，"七专业"招收了第一届学生，还有一部分从东北兵专转来的学生。这批学生将在大学的第四年、第五年开始学习专业课，所以专业教师的培养迫在眉睫。苏联专家进校后，最先给专业教师进行专业课的培养。为了尽快提高教学水平，1955—1956 年，6 系的苏联专家班林为专业教师开设了炸药理论课，每周两次，所有学该专业的教师必须去听课并做笔记。作为教研室学科带头人，虽然需要处理的事情很多、负责的工作也很多，但丁敬每次都坚持去听课，非常勤奋、钻研。当时，青年教师的外语水平并不高，虽然苏联专家授课配有翻译，但大家听讲还是有些难度。为了提高大家的听讲效果，丁敬想到了一个组建学习小组的办法。他将"七专业"所有的教师集中在一起，听完了苏联专家的课程后，马上就带领大家一起复习，用这样的方式来督促青年教师快速提升教学水平，另外还安排了晚上集中学俄语活动（难句分析），以此督促大家提高外语水平。陈熙荣教授后来回忆起这段头脑被轮番轰炸的学习时光，不禁感慨道：

"这个效果还挺好的。（我们）有一个专业翻译，丁先生领导我们专业所有的教师，七八个在一起听完了不是就走了，大家一起要复习，强调我们一定要复习、提问题、讨论，外语也是这样。所以，我们几乎一天都在教研室，又玩又学习，他就带我们学，他在学习期间总是像其中一分子，没有妄自尊大，而且一点也没有架子，这是我最深的印象，而且你听完专家讲以后，你马上要去答疑，马上要备课，马上要用上，因为我们写教材也要用这些个概念啊。"

在年轻同事的眼中，丁敬虽然是长者，又是美国留学生，但他从来不因为同事是新来的或是女同志就来说教，用教训口吻说这说那或者自以为是，他对人总是很儒雅。他学习很勤奋、很抓紧时间，有时我们多议论点不重要的事，他总是轻轻地提醒大家说："要抓紧、要抓紧。"他在工作面前从来未怨天尤人，很冷静，很儒雅，但又很有原则，很有毅力。

丁敬的外语能力很强，在浙江大学读本科的时候，除了英语，他还选修过德语为第二外语。虽然是回国后才学的俄语，但他很快就能够学以致用，还形成了一套自己独特的学习方法。苏联专家讲课时，无论在讲课中还是课间休息，丁敬都非常积极主动与专家对话、交谈，以此来提高自己的口语水平。不久，他的俄语水平就提升了，上课时他经常纠正翻译的错误，很快，有些章节他就直接在讲堂上做口译。他写出了《爆炸作用原理》的讲义，供同学们做教材。而对青年教师的英语学习方法，他也建议道："学这学那，语法文法，我就没有这个过程。其实，系统看懂一本外文书就解决了。"由于丁敬既懂专业又懂俄语，因此讲课效果很好，也帮助了那些教俄语的青年教师。

丁敬是一个不墨守成规的人，也非常鼓励青年教师大胆表达自己的想法。1975年，为响应上级号召，力学工程系也开始办专业短训班，学生来自全国各专业工厂，把课堂搬到工厂中，与工人、与生产实际相结合。当时，9123厂被选为短训班授课点，由丁敬带队，与他一起下厂的还有赵衡阳和陈熙荣两位老师。有一次去防化所参观调研，在防化所派来接他们的车上，丁敬与防化所领导谈到短训班办的问题。忽然，丁敬问陈熙荣对短训班的看法，陈熙荣大胆地说："学生们的水平不一样，有的基础太差，物理、化学的基本概念都没有，从何讲起；

要说好教，没有深奥的难题，所以又好教又不好教。"丁敬听完陈熙荣的话就笑了，表示认同她的看法。后来，丁敬果真按照学生受教育的程度分别开展了教学。

短短几年时间，在丁敬的带领下，"七专业"的专业教师队伍从小到大、从幼稚到成熟到壮大，接受一个又一个挑战，攻克一个又一个困难；不但完成了教学任务，还陆续开始进行科研工作，如请国内外力学界知名人士讲学和学术交流，特别是科学院力学所、中国科大、国防科大、九院、204所等。

## 第二节　言传与身教

教师的一言一行总会在潜移默化中影响学生，因此，在教书育人的过程中，丁敬强调，教师应言传与身教并重，强调以身作则，作学生在品德和科研上的表率。

回顾国内30多年的工作以及主持的几项重大科研项目时，丁敬说：

"我没有后悔的地方。国内条件虽差，但我们经过艰苦的创业，在祖国的爆炸力学这块科学的旷野上，打下一个又一个的基础，建起了一座又一座的高楼，虽然有些楼还不如西方发达国家的那么高，但我们毕竟赶上来了，有了自己坚实的科研基础，而且祖国给了我施展才能的广阔天地，我的生活是充实的，精神是丰富的。"[1]

丁敬的爱国主义思想影响着周围的同事及学生，徐更光院士说：

"我的配伍（炸药配方）如果报美国专利的话，美国人就知道我们的配方了，他就会纠正他的错误，现在美国那个配伍还是错误的。我就不报专利，报专利好处是个人的，不报好处是整个国家的，这些都是丁先生对我的影响。"[2]

---

[1]　浣石：身教与言传——记我的导师丁敬教授。
[2]　徐更光访谈。

改革开放后,出国之风盛行,影响了学生们的心绪。入学后,学生们通常面临两条道路:一是放下一切,专攻外语,联系出国;二是投入紧张的课程学习,潜心研究,立足于国内攻博。前者显然是一条名利双收的捷径。在国外攻博,由于条件好、起点高、课题明确,因此工作量较小,论文可顺利完成,而且还可以在三至五年内饱览异国风光,享受现代化的生活,经济收入也相当可观。回国后,还可以拥有种种优先权和照顾。面对这样的情况,他的学生回忆,一方面,丁敬会通过谈自己的亲生经历来启发学生的爱国热情;另一方面,通过分析爆炸学这个学科的具体情况,学生可以认识到,国外也不是所有的专业都招收中国学生的。丁敬认为像某些学生那样,放弃自己的专业,到国外三流学校去做那些不着边际的研究是不可取的。他指出,在我们现有的基础上,用两至三年时间,在本学科某些领域赶上世界先进水平是完全可能的。丁敬的耐心引导,提高了学生们在国内写出高质量论文的信心。

　　走自己的路,并不是闭门造车。科学中的问题不能用感情来代替。丁敬虽然立足于国内,却并不妨碍与国外进行学术交流。改革开放以来,丁敬教授不遗余力地推动所在学科领域的国际学术交流与合作,先后应邀访问了美、法、俄、德、日、英、波兰等国家的著名学府和相应国家的实验室;并被美国新墨西哥州炸药技术研究中心邀请担任访问教授。他还多次邀请美国、俄罗斯和日本等国家的著名爆轰理论学者来中国讲学,本人也多次担任国际爆轰会议及其他重要国际学术会议的主席,并被聘为美国主办的"国际烟火讨论会"国际顾问委员会委员、美德联合主编的杂志《推进剂、炸药、烟火》的顾问委员会委员等职。1986年,丁敬作为联合主席,成功地在国内举办了一次国际学术会议。1987年5月,他应邀去日本讲学,10月作为主席又在北京举办了一次国际学术会议,要求同事、助手及博士生发表会议论文。1991年,丁敬主持在北京理工大学召开的第十七届国际烟火技术研讨会暨第二届(北京)国际烟火技术和炸药学术会议。正因为选择走自己的路,丁敬才可以系统地做出有特色的工作,建立起自己的学术地位,赢得国外同行们的敬仰。

本科生毕业论文是老师带着做,硕士论文是按导师指定的题目做。博士论文的题目还是找导师要吗?丁敬认为,博士生是国家未来的高级科研人才,必须具有独立工作的能力,因此,题目最好是自己选,这也是一种能力的训练。

确立选题是很难的,丁敬的第一届博士生浣石说:

"我确立选题花了一年多时间,而做论文只用了一年,其中,实质性的工作基本上是在半年内完成的。"

在确立选题的过程中,导师的作用是很重要的。丁敬让学生自己确立选题,并不等于他心中无数。据浣石回忆,在丁敬的启发下,他们首先商定总的研究方向。丁敬在把握这个大方向上是令人佩服的。开始时,浣石急于把题目定下来,很快提出了两个方案,而丁敬却认为起点太低,建议浣石先大量阅读文献,然后,写出两篇综述报告来。大量的阅读,开拓了浣石的视野,使新的想法不断涌现。在此期间,通过与丁敬讨论,一些朦胧的思想在浣石那里得到纯化和升华。经过多次这样的反复,浣石与丁敬的想法趋于一致,因此,他心里也就踏实多了,而且特别令浣石感动的是,就在他作开题报告之际,丁敬为他申请到了6万元科研基金。确立选题的另一个难点在于所选的题目能否在现有条件下完成。理论上的不足,可以通过自学来解决,但实验设备的短缺不是短期内能解决的问题,因此,丁敬让学生们必须花精力去熟悉实验室的仪器及其功能,了解国内现有的实验水平,并做一些摸索性的实验。这样就可以达到事半功倍的效果。据浣石回忆,这种方式使他们设计的三种实验都很快得到了较满意的结果。让学生自己确立选题的方式,提高了学生的独立科研能力,并实现了丁敬和学生之间在新高度上的相互理解和默契。

## 第三节 严师与慈父

治学严谨是丁敬教学科研工作中最突出的特点,根据他的学生回忆，丁敬给他们印象最深的就是严格认真的治学态度。丁敬常对学生说：

"科学研究是一项艰苦的、创造性的、探索性的脑力劳动，是一件老老实实的事情，来不得半点虚假和马虎，必须具有不怕困难、不怕艰苦、脚踏实地、百折不挠的毅力和求实的治学态度，不能图省事、怕困难，不能存有任何侥幸心理。"

丁敬认为，学术研究，首先，必须在全面搜集阅读资料上下功夫，这是做好研究工作的前提。据他的学生白春华讲，受早年在美国留学时的国外学术氛围影响，丁敬在治学上基本按照美国的思路进行，做研究的过程是从看资料开始的；然后，再做学术方案，结果出来后再总结、再分析、再提炼。当时，在培养学生的时候，他每个星期都会举行一个学术报告会，大家坐在一起轮流讲，学生给他汇报这一个星期看了什么文章、做了什么工作；在做工作前，他要求学生先把别人的文献讲一讲。丁敬坚决反对进行那种不去搜集阅读资料，搞"无米之炊"，以及从主观臆想出发的研究方法。他认为，只有搜集各方面大量的材料，经过科学分析，才能透过现象看到事物的本质。

**丁敬听取学生汇报**

丁敬特别强调论文的质量。他认为，质量是论文的生命，而论文的质量又体现在学术的先进性和理论的创造性上。他要求研究生瞄准本学科世界前沿选择课题，鼓励研究生大胆创新，写出高水平的论文来。在指导学生撰写论文中，从拟定框架结构、主要内容、基本观点，一直到文字表述，都提出了很高的要求。对于学生的论文，他都亲自审稿，对重大问题逐一把关，有的地方还仔细作了批注。据丁敬的学生白春华回忆，学生们的论文能通过丁敬审核把关的特别难，丁敬要求学生必须把论文中的所有观点弄得特别明白，论文发表出去，不能让别人有异议或者发觉是假的、抄袭他人的。1986年，白春华的硕士论文完成后，写了一篇论文希望发表，就拿给丁敬审核。对于这篇论文，丁敬反复审核指导了好久，白春华也反复改了好几稿，但改到最后，丁敬给的意见仍然是，他对于论文中的某些内容还是把握不住，若投稿，则不能署丁敬的名字。白春华抱着试一试的想法将论文投到了《爆炸与冲击》，不久，白春华有生以来的第一篇文章《惰性介质中拉氏量计的简单分析方法》在《爆炸与冲击》上发表了，文章获得了主评人很高的评价，但文章的作者唯有白春华一人。

丁敬对论文质量的要求还体现在一些细节方面，如对于学生的每篇综述或论文，他都认真地阅读和校对，若论文中任一观点不是自己的，就必须引用原文。他常告诫学生，从事科学研究，一定要老老实实，来不得半点虚假，一个观点如果不是自己的，那么就一定要注明出处。他的学生浣石说：

"有一次他还发现我引错了一篇文献，我真没想到连参考文献丁先生都一篇篇地校对，这给我留下了深刻的印象。"[1]

浣石还曾提到：

"我记得丁先生一个学生当时推出了一个公式，和别人的不一样，他表示怀疑，他就让我也推导一次，原来是一个概念搞错了，是拉格朗日坐标和欧拉公式搞混了，两个变量，小写 $x$ 和大写 $X$ 没区分，结

---

[1] 浣石：身教与言传——记我的导师丁敬教授。

果就导致一个错误的结果。他对学生的文章肯定是很认真地读过。"①

丁敬一生发表的论文数量不多，但他每发表一篇论文，其中所有观点他都懂得很彻底。正如浣石在一篇文章中写道：

"在与导师的两年接触中，我学到的不仅是科研方法，而且还学到了一丝不苟的治学态度。"

丁敬培养和指导的研究生有自己独特的思路和方法，他十分重视对学生外语能力的严格要求和悉心教诲。他把带领学生参加学术会议视为培养学生外语水平过程中一个必不可少的环节，特别强调，让学生向学术会议投稿，并参加学术会议增长见识，交流想法，拓展思路，为此，丁敬几乎每年都带学生参加国内爆轰及爆炸领域的会议。

丁敬学风正派，淡泊名利。在学术工作中，丁敬严格要求自身"假如这篇文章是我的学术思想，我才能牵头"。据他的学生白春华回忆：

"丁先生在国外的影响很大，第九届国际爆轰会议上，大会邀请他去做一个爆轰报告，报告的内容是我的博士论文。国际爆轰会议那是很难得的，他去参加，我当时没有资格参加，但报告的第一作者署名是我。丁先生品德多么高尚，他坚持我做第一作者，他是这样的，他这个人特别严谨。"②

丁敬的一位学生说：

"丁先生对待学生既是严师，又是慈父。尽管功成名就、学贯中西，但他在学生面前没有丝毫的架子。"

丁敬在学业上对学生的要求一丝不苟，可是在平时的生活中，对他们关怀备至，温暖而细腻。在日常生活中，丁敬细致入微地关心着学生。他经常告诉学生有什么困难一定要告诉他。"文化大革命"以后丁敬的第一个硕士生焦清介教授回忆道：

"当时住在学生6号楼，我们很懒，丁先生每天早上起来运动的时

---

① 浣石访谈。
② 白春华访谈。

候都去敲我们的门,看起来没有人醒,丁先生穿着运动服,敲我们门的时候,我们都还在睡,丁先生那个时候是副校长,平常跟我们接触的时候比较少。早上起来就跟我们谈,最近工作学习怎么样,有什么问题没?我们就说6号楼后面那个木工房(那个时候学校在修)每天中午电锯吵得我们不能休息,这边的学生都托我们向丁院长反映,能不能中午让电锯休息一会儿,后来这个事很快就解决了,丁先生对学生是非常爱护的。"

每逢过年过节,他都要把研究生请到家里,做上一顿丰盛的饭菜,让学生改善一下生活,享受一份家庭的温暖,加深一番师生感情。在得知一个博士生的爱人及孩子来北京后,丁敬夫妇就请学生全家人到家里聚餐。丁敬就是这样细致入微地关心自己学生的。

丁敬请学生在家聚餐

在关系学生的学业和发展前途上,丁敬总是尽心尽力。1988—1991年,丁敬在美国讲学,但此期间他仍时刻惦记着国内博士生的论文进展,坚持每两周给博士生写一封信,函授指导博士生的工作,介绍国外本学科的发展动态,以及博士生所研究领域的最新学术成果。他还自己花钱复印资料寄回国,供博士生写作论文时参考。他的一个博士生,在不到两年的时间里,就先后接到了他在美国发来的四十多封指导信函。

"丁先生每次都在我的来信中作批注,写得非常认真,用美国那种小格子纸写得很规范,最后将批注的再备注一下。"①

学生遇有思想问题,丁敬会耐心开导。改革开放后,针对一些研究生不安心学习,一心想联系出国等思想动态,丁敬耐心地做学生的思想工作,帮助学生分析本学科的优势和具体情况,使学生懂得,如果放弃自己的专业到国外二、三流的学校去做些不着边际的研究,是不明智的。

丁敬的确将学生当成了自己的孩子来关心,来爱护,他爱生如子的情怀让学生们很感动。学生们也待师如父。每逢重大节日,老师生日或生病时,学生们都回去拜访、探望和照顾。有学生曾在丁先生生病后,一直帮助家属照顾他,还有的学生经常去探望丁先生或力所能及地为他做一些事。用他们的话说,做这一切都是饱含深情的,与老师当年对自己的爱护与培养相比,不及万一。

## 第四节 桃李芬芳

在近50年的教学生涯中,丁敬培养了一大批国防科技高级专门人才。早在"文化大革命"前,他就培养指导了多名研究生。1963年,作为我国爆炸物理学科首位硕士研究生导师,丁敬从北京大学数学力学系力学专业招收了一名叫崔春芳的学生,他是丁先生的第一位研究生;1964年,丁敬招收了中国科技大学爆炸力学专业的2位毕业生以及本校的1位优秀毕业生;1965年,丁敬招收了中国科技大学的1位及本校的4位学生。虽然当时研究生的培养受到了"文化大革命"的冲击,但这是培养研究生的一个好的开端,为后来招收研究生提供了宝贵的经验,而且这些研究生受到了严格的训练和培养,后来,在各

① 黄风雷访谈。

自工作岗位上都做出了重要的贡献。1978年,恢复研究生招生后,一大批青年学者又投到丁敬门下,攻读硕士、博士学位或从事博士后研究工作。在丁敬的精心培育和指导下,目前,他的许多学生已经成为教学、科研或生产部门的骨干,还有的已经成为博士生导师、知名的专家学者。丁敬的学术精神、学术生命与贡献,都得以绵延和发扬。

**丁敬和他的学生们**

丁敬指导的学生如下:

**恽寿榕**,1950年考入华北大学工学院(北京工业学院前身)化工系,1955年毕业后留校任教。我国著名爆炸力学和武器毁伤效应专家,教授、博士生导师,1992年享受政府特殊津贴。历任831教研室主任,兵器工业总公司爆破工程培训中心主任,中国力学学会爆炸力学专委会副主任,《爆炸与冲击》杂志副主编,中国兵工学会爆炸与安全技术专委会副主任,"兵工学报"常务编委,中国空气动力学会物理气体动力学专委会副主任。编著出版专著、教材《爆炸力学计算方法》《爆炸力学》等共5本。参加"863"高技术、国家自然科学基金和部级科研30多项,学术领域有爆炸效应、聚能、侵彻、战斗部、爆炸安全技术、动高压合成超硬材料、石油射孔技术、爆炸测试和数值模拟等。获国防科工委和部级奖 6 项,国家专利 2 项。1991 年 4 月,恽寿榕被国家高技术"863—409"主题专家组评为"863—409"主题项目概念研究先进工作者,在国内外学术会议或刊物上发表论文近百篇。

**徐更光**,中国工程院院士,他曾经这样说:

"弄清楚爆炸学的主干学科这件事情,贡献最大的是我的导师丁敬。"

徐更光是我国兵器工业爆炸技术领域的著名专家。先后研制成功各类混合炸药 11 种,用于装备 20 多种武器弹药。徐更光为我国弹药的炸药装备发展和装药技术的革新改造做出了不懈努力和重要贡献,先后取得了国家科技进步一等奖等国家级奖 3 项、全国科学大会奖等部级奖 9 项;他还是北京理工大学重点学科"爆炸理论及应用"的学科带头人和兵器工业知名功勋专家。徐更光始终认为,自己能拥有今天的成就不是能力强,而是机遇好,获得机遇则与丁敬的支持是分不开的,他曾说:

"导师丁敬是一个宽容的人,他指导我、栽培我、帮助我,我才能有今天的成就。"①

**张鹏程**,教授。1956 年毕业于原北京工业学院化工系"七专业",后留校任教。曾任本校力学工程系爆炸物理及爆炸与装药专业实验室主任,负责实验室的规划及建设(该实验室具有当时国内先进水平,为我校重点实验室之一)为之后被评定为国家 A 级实验室打下了基础。张鹏程曾任中国兵工学会工程装备学会地雷爆破专业组副组长、爆炸力学学会爆炸作用及防护学组副组长。从事科研工作约 20 余项。获奖 6 项,发明专利三项(国密第 6 号、113 号和 284 号)。与黄正平同志合编《爆炸测试技术》教材,协助丁敬和陈福梅两位教授培养研究生,共同开展了炸药爆炸测试方法的研究和建立。1981 年此项工作成果获全国科学大会奖。另外,张鹏程还参与"62 单兵战斗部改进"项目的

---

① 朱振国. 徐更光——喜欢画漫画的爆炸专家 [N]. 光明日报,2010 - 11 - 05。

研究并提出多项改进措施，解决了当时国内破甲率不稳定的重大难题。同年，该项目获国务院国防工业办公室重大技术改进三等奖，开展B型主动装甲的研究（原名聚能式双防爆炸装甲），获兵器工业总公司科学技术进步二等奖。

**浣石**，广州大学教授，博士生导师，也是丁敬指导的第一届博士研究生，他的论文题目是"非均质炸药冲击波起爆和二维稳态爆轰的研究"，论文的三部分分别获批3个奖项。其中，"用于动高压流场测量的二维拉氏量计及其实验方法"获国家发明奖三等奖，"二维C—J条件"获国防科工委三等奖。

**白春华**，爆炸科学与技术国家重点实验室（北京理工大学）教授，博士生导师。2004年"新世纪百千万人才工程"国家级入选者，教育部"跨世纪人才"获得者，科技部"国家重点实验室建设先进个人（金牛奖）"，曾先后担任爆炸科学与技术国家重点实验室副主任、主任，力学工程学主任，安全科学与工程一级学科首席教授。1982年入学，跟随丁敬攻读硕士学位；1984年，获得硕士学位后，白春华继续跟随丁敬学习，成为丁敬的第一届博士研究生。毕业后，白春华留校工作，在老师的领导下长期从事多相爆轰理论与云爆武器技术研究。获授权发明奖26项，部级科研承购奖9项，发表学术论文200余篇，出版学术专著6部。自"九五"以来，作为国防科工委和总装备部云爆武器技术系列课题负责人，组织开展了云爆燃料、战斗部、引信以及威力评价等系统研究工作，突破了高威和高可靠性云爆战斗部系统技术。

**黄风雷**[1]，爆炸科学与技术（北京理工大学）国家重点实验室教授，"长江学者"特聘教授，曾任国务院学位委员会第六届学科评议组兵器科学与技术学科召集人。1988年，黄风雷免试推荐进入北京理工大学爆炸理论与应用专业攻读博士学位，师从丁敬。自1991年毕业留

---

[1] 贺亚兰. 北京理工大学文化建设丛书[M]. 北京：北京理工大学出版社，2009：28-33.

校任教以来,他一直从事凝聚炸药爆轰学、材料冲击动力学、爆炸作用机理、爆炸毁伤效应等方面的教学与科研工作,得益于丁敬的严格要求和言传身教,在爆轰学技术领域,黄风雷硕果累累,发表学术论文100多篇,出版学术专著4部,获授权发明专利8项,获国家科技进步二等奖1项,获部级科技进步奖一等奖1项、二等奖6项,获北京市优秀教育成果奖一等奖1项、二等奖2项。黄风雷曾任北京理工大学力学工程系副主任,机电工程学院副院长、院长,宇航科学技术学院院长,爆炸科学与技术国家重点实验室副主任、主任。在爆轰学技术、爆炸安全、材料冲击动力学和爆炸毁伤效应等研究领域所开展的深入研究,取得了丰硕的研究成果。

  丁敬指导的其他硕士研究生和博士研究生,在毕业后也均在各条战线上做出了重要贡献,充分体现出高层次的知识结构和能力。例如,汤明钧作为南理工教授、博士生导师长期出国访问研究,深层次探索混合气体、粉尘多相爆轰理论,与美国著名爆炸安全评估专家贝克合著英文版《预混气体燃烧与爆炸》专著。汤明钧多次来母校对本专业建设,特别对国家重点实验室建设提出宝贵建议。梁德寿后来出国进修专攻动态力学数值计算,受美国Drexel大学研究所的挽留作为客座研究员。他身在国外,但仍然参与本专业研究生课程"爆炸力学计算方法"的设计工作。崔春芳在德国柏林工业大学作为知名客座教授,从事深空天文数学的研究和教学工作,曾应邀来母校作专题学术报告。

# 附　　录

## 丁 敬 年 表

**1924 年 1 岁**

7 月 22 日，出生于江苏省无锡县（现无锡市）。在家排行第四，共有兄弟姐妹四人，依年龄顺序依次为：丁愉（女），丁愲（女），丁忱（男），丁憿（男）。"愲"音、意同"慰"；因为"憿"字生僻，一般常用字典和输入法中找不到，于是 2001 年 10 月 23 日，丁憿到户口所在地万寿寺派出所正式将名字变更为"丁敬"，并到公证处进行了公证。

父亲丁祖庚（1890—1926），字朗西，江苏省无锡县（现无锡市）南门外南塘人。18 岁毕业于南京江南水师学堂，在校期间加入同盟会，成绩优异。毕业后任"楚泰"舰二副。1913 年任"豫章"舰大副、副舰长。1924 年 11 月，孙中山北上后，丁祖庚辞职回家乡，先集资在上海开办废花厂，后又集资在无锡郊区创办志成农场。

母亲冯淑（1890—1988），字慕婉，江苏省无锡县（现无锡市）人。其母出自中国大资本家族荣氏家族。冯淑从小聪慧可人，父母对她异常钟爱，曾被送入私塾读书三年，后又被送到上海一所有名的女校读书。冯淑十三岁时，因父亲突然去世不得不中途辍学，回家帮助母亲料理家务。1913年，冯淑与丁祖庚结婚。

**1926年 3岁**

7月14日，丁祖庚因肺病医治无效，在无锡县去世，家庭的重担全部落在冯淑身上。

**1930年 7岁**

9月，进入无锡师范附属小学就读。

**1935年 12岁**

9月，考入江苏省无锡县立初级中学就读。

**1937年 14岁**

春天，因身体不好在家休养。

"七七事变"后日本发动全面侵华战争，8月13日淞沪会战爆发，为躲避战火，母亲带全家从南京坐船到汉口，寄住到在汉口申新面粉厂工作的舅父冯剑青家里。

**1938年 15岁**

5月，因战火逼近汉口，全家又离开汉口经广州到香港，再从香港坐船到天津，寄住到姨妈冯幼芬位于英租界的家里。

9月，在家补习初二、初三课程，考入天津工商中学高中一年级就读。

**1939年 16岁**

夏天，哥哥丁忱从上海交通大学毕业，到浙赣铁路局工作。

秋天，姨妈因病去世，丁敬一家失去经济来源。

## 1940 年 17 岁

年初，与两位姐姐坐船南下，与当时在江西省玉山县工作的大哥丁忱会合。

二月，插班考入位于金华县蒲塘镇的浙江省立金华中学，读高中二年级。

因日本侵略军将顺长江南下，金华受到威胁。时任金华中学校长的方豪决定将学校整体迁至金华郊区，各年级分散到澧浦镇附近的蒲塘、长庚、山南等几个村子中，其中，高中二年级在蒲塘，高中三年级在长庚。

丁忱获浙赣铁路局资助，赴美国考察学习。

## 1941 年 18 岁

夏天，高中毕业。

参加浙江大学、中央大学（现南京大学）、武汉大学和西南联合大学的招生考试，被中央大学和浙江大学同时录取。

9 月，进入浙江大学龙泉分校工学院化工系学习。

第一学期当选为学生代表，后当选为学生会常务干事。

## 1943 年 20 岁

8 月，完成大学一、二年级的学习，前往贵州浙江大学校本部继续大学后两年的学习。转入浙江大学理学院化学系就读。

对物理有很大兴趣，常常去听王淦昌、束星北等知名教授讲授的物理课。

因兴趣相投，与朱兆祥（后任宁波大学校长）结为好友，还一起成立了天文小组。

## 1944 年 21 岁

当选为湄潭学生自治会主席。

6月，侵华日军为打通陆路运输线，发起了豫湘桂会战，从河南一路打到广西，最后打到贵州独山，震动了重庆，对整个大后方都造成了很大的震动；

秋天，浙江大学理工科学生在遵义组织成立了"华社"，主要活动是学习和讨论时事政治。

11月，在日本侵略军的攻势下，国民党从战场上大溃退，贵阳告急，形势十分严峻。当时，国民党第十三军经遵义去黔南抗日，浙江大学学生自治会发起声势浩大的劳军运动，对激发战士们的抗战热情，起了一定的作用。

12月2日，由于独山失守，遵义形势紧张，浙江大学校长竺可桢召开扩大的校务会议，讨论是否要举校迁至四川省。湄潭学生自治会主席丁敬和遵义学生自治会主席支德瑜作为学生代表，一同参加了会议。两位学生代表在会上提出，把劳军运动推到前线去，组建"学生战地服务团"到前线去鼓舞士气，为士兵服务，校务扩大会议同意了这一提议。

## 1945年22岁

1月13日，以支德瑜为团长、丁敬为副团长的国立浙江大学战地服务团正式成立，竺可桢校长主持欢送仪式，亲自致辞授旗。经与国民党黔贵湘司令部联系，战地服务团到贵阳以南青岩镇国民党第十三军的驻地，开展慰问、服务活动。

3月初，战地服务团结束活动，回到学校。

春天，在金华中学同学，也是浙江大学同学王家宠的介绍下，加入浙江大学学生进步组织"华社"。

7月，大学毕业，获学士学位。

8月，来到陪都重庆，住在大姐丁愉家，奔走于各政府机关，并托亲戚、朋友、老师帮助介绍工作。浙江大学理学院胡刚复到重庆开会时，多次与其见面并讨论未来发展的事情。

9月，经浙江大学同学支德瑜的父亲支秉渊介绍，进入甘肃油矿局，受聘为玉门油矿老君庙炼油厂技术员。

10月13日，从重庆出发，搭乘油矿局交通车前往甘肃玉门油田。

12月3日，到达玉门油田老君庙炼油厂。当时，熊尚元刚结束在美国的学习回国，担任炼油厂工程师、代理厂长，主持炼油厂扩建工作。

12月8日，开始正式实习。实习期间为自己定下努力方向。翻译《民主政治的理论基础》。

丁忱获美国哈佛大学经济学博士学位后回国工作，任国民政府资源委员会经济研究所研究员。

**1946年 23岁**

5月，实习结束，提交实习报告。学到很多实际知识，在化工方面打下了一定基础。

河西炼油厂的一组管式炉装置是从嘉峪关拆运来的，称为"管二组"，一天可炼油1 800桶，成为当时玉门油田老君庙炼油厂的生产主力。分配在管二组做技术员，工作三班倒。

加入"中国工程师学会"和"员工励进会"的"甘肃油矿励进分会"，作为"寒光剧团"成员参加活动，并参演剧团编排的话剧。

**1947年 24岁**

1月，因病告假离开炼油厂，回到无锡县老家养病。

2月，参加"华社"在上海召开的代表大会。明确提出"华社"的工作面向主要在学校和社会上的科学技术工作者。会议决定，让丁敬留在上海或杭州，开展联络科学和技术工作者的工作。

2—7月，在浙江大学化工系做高等分析化学助教。

8月，当选为"人民创造社"理事会理事。浙大"华社"和燕京大学"创造社"正式合并为"人民创造社"，同时，在上海成立理事会，由马建行任常务理事，王家宠、邱渊、于用德和丁敬等任理事。"民创社"提出接受中国共产党的领导，以新民主主义为行动纲领。

11月，经丁忱介绍，到中国石油上海分公司输出入管理委员会做专员，解决生计问题。

**1948年 25岁**

春天，丁忱被表舅荣志仁介绍给荣毅仁，后受聘到申新公司担任申二和申五经理荣尔仁的秘书和顾问。

申新总公司从美国爱立斯曲曼公司订购大批纺织、面粉机器，并有意涉足植物油提炼产业，爱立斯曲曼公司同意申新总公司派人去美国实习。

9月15日，经由丁忱推荐并资助路费，作为申新公司实习人员乘坐邮船前往美国。

10月6日，到达美国。15日，进入威斯康星州爱立斯曲曼公司植物油提取实验工厂实习。

12月23日，到芝加哥参加北美中国基督教学生会中西部的圣诞晚会，与陈立、冯平贯（原民创社员）等人相遇，开始商讨在美国组建中国科学工作者协会分会事宜。

**1949年 26岁**

1月15日，与葛庭燧、陈立、冯平贯、计苏华、孙世铮等在芝加哥开会，讨论成立科协，决定先在美国中西部成立组织。16日，起草了章程草案，会后，陈立等专程去征求华罗庚的意见，当时在美国伊利诺伊大学任教的华罗庚，对在美国成立中国科技工作者协会的想法给予了热情支持。

1月17日收到得克萨斯A. & M.大学化学工程系教授Harris博士来信，告知该校刚成立油籽技术研究所，学生可以申请半工半读职位，边上课边在实验室工作。当即回信申请。

1月27日，收到得克萨斯A. & M.大学化学工程系主任Lindsay教授电报，同意接受其攻读硕士研究生学位申请，并提供研究生助理职位。

1月29日，在芝加哥召开"美中科协"成立大会，会上报告了国内外科协动态，讨论了今后工作；会议决定，由葛庭燧、陈立、冯平贯、葛春霖和丁儆组成干事会，并进行了责任分工，丁儆负责编辑《美中科协通讯》。到6月第一次代表大会以前《美中科协通讯》共编印了三期，分别用蜡纸油印和蜡板复印，发往美国各地。

2月14日，到达得克萨斯A. & M. 大学，办理注册手续，与系主任Lindsay教授和导师Harris教授商量后，决定选修高等物理化学，同时，协助Harris教授做研究，研究方向是棉酚分析。

6月3日，Harris教授给出研究题目：Distribution of Oil Between Meat and Solvent。

6月18—19日，在匹兹堡举行了全美科协区会代表大会，正式宣告留美科协成立。参加这次会议的有全美十三个区会的代表共约50余人。

7月9日，召开第一次留美科协干事会，确定侯祥麟、孙绍谦为常务干事。

7月18日，本学期选修原子结构、光谱分析和量子力学理论。27日，受到美国移民局搜查和审问，被怀疑为中国共产党党员，随后，经常受到宿舍管理员骚扰和威胁。

9月，被迫离开得克萨斯A. & M. 大学，在老师和朋友们的帮助下，转学到纽约布鲁克林理工学院化学工程系，续读研究生。

9月30日，经各区提名、投票，华罗庚、侯祥麟、冯平贯等九人当选为理事，颜鸣皋等三人当选为监事。

11月，第一次理监事联席会议通过留美科协发展对象和中心工作。

冬天，经过理事互选，被推选为常务理事。

**1950年 27岁**

1月27日，中国科协总会向留美科协发函，希望协助开展留学生回国工作。

3月18—19日，作为常务理事召开第二次理监事联席会议，会议决定立即响应国内号召，在最近日期内回国，投身于祖国的建设工作。

4月，到纽约后逐渐适应了新的生活。原准备在纽约多读一般性的技术科课程，却对化工原理产生了浓厚兴趣，选修 W. F. Schurig 教授的"化工原理"，阅读了《化工手册》和一些著名学者的文献，参加化学化工小组的研讨会，同时继续溶剂萃取法方面的研究。

6月9日，结束在纽约布鲁克林理工学院的全部课程和研究，离开纽约前往芝加哥参加留美科协年会。

6月12日，主持召开留美科协年会，进一步推动回国运动。会议期间还进行了专题学术讨论和分组讨论，组织参观了工厂，会后组织参观了田纳西水利工程。

6月25日，朝鲜战争爆发。7月初，美国介入朝鲜战争。

7月8日，离开芝加哥前往旧金山，与胡为柏、冯世璋、夏煦等见面，讨论了回国后服务会的今后工作，交换了对朝鲜战争的看法，确定了今后开展帮助留美学生回国的具体办法。

7月14日，离开旧金山踏上归国的旅途。同船归国的留美科协会员有姜圣阶、吴骏后、郭浩清、周世勋、刘叔仪。

9月9日，留美科协发出通告，宣布正式解散。

9月18日，回到祖国。从天津塘沽登岸，后到北京，住进教育部专门负责接待回国留学生的招待所。

9月，中央人民政府教育部决定将原在北京的中法大学校本部及数理化三个系并入华北大学工学院。中法大学的加入，有效缓解了华北大学工学院迁入北京后缺乏校舍和实验室的困难，增强了办学实力，为学校大规模正规化发展提供了条件。

10月，经教育部留学生管理处介绍，到华北大学工学院工作，被聘为化学工程系副教授，参与化学工程系创建，从写教材、讲义，到筹备实验室，到全国各地购买仪器设备，再到招聘教师，在整个建设过程中起到关键性作用。先后讲授物理化学、化工原理、有机单元作业等课程。介绍颜鸣皋、傅君诏、吴大昌等多名留美科协会员到华北大学工学院工作。先后加入化学工程学会、化学学会。

**1951年 28岁**

1月，正式向华北大学工学院党总支递交入党志愿书。

2月，参加第一批土改工作队到西北区参加土改工作一年。

11月，教育部决定将华北大学工学院更名为北京工业学院，自1952年1月1日起，启用新校名。

12月，加入中国民主同盟会，任北京工业学院区分部主任委员。

加入中华全国科学技术普及协会，兼任秘书处副处长。

**1952年 29岁**

1月，华北大学工学院正式更名为北京工业学院。

3月，中央人民政府重工业部下发了《关于北京工业学院今后的发展方向及目前的方针任务》的文件，决定北京工业学院"逐步发展为国防工业学院或国防工业大学，并使之成为我国国防工业建设中新的高级技术骨干之重要来源"。

与陈福梅等筹建"弹药装药、火工与烟火技术"专业，该专业仿照苏联包曼工学院相应专业模式建立，以培养从事炸药装药工艺、火工品和烟火技术的工程师为主要任务。因在全校11个兵工专业中排在第七，又被称为"七专业"。

在专业建设初期，为尽快实现转行，与陈福梅共同带领本专业教师到装药、火工、烟火等兵工厂实习、调研、搜集资料，阅读和翻译苏联专家提供的资料、从情报所查找到的俄文文献和公开出版的俄文书籍等，增加理论知识。

11月，东北兵工专门学校部分系及教师学生并入北京工业学院。

**1953年 30岁**

6月10—15日，作为代表参加了在北京中南海怀仁堂召开的"中华全国第二次青年代表大会"，并和全体参会代表一起受到毛泽东等党和国家领导人的接见。

11月，苏联专家喀山化工学院的拉扎列夫教授（火药制造专家）到达北京工业学院。带领本专业教师在苏联专家的帮助下制定、编写专业设置方案、教学计划和教学大纲。

**1954年 31岁**

与陈福梅合译、出版了苏联卡尔博夫编著的《火工品》。

将苏联专家提供的影像资料编译、整理为教材，编写了《弹药装药工艺学》《烟火技术》《弹药学》《火炸药》《炸药理论》等教材。

担任65教研室主任。选择1950级毕业班学生恽寿榕、陈熙荣和许又文作为第一批进入"七专业"的留校任教学生，正式成立65教研室（弹药装药加工教研室），教研室分为装药、火工和烟火技术3个专业小组。

9月，开始为学生讲授专业课"炸药装药工艺学"和"烟火学"两门课程。"七专业"的专业课主要包括"炸药理论""装药工艺学""火工品""烟火技术""弹药学"等。

**1955年 32岁**

1—9月，苏联专家列宁格勒化工学院的班都林教授到校，为教师讲授《炸药理论》，讲课时有俄文翻译。教师们听完课后马上消化，再为学生开课。按照苏联专家拟定的教学规划，"七专业"的教学工作全面开展。

领导建立"七专业"实验室。

4月30日，与梁嘉玉结婚。

**1956年 33岁**

3月，中国第一个科技远景规划《1956—1967年科技发展规划》（以下简称《十二年规划》）的制定工作正式开始。在周恩来的领导下，成立了以陈毅为主任的国务院科学规划委员会，并邀请了全国600多位科学家和以拉扎连柯为首的18位苏联专家参与规划的制定工作。

5—6月，参加《十二年规划》中常规兵器小组的工作，负责起草弹药装药工艺、火工品和烟火技术等部分的规划制定工作。

6月，经北京工业学院党委批准加入中国共产党，介绍人是北京工业学院党委副书记李杭苏和谢穆。

7月，第一个具有"七专业"特色的正规本科毕业班——7511班毕业。这个班的学生被分配到全国各专业厂、研究所、部队和各类学校，其中，很多人后来成长为单位的骨干。

8月，苏联专家列宁格勒化工学院的依留申教授到校，为"七专业"教师讲授"大型弹药结构作用与原理"。

**1957年 34岁**

2月，中国力学学会成立。

9月11日，长子丁大山出生。

**1958年 35岁**

北京工业学院在常规专业建设的基础上，开始了新技术专业的设置和建设，进入了尖端专业建设和发展阶段。

下半年，负责在巴沟新校区建设戊区——5802实验区。该实验室由苏联专家依留申提出设想，第五设计院完成了最终设计。计划建筑一个内径为6米、厚度为1米的钢筋混凝土爆炸洞，配备现代化的高速摄影机和测量系统，可进行破片杀伤、聚能破甲等课题研究。

与陈福梅教授一起研制成功我国第一代大爆破用毫差雷管和尖端武器用微秒雷管；进行反坦克破甲弹炸药装药结构、反坦克地雷装药结构、散兵坑依次爆炸成坑技术以及燃烧弹、照明弹、烟幕弹、信号弹等特种弹的烟火研制；水下武器炸药装药爆炸效应研究；海岸轨道岩群及登陆障碍物的爆破拆除技术、工程兵爆破器材的探索研究。

**1959年 36岁**

炸药装药实验室的全部仪器和设备迁至戊区——5802实验区，火工实验室、烟火实验室的全部仪器和设备搬迁至 5 号教学楼一楼东侧。

与恽寿榕合作出版《ПГ—2 弹空心装药射流形成机理的探讨》（绝密）一书。

### 1960 年 37 岁

1 月 9 日，次子丁大江出生。

钱学森预见到一门新兴学科正在诞生，并将其命名为爆炸力学，并在中国科技大学他所负责的力学系里开设工程爆破专业。

### 1961 年 38 岁

2 月，中共中央批准北京工业学院等国防高等院校划归国防科学技术委员会领导，以便更有计划地为国防建设培养科学技术人才。

5 月，副总理聂荣臻在关于国防工业高校工作问题向中央军委的报告中就提出"北京工业学院以导弹为主，同时，设置与尖端密切联系的常规专业"。

以笔名冯季出版《爆炸作用原理》一书。

### 1962 年 39 岁

领导"七专业"围绕国家"两弹一星"任务和北京工业学院以导弹专业为主的建设方向，探索从以产品设计和工艺研究为目标的工程型专业向开展基础理论研究和应用研究的专业转型发展道路。

7 月，负责组建了北京工业学院力学工程系（8 系）并担任第一任系主任，吕育新为总支书记，"七专业"开始转型发展。将"爆炸作用原理"列为专业课，替代了"七专业"时期以装药工艺为主的局面。为了满足转型目标的需求，加强教师和学生数学基础、力学基础（气动力学），提高爆炸测试技术（电测、光测）水平。学生不再是单一地在弹药车间实习，而是偏重于我国当时研制的型号"7089" "3069" "1059"导弹战斗部产品来实习，并重视去研究所靶场或基地的实习。学生的毕业设计改成战斗部产品的反设计（计算、分析和绘图）。

领导完成了戊区——5802实验区主要设施和设备的全部建设与安装工作，建成包括混合炸药实验室、装药成型实验室、炸药装药实验室、火工品烟火实验室和压药防爆室，正规安全的实验场所为多种实验的全面铺开打下了物质基础。戊区——5802实验区中最大的装备是国内第一个内径为6米的爆炸洞，洞内最大爆炸药量是1千克TNT当量，可用于进行破甲静爆实验、爆炸驱动实验和爆速测量实验等大型实验。配备有高速摄影机、示波器、100吨油压机和半自动螺旋装药机等大中型实验仪器，是国内最大的非军用爆炸洞。

11月4日，女儿丁大桥出生。

**1963年 40岁**

2月23日，被聘为中国科学院化学物理研究所学术委员会委员。

国家"142"科研任务启动，北京工业学院承担的任务是"为核弹研制爆炸性能好、安全性能好、装药工艺性能好和机械加工性能好的精密炸药装药"。在院长魏思文的领导下，立即成立了由周发岐（副院长）为正组长、丁儆为副组长的科研项目组，校内定名为"032"科研项目。

担任力学工程系"032"科研项目总负责人，张宝平任助理。共设三个小组：第一小组为造型粉组，由徐更光任组长；第二小组为成型组，由恽寿榕任组长；第三小组为爆炸性能测试组，由张鹏程任组长。

在"142—2"会议上，就爆轰研究工作提出了重要意见，明确指出，只追求炸药爆速，单指标突进，而不考虑爆轰压和炸药使用安全等指标是不妥当的，必须加强炸药爆轰理论研究并使炸药各种性能测试方法规范化。此项建议被上级采纳。

北京工业学院开始进行教学改革，由副院长尚英领导，力学工程系作为教改试点率先开展教改工作。作为系主任领导开展教改工作，对教改进行了周密规划和组织。在课题实践基础上，提出将历来的毕业设计改成研究型的毕业论文，这一教改意见获得学校批准，并在力学工程系教学中率先施行。

与恽寿榕、赵振荣合作出版《爆炸产物作用下空心球的变形问题》（秘密）一书。

9月，作为我国爆炸物理学科首位硕士研究生导师开始招收学生，北京大学力学系毕业的崔春芳成为首位研究生。

领导了对3种导弹战斗部的反设计研究，促进了我国导弹战斗部技术的进展。

参与主持了军委炮兵司令部"堑壕内有生力量炮击破坏与杀伤性能评定"大规模实验。

**1964年 41岁**

被任命为"142"任务爆轰物理组副组长（中国科学院力学研究所副所长郭永怀为组长）、高效炸药性能测试技术组组长（钱晋和徐康任副组长）。

3月30日—4月10日，参加在北京科学会堂隆重举行的中国兵工学会成立大会，当选为中国兵工学会第一届理事会理事，弹药专业委员会副主任委员。

指导硕士研究生崔春芳在非常简陋的条件下开展数值计算工作，发表论文《球（柱）面收敛爆轰波的近似解》。

**1965年 42岁**

"032"科研组先后研制成功了H1F、HBJ、HJJ三种型号的高性能混合炸药，受到王淦昌、郭永怀等著名学者和领导部门的高度评价。

为完成"142"国家重大科研任务及其他一系列科研任务，投入大量人力、物力进行实验室建设，添置了包括高压示波器、高速摄影机、装药加工及炸药性能检测设备等多种大、中型精密仪器，使爆炸技术实验室达到了当时国内先进水平。

**1966 年 43 岁**

主持制定《高效炸药性能测试方法》，由国务院国防工办科研局分发到全国各有关单位。

**1968 年 45 岁**

5 月，全家到上海避难。

**1969 年 46 岁**

9 月，重新开始工作。

**1970 年 47 岁**

参加 8701 塑料黏结炸弹的研制工作，准备为 1970 年国庆节献礼。

**1971 年 48 岁**

参加 127 科研组，进行低爆速炸药（火箭药）实验研究。

**1972 年 49 岁**

为 1972 级工农兵学员讲授基础化学课程。

12 月 21—29 日，作为代表参加力学所在北京组织召开的全国"力学学科基础理论研究规划座谈会"预备会议，在会上就爆炸研究进行了发言。会议讨论了 1973—1980 年力学学科的主攻方向、重点课题和具体措施，强调基础研究的重要性。周培源和刘西尧（中国科学院党组书记）到会，座谈会有 14 个单位 26 名代表参加。

**1973 年 50 岁**

3—4 月，根据力学座谈会的要求，在常规武器系统内进行了对爆炸力学、固体力学、流体力学和飞行力学几个方面的调查研究。到工程兵一所、海军七院一所、华东工程学院、五机部 204 所、203 所、

803厂等单位调研。在各单位召开了一系列座谈会，传达了周总理关于基础研究工作的一系列重要指示，介绍了国外力学工作的趋势和动态。回北京后，撰写了此次调查研究的总结报告，报送有关机关、领导，并在力学研究所进行了汇报。

6月，在《力学情报》上发表论文《凝聚相爆轰的几个问题》，文章总结了20世纪70年代以前，凝聚相爆轰波理论、爆轰参数的实验测定、冲击波起爆在高压物理等方面的应用等几个方面的国外工作，并提出自己的一些看法。

作为北京市第一批下放干部到北京市顺义县李桥公社插队锻炼，参加基础路线教育、生产劳动、知青工作，推广小麦良种。

## 1974年51岁

5月，结束在农村的下放劳动。

下半年，应七机部二院邀请开展高速碰撞问题研究，为反导导弹战斗部作用提供理论基础，并为技术人员作学术讲座，对高速和超高速碰撞现象，从产生高压到爆炸、汽化的基本理论和系统计算作了讨论。

## 1975年52岁

上半年，为筹备空心装药破甲短训班及推广应用8701炸药，先后到282厂、9333厂、9304厂、204所、203所、五所等单位调研，并在一些厂做了"正交设计应用""破甲理论""炸药的应用问题""高速碰撞"等专题报告。

下半年在9123厂举办"破甲理论短训班"，除了负责教学和组织工作外，还讲授"空心装药破甲作用概论""基础物理"课程。

10月1日，起草《关于开展燃料空气炸药云雾爆轰武器研究的建议》和《关于建立爆炸物理研究机构的建议》，两份建议报送王震副总理办公室及国务院国防工业办公室，受到有关领导的重视。年末，总参、总后和国防工办联合发文，决定对燃料空气炸药炸弹进行分析和实验工作。

**1976年53岁**

作为领导小组成员,负责对美国CBU-55燃料空气炸弹(在越南缴获)研究的技术工作,在理论分析、实验条件确定及整个实验的实施方面起领导作用。主持进行了燃料空气炸弹的爆炸抛撒机制、起爆机制和多相云雾爆轰机制等方面的分析与研究,先后在阳坊、东花园、白城子三地进行了拆卸、分析和实验,进行了大型地面实验和空投实验,对我国日后开展该类武器的研制奠定了科学基础。

**1977年54岁**

5月,参加五机部主办的聚能破甲学术报告会,在会上作《关于破甲实验的评定方法》的学术报告。提出动破甲的实验问题用统计数学的方法进行分析的方法,并考虑到动破甲角度的散布,提供了一种动破甲可靠性实验的计量数据方法。

7月,借调到国务院国防工业办公室科研局协助工作,参加筹备全国科学大会工作,任国务院工办全国科学大会成果组组长,负责国防工办系统各部(总局)重大科技成果的评选工作。参加全国科筹办评选组的工作。

9月,北京工业学院"爆炸技术与装药专业"恢复招收本科生,学制改为4年,在基础课程教学设置上大幅度增强数学与力学方面的基础知识教学内容,在专业课程的设置上也增加了有关爆炸理论的课程门数与时数。

12月15—27日,与朱兆祥共同主持全国力学学会在安徽黄山召开的第一届爆炸力学学术会议,在会上作《爆轰理论的一些问题》的学术报告,就国内外爆轰研究概况、气相爆轰和云雾爆轰、凝聚相爆轰等问题进行了广泛的讨论。国防科工委副主任朱光亚为大会送来贺信,中国人民解放军有关部门、工业部门的有关研究所、中国科学院所属有关研究所和高等院校共66个单位的201名代表参加本次会议。全体代表认真讨论，形成了《关于发展爆炸力学的几点意见》，明确了未来爆炸力学的主攻方向，成为以后爆炸力学工作的指南和目标。

**1978 年 55 岁**

1月21日，出席全国力学规划筹备工作办公室召开的关于如何制定好全国力学发展规划的座谈会。

3月18—31日，中共中央、国务院在北京隆重召开全国科学大会，邓小平同志发表重要讲话，时任中国科学院院长的郭沫若发表《科学的春天——在全国科学大会闭幕式上的讲话》书面讲话。大会通过了《1978—1985年全国科学技术发展规划纲要（草案）》，这是我国的第三个科学技术发展长远规划。与恽寿榕合作研究破甲机理，与徐更光合作研究8701高能混合炸药，与张鹏程合作炸药爆炸性能测试方法的研究，获得"全国科学大会奖"。

4月，参加国防工办召开的全国力学规划国防工业系统筹备会议，参与制定了《国防工业系统力学规划纲要（讨论稿）》。

4月27日—5月6日，出席全国力学学科规划筹备工作办公室在北京友谊宾馆召开的全国力学规划会议（包括固体和流体力学两个分支学科）的筹备工作会议。撰写的《爆轰研究的概况和任务》被印发作为会议参考材料，参与制定了爆炸力学学科规划。

5月，中共中央、国务院决定编辑《中国大百科全书》，中共中央宣传部指示国家出版局成立中国大百科全书出版社，并组成由胡乔木任主任领导的总编辑委员会。

5月底，被选为《全国力学发展规划纲要》起草小组副组长（区德士任组长）。起草小组自5月31日—6月12日工作了两个星期，形成了《全国力学发展规划纲要》的第一稿（讨论稿）。

北京工业学院爆炸力学专业恢复招收研究生。

8月10—24日，参加在北京友谊宾馆召开的全国力学规划会议，会议全面讨论了由各单位送交的调研报告和制定学科规划。

8月19日，被增选为中国力学学会理事会理事。

8月23日，方毅副总理在会上作了大会报告，张维致闭幕词，同时，宣布组建力学学科小组，组长周培源，第一副组长钱学森，常务副组长张维，丁敬任副组长（其他副组长：邓述慧、区德士、钱令希、李国豪、沈元、庄逢甘）。

被聘为中国大百科全书力学学科编委会委员，《中国大百科全书·力学卷》爆炸力学编写组副主编，"爆轰"条目撰写人；《中国大百科全书·军事卷》中国古代兵器编写组成员，"中国古代火药"条目撰写人。

**1979年56岁**

2月，任国务院国防工业规划研究院筹备组副组长。

被聘为《力学学报》第三届编辑委员会委员。

4月，被聘为《力学丛书》编委会编委。

9月15日—10月13日，作为中国理论与应用力学家代表团成员访问美国，顺访法国。这次访问是应美国科学院、学术团体协会和社会科学协会所属美中交流委员会的邀请，作为中美学者互访代表团之一进行的，共访问华盛顿、费城、纽约、波士顿、芝加哥、洛杉矶和旧金山七城市周边的17个高校、8个政府所属研究机构、2个工业企业所属研究机构，以及美国国家标准局、海军水面武器中心、富兰克林研究院等。

10月，中国力学学会爆炸力学专业委员会成立，当选为副主任委员。

被聘为国家科学技术委员会理论与应用力学学科组副组长。

**1980年57岁**

7月14—18日，受中国兵工学会委派带队参加在美国科罗拉多州韦尔市举行的第七届IPS会。在会上，就中国发明火药和烟火技术的发展作报告，指出火药是由中国人发明的。

回国以后，就"西方长期认为火药是罗吉尔·培根发明的"情况向《中国大百科全书·军事卷》编委会作了报告，引起广泛的关注。开始多方收集资料，考证中国古代火药的起源、火药在中国的早期军事应用、火药技术的发展，以及火药理论的早期研究等问题。

**1981 年 58 岁**

4 月，任北京工业学院（现北京理工大学）副院长，教授，主管教学、科研、研究生部。提出重点高校既是教学中心又是研究中心，教学和科学研究互相促进。大力开展国际学术交流活动，领导了研究生部、院的创建工作。

6 月，带队参加在美国举行的第七届国际爆轰会议和第二届凝聚介质中的冲击波专题会议。时任第二机械工业部九院（现中国工程物理研究院）流体物理研究所所长的经福谦，九院研究员章冠人以北京工业学院教师的身份参加了本次会议。这是九院第一次与国外学术界进行的学术交流活动。

6 月 16—19 日，第七届国际爆轰会议在美国马里兰州安阿波利斯市的美国海军军官学校内举行，受邀在会上作《中国爆轰学研究概况》专题报告。

6 月 23—25 日，第二届凝聚介质中的冲击波专题会议在美国加利福尼亚州门罗派克城的斯坦福研究所内举行。

7 月，中国力学学会所属专业学术刊物《爆炸与冲击》创刊，被聘为主编。

11 月，北京工业学院"爆炸技术与装药专业"更名为"爆炸理论及应用"，被确定为硕士学位授权点，并招收第一届硕士研究生。

12 月 2—8 日，由中国力学学会主办，并委托中国科学院力学所和 901 所联合承办的第二届全国爆炸力学学术会议在江苏省扬州市召开，被特邀作《对凝聚相爆轰的几点认识》专题报告。

**1982 年 59 岁**

5 月，当选为中国力学学会第二届理事会理事。

12月，任中华人民共和国兵器工业部科学技术委员会委员。

到东北724兵工厂等单位进行调研，了解用人单位对大学毕业生的需求情况。

明确提出学校要进行教学改革，积极推行修订教学计划、试行学年学分制、制定优异生选课制度等一系列改革措施。

**1983年 60岁**

3月，任国务院学位委员会第一届工学学科评议组成员，兵器科学与技术评议组召集人。

4月，主持"用电磁法测量几种国产炸药爆轰性能"项目，带领助手们着手进行爆轰研究基础建设，以课题项目为契机进行电磁法测量系统的建设。

9月17—20日，中国劳动保护科学技术学会在天津召开成立大会。当选为中国劳动保护科学技术学会第一届理事会理事，防火防爆专业委员会主任委员。

10月，在《爆炸与冲击》期刊上发表《古代火药技术简史》一文。

10月中下旬，率团访问西德，参加由柏林大学举办的中德科技合作讨论会，会后参观了西德的科研和企业单位。

11月26日—12月1日，主持中国力学学会在南京华东工程学院召开的第二届爆轰学术会议。

**1984年 61岁**

1月，被聘为兵器工业部高等学校教材编审委员会委员。

5月，当选为中国兵工学会第二届理事会理事。

6月26日，中国兵工学会兵器科学技术史研究会在北京成立，担任主任委员。

8月，率团访问美国多所大学，学习国外知名大学的办学思路和管理方法。与美国迈阿密大学签订了合作协议。

10月，任北京工业学院（现北京理工大学）学术委员会主任。

"爆炸技术与装药"专业被确定为"文革"后第一批博士学位授权点，也是我国第一个爆炸力学博士点。

作为国内首位爆炸力学（爆炸理论及应用）专业博士生导师招收第一届博士研究生，负责指导三名学生：白春华，浣石，韩长生（与经福谦共同指导）。聘请陈能宽院士、经福谦院士、朱建士院士、章冠人研究员及孙锦山研究员等为本专业兼职博士生导师。白春华的论文题目是"固体推进剂冲击波起爆过程研究"，浣石的论文题目是"非均质炸药冲击波起爆和二维稳态爆轰的研究"，韩长生的论文题目是"不同加载速率下材料自由表面微射流喷射现象的研究"。

带领学科教师和学生开展了冲击波化学和材料对冲击波压缩的动态响应研究、对苯二醌和碳的冲击波聚合过程研究、火箭推进剂应用安全性评估研究、在强冲击下 SDT、XDT 以及 DDT 研究等。

## 1985 年 62 岁

2 月，被聘为国务院学位委员会第二届工学学科评议组成员，兵器科学与技术学科评议组召集人。

领导研发锰铜压阻法测试系统，在锰铜压阻效应测压技术方面有相当大的进展，最早完成了高速同步脉冲恒流源、锰铜压阻应力仪及其相关技术的研制。

和助手们共同设计开发了多种拉格朗日传感器及其分析技术。为研究炸药冲击波起爆、本构关系、爆炸产物的状态方程、唯象反应速率，以及组分与工艺之间关系等提供了必要的手段和方法。

6 月 9 日，飞抵苏联首都莫斯科，两天后，前往波兰参加学术会议。

6 月 16 日，在波兰举行的学术会议上作报告，题目是"用粒子速度计及拉氏分析对炸药冲击起爆特性的研究（Reactive Flow Lagrangian Analysis of the Combustion Behind Shock Wave Front）"，该报告还以英文刊登在苏联科学院和波兰科学院合办的刊物 Archivum Combustionis。苏联著名科学家 Я. B. 捷里多维奇参加了这次会议，这篇文章得到他的赞赏。

被聘为苏联科学院和波兰科学院合办的 Archivum Combustionis 学报的中国编委。

6月22日，到达英国伦敦。在访问英国剑桥大学时，专门拜访了英国科学家、《中国科学技术史》作者李约瑟教授。

7月15—19日，参加在美国新墨西哥州首府 Albuquerque 市 Convention 中心召开的第八届国际爆轰会议，受大会主席邀请担任报告会主持人。作大会报告，题目为"根据 EMV 量规测量和 Lagrangian 分析的雨贡纽曲线和反应速度"（Hugoniots and Reaction Rates from EMV Gauge Measurements and Lagrangian Analysis）。在应用电磁速度量计（EMVG）及拉格朗日分析（RFLA）直接研究炸药爆轰性能和冲击波作用下的行为等方面已处在国际先进水平。

12月12日，到侯祥麟家中一起讨论向中组部提供留美科协材料的事情。讨论决定由侯祥麟负责写给中组部的情况说明材料，由丁儆负责写留美科协发展历史材料，推动中共中央对留美科协问题的认定。

## 1986 年 63 岁

2月16日，参加政协科技组举办的留美科协会员会议。

4月，作为主要参与者继续参加"用电磁法测量几种国产炸药爆轰性能"科研项目。深入研究了如何提高电磁法测量精度的若干技术问题，提出了炸药爆炸产物导电性对粒子速度计影响的数学物理模型，创立了炸药爆炸产物导电性影响的定量修正方法。

6月3—7日，在北京科学会堂与郑哲敏共同主持第一届强动载荷及其效应国际会议（北京）。会议期间中国力学学会爆炸力学专业委员会改选，当选为第二届爆炸力学专业委员会（1986—1990）主任委员。

6月9—20日，邀请 J. H. Lee、R. Knystautus、W. Beneduck 等学者到北京理工大学讲学。

任北京市科学技术协会第三届常委。

7月12—30日，参加在美国新墨西哥州圣塔菲市举行的第四次国际百万高斯磁场产生及有关论题学术会议，会后，组织参观了美国洛斯阿拉莫斯、桑迪亚及空军武器实验室等单位。

8月，当选为中国力学学会第三届理事会常务理事。

8月29日，《中国大百科全书·军事卷》编委会召开会议讨论大事条。

9月22日，"中国古代火药"条目完成修改。

指导研究生进行古代火药研究，按照史书记载，进行了古代火药配方的实验，将"古代火药配方的实验研究"作为硕士生论文题。

10月，被聘为国家自然科学基金委员会爆炸物流及化学学科评议组成员。

和他的博士研究生浣石等研制了用于新型的二维动高压流场测量的拉氏传感器——一种多环形结构的锰铜-康铜组合拉氏传感器，同时，开发了二维拉氏分析方法，并把爆轰波研究拓展到二维定常爆轰和二维不定常爆轰。

## 1987年 64岁

3月，《爆炸与冲击》第二届编辑委员会编委。

5月10—30日，应日本工业火药学会的邀请前往日本参加爆炸与冲击波会议，在会上作《中国的火药：过去和现在》专题报告，后经东京大学吉田忠雄教授翻译发表于日本《工业火药》杂志第49卷第一期。

7月，任高等工业学校机电、兵工类专业教学指导委员会顾问委员。

"爆炸理论及应用"专业被国家教委评为国家级重点学科。

7月2—3日，主持召开中国劳动保护科学技术学会防火防爆专业委员会会议。

7月7日，参加全国安全生产委员会第九次全体会议。在本次会议上，决定对1987年3月15日发生的哈尔滨亚麻厂特大亚麻粉尘爆炸事故开展深入调查，由劳动人事部牵头组织专家对直接引起爆炸的原因进行调查研究和进一步的科学论证。

7月25日—8月4日，任哈尔滨亚麻厂大爆炸事故调查专家组组长。

8月14日，劳动人事部成立劳动保护科技进步奖评审委员会，委员会共由28人组成，被任命为评审委员会副主任。

9月，被聘为中国科学技术大学兼职教授。

10月12—15日，担任第一届北京国际烟火与炸药学术会议（ISPE）主席，作了《二维爆轰反应区的声速面和流场》大会报告。本次会议由中国兵工学会和中国科学技术协会主办，在北京友谊宾馆国际会议中心召开。出席会议的代表来自英国、美国、法国、西德、日本、加拿大、瑞士、瑞典、印度、匈牙利和苏联等，中外学者共200人左右。其中，苏联知名学者A. N. Dremin作了《凝聚炸药爆轰波物理模型》特邀报告。

11月14日—12月28日，访问美国。期间，对多所美国高校、研究所进行了参观和调研。

年底，领导完成国内第一台可诊断爆炸与冲击过程的大型亥姆霍兹线圈的研制，缩短了我国在爆轰性能研究诊断技术方面与国际先进水平之间的差距。

**1988年 65岁**

3月31日，赴杭州参加浙江大学校庆，并在会上发言。

4月28日，中国爆炸力学学科第一位博士生浣石进行了毕业答辩，王淦昌担任答辩委员会主席。

主持国家自然科学基金项目"冲击波固态化学反应研究"，开展了粉态混合物的冲击波压实、镍铝化合物和钨合金的冲击合成研究。与他的学生在固体推进剂在冲击转爆轰（SDT）的安全性方面开展研究工作，在其后的8年时间里建立了较完整的SDT实验研究及其分析系统。

5月，主持第一届爆炸灾害力学讨论会。

被聘为军械工程学院顾问教授，北京理工大学学术委员会主任。

7月，当选为中国劳动保护科学技术学会第二届理事会副理事长。

经国家计委审定批准，以"爆炸理论及应用"学科点为依托筹建爆炸灾害预防、控制国家重点实验室，由世界银行贷款，购进了一批具有国际先进水平的仪器设备，显著改善了学科点的教学和科研条件。

7月8—31日，参加在美国科罗拉多州 Grand Junction 市举行的第13届 IPS 会议。任会议国际顾问委员会委员。

被聘为美国、德国合作主办的专业期刊 Propellants, Explosives, Pyrotechnics 的 Advisory Board 成员。

9月23日，携夫人梁嘉玉赴美进行访问交流。

10月，当选为兵工学会第三届理事会理事。

10月3日，开始在美国新墨西哥理工学院爆炸技术研究中心作访问教授，为研究生开设"材料对冲击载荷的响应"课程，并参与课题研究。

12月2日，母亲冯淑在上海的丁愉家中去世。

12月13—19日，回到上海处理母亲后事，后返回美国。

## 1989 年 66 岁

4月，在1989年第一期《爆炸与冲击》杂志上与浣石共同发表《二维定常爆轰波的 C－J 条件与流线形状》一文，提出了爆轰波中唯像反应的5个特征量，即反应度、反应速率、体能量释放速率、瞬时反应热和热度系数。

指导博士生熊映明完成了《高应变率下钨合金材料的微观结构响应与宏观本构性态》学位论文。

8月14—17日，参加由美国物理学会在美国新墨西哥州首府 Albuquerque 市举办的1989年凝聚相冲击波压缩专题会议，在会上作《1637年对冲击波的描述》的大会报告。这一研究成果是在研究宋应星《论气》一文基础上，得出中国明代宋应星首先对冲击波进行了描述的结论。并联系到对黑火药的研究和一些史书关于战争中霹雳炮、震天雷威力的描述和其他记载，得出了明朝火药的爆炸完全可以产生冲击波的结论。

8月28日—9月1日，参加在美国俄勒冈州波特兰市召开的第九届国际爆轰会议（SOD），并作题为"复合推进剂对冲击载荷的响应"的大会报告。

9月，任机械电子工业部科学技术咨询委员会委员。

**1990年67岁**

7月9—13日，参加在美国科罗拉多州Boulder市举办的第十五届IPS会议，并作题为"火药和冲击波的发明在中国"的大会报告，对于火药的起源、理论、军事应用技术史等作了详细的阐明。

8月12—16日，参加在美国圣地亚哥加州大学举行的国际激波与高应变率对材料动态响应学术会议，应会议邀请作了《中国的冲击波研究进展》的大会报告，其中，综述了中国20世纪80年代的工作，内容包括金属爆炸成形和硬化，爆炸焊接和复合，动态断裂和层裂，粉末的冲击压实，冲击引发的反应等方面。

9月，当选为中国力学学会第四届理事会名誉理事。

**1991年68岁**

1月10日，中国兵工学会第三届第三次常务理事会在北京召开，会议作出撤销兵器科技史研究会的决定。

10月3—7日，离开美国前往日本，在日本短暂停留后，回到中国。

任"爆炸灾害预防、控制国家重点实验室"第一任实验室主任。该实验室经国家计委审定批准，以爆炸理论及应用重点学科为依托组建，是北京理工大学第一个国家A级重点实验室。

"爆炸理论及应用"学科点建立博士后流动站。先后聘请了中国科学院院士、国防科工委科技委副主任陈能宽，中国科学院院士、冲击波物理和爆轰波物理国防重点实验室主任经福谦，西南流体物理研究所科技委主任章冠人任兼职博士生导师；"863—409"高技术首席专家黄春平，北京应用物理与计算数学研究所张信威研究员等任兼职教授。

7月,"二维拉氏量计研制及其在动高压流场测量中的应有"项目获得"国防科工委科技进步二等奖"(第二获奖人)。

10月,"用于动高压流场测量的二维拉式量计及其实验方法"获得"国家发明三等奖"(第二发明人)。

10月28—30日,主持在北京理工大学召开的第十七届国际烟火技术研讨会暨第二届(北京)国际烟火技术和炸药学术会议。

11月,因在创建和发展北京市科学技术协会及其所属团队事业中做出重要贡献,获北京市科协颁发的荣誉证书。

**1992年69岁**

1月,"二维轴对称爆炸动高压流场的拉氏测量方法"获得"国家发明专利"。

5月,被聘为国务院学位委员会第三届工学学科评议组成员,兵器科学与技术学科评议组召集人。

6月9—12日,参加中国力学学会在四川成都召开的第二届国际强动载荷及效应学术会议,担任会议副主席(主席郑哲敏,另一位副主席是朱兆祥)。参加这次会议的人数达到192人,除我国力学界的学者和专家外,还有法国、日本、德国、英国、以色列、加拿大、美国和独联体等国的学者和专家。

9月12—26日,赴俄罗斯参加第九届燃烧与爆炸学术会议,作大会报告并访问俄罗斯科学院化学物理所等单位。

被聘为中国科学技术大学兼职教授,国防科学技术大学兼职教授。

任北京理工大学爆炸灾害预防、控制国家重点实验室主任。

11月,中国兵工学会爆炸与安全技术专业委员会主任委员。

中华人民共和国国防科技进步奖评审委员会兵器行业评审组副组长。

中央组织部就留美科协问题下发文件,认定留美科协是进步组织,参加留美科协的骨干分子参加革命工作时间从1949年1月算起。

## 1993年 70岁

3月5—8日，中国兵工学会第四次全国代表大会在西安市隆重举行。当选为中国兵工学会第四届理事会荣誉理事。

6月27日—7月2日，参加由国际高压科学与技术协会（AIRAPT）和美国物理学会（APS）联合在美国科罗拉多州召开的1993年高压科学与技术专题研讨会，并担任分主题研讨会主持人。

任中华人民共和国国防科技进步奖评审委员会兵器行业评审组副组长。

10月18—20日，主持在四川成都召开的亚太地区职业安全卫生学术研讨会暨全国安全科学技术学术交流会，作《爆炸灾害的预防和控制乃当务之急》大会报告。

10月21—24日，主持召开中国劳动保护科学技术学会第三次全国会员代表大会，选举产生第三届理事会，当选为副理事长。

12月1日，因在编纂出版《中国大百科全书》工作中做出重要贡献而获得中华人民共和国新闻出版署颁发的荣誉证书。

## 1994年 71岁

3月21—24日，赴比利时参加"国际爆炸安全与危险控制展览会"。来自奥地利、比利时等20个国家的165个公司参加了这次大规模的展览会。

7—8月，担任中华人民共和国国防科技进步奖评审委员会兵器行业评审组副组长。

10月20—21日，赴台湾参加"亚太地区职业安全卫生学术研讨会"，在会上作题为"石油工业爆炸安全初探"的报告。

## 1995年 72岁

2月，与黄风雷赴俄罗斯考察超细金刚石粉技术。

5月，因为为中国力学科学事业所做的贡献，被中国力学学会授予中国力学学会荣誉会员称号。

10月15日,被聘为中国力学学会第四届《爆炸与冲击》编委会委员,任期四年。

**1996年73岁**

11月1—4日,全国第五届爆炸力学学术会议在河南洛阳举办,被聘为会议学术委员会副主任。

**1997年74岁**

1月3日,中国兵器工业总公司根据中组部1992年对留美科协问题的文件,同意丁敬参加工作时间从1949年1月开始(兵总人〔1997〕16号)。

7月14日,中国兵器工业总公司发文批准离职休养,享受副局级干部待遇(中国兵器工业总公司兵总人〔1997〕575号)。

离休后被确诊罹患老年痴呆症,之后十多年的时间里他的记忆逐渐减退、身体逐渐衰弱。

**2009年86岁**

因为身体状况恶化,住进海淀医院干部病房。从此卧床不起,渐渐意识不清,连自己的妻子和儿女也不认识了。

**2013年90岁**

2月17日6时38分,不幸在北京市海淀医院去世。

# 丁敬主要论著目录

## 一、论　文

[1] 丁敬. 凝聚相爆轰的几个问题 [J]. 力学情报, 1973 (3): 58 – 70.

[2] 丁敬. 爆轰理论与实践 [J]. 力学与实践, 1980 (3): 1 – 5.

[3] Ding Jing. A Short Survey of Detonation Research in China [C]. Proc. 7th Symp. (Intern.) on Detonation, 1982: 795 – 800.

[4] 丁敬. 凝聚相爆轰理论的进展 [J]. 力学进展, 1983, 13 (4): 416 – 422.

[5] 丁敬. 古代火药简史 [J]. 爆炸与冲击, 1983, 3 (4): 1 – 9.

[6] 丁敬. 工程爆破的科学化 [J]. 爆破, 1984 (1): 2.

[7] 丁敬, 焦清介. 用粒子速度量计及拉氏分析对炸药冲击起爆特性的研究 [J]. 北京工业学院学报, 1986 (1): 1 – 9.

[8] Ding Jing, Jiao Qingjie. Reactive Flow Lagrangian Analysis of Combustion Behind Shockwave Front [J]. Archivum Combustionis, 1985, 5 (3 – 4): 257 – 265.

[9] Ding Jing, Bi Zhu, Hu Dong, Deng Quannong. Detonation

Phenomenon in Solid Explosives [C]. Proc. 8th Symp. (Intern.) on Detonation, 1986: 93 – 98.

[10] Ding Jing, Jiao Qingjie, Liang Yunming, Huang Zhengping, Zhao Hengyang. Hugoniots and Reaction Rates from EMV Gauge Measurements and Lagrangian Analysis [C]. Proc. 8th Symp. (Intern.) on Detonation, 1986: 83 – 88.

[11] Huan Shi, Ding Jing, XueHonglu. Lagrange Gage Analysis for Evaluation of Reaction Characteristics in Shocked Explosives [C]. Proc. Intern. Symp. Intense Loading and Its Effects, 1987: 144 – 149.

[12] Bai Chunhua, Ding Jing. Shock Initiation of Composite Propellants [C]. Proc. Intern. Symp. on Pyrotechnics and Explosives, 1987: 247 – 254.

[13] 丁敬. 二维爆轰反应区的声速面和流场[C]. 烟火技术和炸药国际会议, 1987, 10.

[14] Huan Shi, Ding Jing. Probe for Two-dimensional Flow Field Measurement [C]. Shock Compression in Condensed Matter—1987. 1988: 589 – 592.

[15] 浣石, 丁敬. 二维定常爆轰波的 C – J 条件与流线形状 [J]. 爆炸与冲击, 1989, 9 (1): 11 – 16.

[16] 白春华, 丁敬. 复合推进剂的冲击波起爆和爆轰过程研究 [J]. 爆炸与冲击, 1989, 9 (3): 199 – 205.

[17] 姜春兰, 徐更光, 丁敬. 射流对工业炸药的引爆及侵彻机制 [J]. 爆炸与冲击, 1989, 9 (4): 303 – 308.

[18] Huan Shi, Ding Jing. A Two-dimensional Lagrangian Technique for Shock Initiation Diagnosis [C]. 9th Symp. (Intern.) on Detonation. 1989: 77 – 82.

[19] Bai Chunhua, Ding Jing. Response of Composite Propellants to Shock

Loading [C]. 9th Symp. (Intern.) on Detonation, 1989: 879 - 885.

[20] Ding Jing. A Description of Shock Wave in the Year 1637 [C]. Shock Compression of Condensed Matter—1989, 1989: 251 - 254.

[21] Ding Jing. The Discovery of Gunpowder and Shock Wave in China [C]. Proc. 15th International Pyrotechnics Seminar, 1990: 515 - 534.

[22] Huan Shi, Ding Jing. A Two-dimensional Lagrangian Technique for Flow Field Measurement under High Dynamic Pressure [J]. Acta Mechanica Sinica, 1990, 6 (2): 188 - 192.

[23] 杨硕, 丁敬. 古代火药配方的实验研究 [J]. 北京理工大学学报, 1990, 10 (3), 79 - 86.

[24] Huan Shi, Ding Jing. Global Calibration of Constitutive Relationship in Explosive Reaction Zone [C]. 9th Symp. (Intern.) on Detonation. 1991: 252 - 255.

[25] 白春华, 丁敬. 用拉氏量计和分析技术研究固体推进剂冲击波作用过程 [J]. 宇航学报, 1991 (1): 1 - 9.

[26] 浣石, 丁敬. 准一维拉氏分析方法及其在凝聚炸药冲击波起爆研究中的应用 [J]. 爆炸与冲击, 1991 (3): 224 - 229.

[27] 白春华, 丁敬. 固体推进剂在冲击波作用下化学反应过程的研究 [J]. 兵工学报, 1991 (3): 38 - 47.

[28] 浣石, 丁敬. 反应区中炸药本构关系式的整体标定方法 [J]. 兵工学报, 1991 (4): 34 - 39.

[29] Ding Jing. China Detonation Research in the Eighties [C]. Proc. 17th Intern. Pyrotechnics Seminar and 2nd ISPE, 1991: 590 - 599.

[30] Ding Jing. Shock Processing Research in the People's Republic of China, Chapter 83 [C]. Shock Wave and High-Strain-Rate

Phenomena in Materials, Macel Dekker, Inc., 1992: 889 – 898.

[31] 王泽平,黄风雷,恽寿榕,丁敬. 延性材料一维动态断裂研究 [J]. 北京理工大学学报, 1992, 12 (2): 9 – 15.

[32] 丁敬. 爆炸灾害的预防和控制乃当务之急 [J]. 中国安全科学学报, 1994, 4 (1): 1 – 5.

[33] 涂侯杰,恽寿榕,丁敬. 用于风险评估的二维爆炸场的数值模拟 [J]. 中国安全科学学报, 1994, 4 (2): 1 – 6.

[34] 张富祥,丁敬,王文魁. 含准晶相 Al – Cu – Fe 合金的球磨非晶化研究 [J]. 材料科学与工艺, 1996 (3): 49 – 52.

[35] 林大泽,白春华,黄凤雷,丁敬. 硐室爆破中安全填塞长度设计原则的研究 [J]. 中国安全科学学报, 1996 (6): 23 – 27.

[36] 孙晓明,黄正平,白春华,丁敬. 一种新型的带放大器的压杆式压电压力传感器及其在爆炸测试技术中的应用 [J]. 中国安全科学学报, 1998 (5): 63 – 66, 81.

[37] 张海波,白春华,丁敬,郝保田. 气液爆轰的数值模拟与连续边界垂直扰动法 [J]. 火炸药学报, 1999 (4): 9 – 13.

[38] 张海波,白春华,丁敬,郝保田. 气液两相爆轰的数值模拟 [J]. 兵工学报, 2000 (2): 119 – 122.

[39] 肖绍清,白春华,王小华,戴碧勇,丁敬. 分散药起爆方式控制 FAE 燃料分散的数值模拟 [J]. 火炸药学报, 2001 (1): 24 – 26.

[40] 张海波,白春华,丁敬,郝保田. FAE 街道爆炸的三维数值模拟与面向对象编程 [J]. 北京理工大学学报, 2001 (2): 168 – 172.

## 二、著　作

[1] [苏] 卡尔博夫. 火工品 [M]. 丁敬,陈赞文,陈福梅,译. 北

京：国防工业出版社，1955．

[2] 丁敬．爆炸作用原理（秘密）［M］．北京：北京科学教育出版社，1961．

[3] 丁敬．中国大百科全书力学卷．"爆轰"条目［M］．北京：中国大百科全书出版社，1985：7-11．

[4] 丁敬．中国大百科全书军事Ⅱ卷．中国古代火药条目［M］．北京：中国大百科全书出版社，1989：1321-1323．

# 参 考 文 献

[1] 恽寿榕,张汉萍,苏青,等.中国科学技术协会.中国科学技术专家传略·工程技术编力学卷2[M].福州:福建教育出版社,1997.

[2] 浣石.身教与言传——记我的导师丁敬教授[J].学位与研究生教育,1987(12):66-69.

[3] 栗苹,焦清介,林瑞雄,等.英才辈出"六代同堂"再建新功——记新中国第一个武器系统终端毁伤技术学科群[N].光明日报,2010-07-06.

[4] 叶永烈.钱学森[M].上海:上海交通大学出版社,2010.

[5] 周谷英.建国初期中共海外知识分子归国工作研究[D].广东师范大学,2007.

[6] 黄永念.1978年全国力学学科发展规划制定的前前后后[J].力学进展,2008(5):649-651.

[7] 郑哲敏,朱兆祥.爆炸力学的概况和任务[C].全国爆炸力学学术会议,1972.

[8] 丁敬.古代火药技术简史[J].爆炸与冲击,1983(10):1-9.

[9] 中国科学院力学研究所.十年来我国力学的发展[J].力学学报,1959(4):277-280.

[10] 刘晓．苏联撤走专家的前前后后［J］．决策与信息，2011（7）：66-68．

[11] 钱保功．留美科协发起经过［J］．中国科技史，1988（9）：56．

[12] 罗文碧．忆为"两弹一星"作出贡献的北理工人［N］．北京理工大学校报，2009，756（4）．

[13] 朱振国．徐更光——喜欢画漫画的爆炸专家［N］．光明日报，2010-11-05．

[14] 中国力学学会．中国力学学科史［M］．北京：中国科学技术出版社，2012．

[15] 张轶，杨志本．清末海军史料［M］．北京：海洋出版社，2001．

[16] 苏青．丁敬．无悔的人生［C］．国际人才交流，2002（2）：36-37．

[17] 恽寿榕．丁儆教授生平简介［C］．第四届全国爆轰学术会议，1994．

[18] 恽寿榕，赵衡阳．爆炸力学［M］．北京：国防工业出版社，2005．

[19] 丁敬．古代火药技术简史［J］．爆炸与冲击，1983（3）：93-94．

[20] 冯家昇．火药的发明和西传［M］．上海：华东人民出版社，1954．

[21] 沙志亮．颜鸣皋传［M］．宁波：宁波出版社，2008．

[22] 范进发．李克明．近代中国海军的早期教育［J］．军事历史，1993（3）：24-26．

[23] 高毓秋．丁福保年表［J］．中华医史杂志，2003，33（3）：184-188．

[24] 戴磊．冯家昇留美时期的学术活动概述［J］．新西部，2013，30：89-93．

[25] 段越星．近代上海女子中学教育发展研究（1850—1937）［D］．上海：华东师范大学，2016．

［26］虞和平．张謇与民国初年的农业现代化［J］．扬州大学学报，2003，6：3-8．

［27］虞和平．张謇与民国初年的经济体制改革［J］．社会科学家，2001，2：10-18．

［28］金常政．中国大百科全书的创建［J］．出版史料，2003，3：7-15．

［29］林文照．中国科技史研究的历史略述［J］．自然辩证法通讯，1986，6：60-63．

［30］许会林．中国火药火器史话［M］．北京：科学普及出版社，1986．

［31］高暄．清华大学中国工程发明史编辑委员会［J］．中国科技史料，1990，4：64-66．

［32］张柏春，李明洋．中国科学技术史研究70年［J］．中国科学院院刊，2019（9）：1071-1084．

［33］无锡人与中国近现代化课题组．试论大家族文化与无锡近代名人辈出现象的关系［J］．长江文化论丛，2009，6：199-222．

［34］杨硕．古代火药配方的实验研究［J］．北京理工大学学报，1990，10（3）：79-86．

［35］全国政协文史资料委员会．建国初期留学生归国纪事［M］．北京：中国文史出版社，1999．

［36］支德瑜，丁敬．战地服务团出征记［J］．红岩春秋，2005，9：43-45．

［37］熊华源，费虹寰．新中国掀起回国潮［J］．湘潮，2009，10：52-56．

［38］朱祖凯．中国学生留美一百五十年［J］．美国研究，2002，3：142-156．

［39］周谷英．建国初期中共海外知识分子归国工作研究［D］．上海：华东师范大学，2007．

［40］傅琳．建国初期留美学生归国潮［D］．上海：炎黄春秋，1997：

59-62.

[41] 何欣. 建国初期留美知识分子归国问题研究［D］. 大连：大连理工大学，2017.

[42] 邹建文. 民国时期的中国国民收入研究［J］. 武汉科技大学学报，2019，21（1）：68-78.

[43] 苏小东. 辛亥海军起义原因简析［J］. 军事历史研究，1991，3：105-110.

[44] 徐鸣. 怀念薛葆鼎同志［J］. 红岩春秋，1998，6：26-28.

[45] 陈庆华，沈跃进. 美国研究生教育的历史研究（中）［J］. 学位与研究生教育，1993，2：47-51.

[46] 金建陵. 《墨潭山房记》碑考释［J］. 档案与建设，2003，8：35-37.

[47] 李红. 海外赤子的艰险归国路——新中国成立初期海外留学人员归国掠影［N］. 解放日报，2019-10-18.